징비록 × 난중일기 코드

징비록 × 난중일기 코드

초판 1쇄 인쇄 2025년 10월 22일
초판 1쇄 발행 2025년 10월 27일

지은이	김정진
펴낸곳	넥스트씨
펴낸이	김유진
출판등록	2021년 11월 24일(제2021-000036호)
주소	서울시 중구 서애로23 3층, 318호
홈페이지	nextc.kr
전화번호	0507-0177-5055
이메일	duane@nextc.kr

ⓒ 김정진, 2025
ISBN 979-11-990676-9-1 03910

징비록
× 난중일기
코드

김정진 지음

어디에선가
나만의 징비록과 난중일기를 쓰고 있는
모든 이들에게
이 책을 바칩니다.

○

징
비
록 × 난중일기

징비록 코드,
그 안에 담긴 비밀

1598년 11월 19일, 이순신은 노량에서 전사했고, 류성룡은 영의정에서 파직을 당했습니다. 류성룡은 전시 수상국무총리 겸 총사령관으로 전쟁을 총지휘했고, 이순신은 삼도수군통제사조선 수군의 총사령관로 전투를 총지휘해 임진왜란을 승리로 이끌었습니다.

그러나, 나라를 구한 두 영웅은 전쟁이 끝나자마자 동시에 사라졌습니다. 이순신의 전사를 보고받은 선조조선의 14대 왕는 딱 한 마디를 했습니다.

"알았다."

선조는 전쟁이 끝나자 류성룡과 이순신을 가차 없이 버렸습니다. 국가의 필요에 의해 쓰였고, 필요가 다하자 버림받았습니다.

이제 전쟁은 끝났으니까요.

류성룡은 고향에 돌아와 《징비록》을 쓰기 시작했습니다. 그는 책 안에 3가지 비밀을 담아 '징비록 코드'를 심었습니다.

징비록 코드 ❶ 이순신 전기

징비록 코드1은, 《징비록》 속에 또 하나의 책 '이순신 전기'를 담은 것입니다. 류성룡은 선조와 정적들이 이순신의 공적을 훼손할 것을 걱정해 이순신의 탄생, 전투 기록, 죽음의 과정을 자세하게 기록했습니다.

《징비록》은 총 16장으로 구성되어 있는데, 그중에 30%가 넘는 6장이 이순신에 관한 이야기입니다. 《징비록》 안에 흩어져 있는 이순신의 이야기를 시간 순서대로 모으면 최초의 이순신 전기가 탄생하게 됩니다.

징비록 코드 ❷ 동양판 《군주론》

징비록 코드2는, 《징비록》은 선조의 추악한 민낯을 드러낸 동양판 《군주론》이라는 것입니다. 마키아벨리는 군주에게 조언하기 위해 《군주론》을 썼지만, 실상은 시민에게 군주의 추악한 진실을 드러내 인류의 고전이 되었습니다.

류성룡은 "나의 지난 날을 징계하여, 미래의 후환을 막기 위해 징비록을 썼다"고 했지만,《징비록》을 다 읽고 나면 또렷이 한 문장이 떠오릅니다.

징비록 코드 ❸ 자주국방에 대한 호소

징비록 코드3은 "명나라에 의존하지 말고, 자주국방하라!"는 외침입니다. 임진왜란이 일어나고 20일 만에 수도 한양이 점령당하자, 극도의 공포에 사로잡힌 선조는 의주로 도망가면서 명나라중국 내부內附, 임금이 망명하는 것를 주장했습니다. 류성룡은 강력하게 반대하고, 가까스로 선조의 망명을 저지했습니다.

"임금의 수레가 우리 국토 밖으로 한 걸음만 벗어나면, 조선은 우리 땅이 되지 않습니다!"

이후에도 선조는 명나라에 지나치게 의존하고, 저자세를 보여 국가의 품격을 내던졌습니다.

조선이 명나라에 국방을 위탁한 이후 어떤 치욕을 당했는지, 류성룡은 《징비록》에 적나라하게 드러냈습니다. 이를 통해 자주국방의 필요성을 간절히 호소한 것입니다.

세계 역사상 수상이 전쟁을 지휘하고 그 과정을 직접 쓴 책은 단 3권뿐입니다. 첫 번째는 로마 집정관이었던 카이사르의 《갈리아 전쟁기》, 두 번째는 영국 수상이었던 윈스턴 처칠의 《제2차 세계대전》입니다. 마지막은 조선의 수상 류성룡의 《징비록》으로, 동양에서는 유일한 사례입니다.

대체 불가한 세계기록유산을 남긴 이순신

1591년, 류성룡은 시시각각 다가오는 전쟁을 준비하기 위해 정읍 현감이던 이순신을 무려 7단계나 특진시켜 전라좌수사로 임명하는 데 성공합니다. 조정의 반대가 극심했지만, 류성룡은 국가를 위해 밀어붙였습니다.

전라좌수사로 부임한 이순신은 전쟁을 직감하고, 1592년 1월 1일부터 《난중일기》를 쓰죠. 그해 4월 13일, 일본군이 부산포에 상륙하면서 기나긴 7년 전쟁이 시작되었습니다. 이순신은 치밀하게 전쟁 준비를 하고, 일본 수군과 목숨을 건 혈투를 벌였습니다.

한편으로는 오랜 전쟁에 굶주린 부모가 자식을 잡아먹는 지옥 같은 현실을 목격했고, 아들과 부하의 전사 소식에 쓰러져 오열했습니다.

1597년 10월 19일. 맑음. 코피를 1되 넘게 흘렸다. 밤에 앉아서 생각하니 눈물이 났다. 어찌 이 슬픔을 말로 할 수 있겠는가. 이제 아들은 죽은 영혼이 되었다. 마음이 슬프고 찢어지는 듯이 아프다. 비통함을 억누를 수가 없다.

밤이 오면 이순신은 붓을 들어 일기를 쓰면서 무너진 마음을 다잡았고, 날이 밝으면 어김없이 전장에 나아갔습니다.

인류 역사가 시작되고 수많은 전쟁에서, 수많은 전쟁영웅이 탄생했습니다. 그러나 이순신처럼 '전쟁 직전에 기록을 시작해서, 자신의 죽음과 동시에 완결된 7년간의 전쟁 기록'을 남긴 군인은 인류역사상 최초입니다.

그래서 한국의 국보 《난중일기》는 세계역사에서 대체 불가능한 독보적인 기록물로 인정받아, 2013년에 세계기록유산이 되었습니다.

처절한 상황 속
사투를 담은 7년의 기록

이순신의 《난중일기》가 수군 지휘관으로서 전투 준비, 전투 상황, 개인의 감정을 드러낸 기록이라면, 류성룡의 《징비록》은 전쟁을 총지휘하는 수상으로서 전쟁의 발단과 준비, 명나라-일본과의 전쟁 외교, 국가 전체의 전쟁 상황을 기록한 것입니다. 즉, 전쟁의 전·중·후를 모두 아우른 책입니다.

《징비록》이 임진왜란의 전체 상황을 입체적으로 알려준다면, 《난중일기》는 전쟁의 한복판에서 한 인간이 경험하는 모든 감정을 숨김없이 보여주죠. 그래서 《징비록》과 《난중일기》는 모두 임진왜란을 바탕으로 집필되었지만, 전혀 다른 색깔의 책이 되었습니다.

그동안 한국에서 두 책은 각기 다른 책으로 인식되었고, 류성룡과 이순신은 고립된 영웅처럼 별개로 조명되어 왔습니다. 특히 류성룡은 인물의 위대함과 저술의 독보성에 비해, 한국은 물론 세계 역사상 가장 저평가된 인물 중의 하나입니다.

저는 류성룡과 이순신, 《징비록》과 《난중일기》를 연구하면서 어느 순간 깨달았습니다. 《징비록》을 정확히 이해하기 위해서는 《난중일기》를 읽어야 하고, 《난중일기》를 정확히 이해하기 위해서는 《징비록》을 읽어야 한다는 것입니다.

그리고 《역사란 무엇인가》를 쓴 에드워드 카Edward Hallett Carr의 "역사를 알려면 먼저 역사가를 알아야 한다"는 말이 떠오르더군요. 류성룡과 이순신이 어떤 인물인지 알아야 《징비록》과 《난중일기》를 제대로 읽을 수 있다는 것입니다. 그러나 두 인물과 그들의 저술을 깊이 있게 이해하려면 여러 자료를 찾아 읽어야 하는데, 매우 어려운 일이지요.

그래서 저는 독자들을 위해 책 한 권에 4가지 책을 담기로 했습니다. 먼저 류성룡과 이순신의 탄생부터 죽음까지의 삶을 전기로 썼습니다. 그리고 《징비록》과 《난중일기》를 시간순으로 씨줄과 날줄처럼 엮어 하나의 이야기로 재구성했습니다. 그 결과, 따로 존재하던 두 인물과 두 기록이 합쳐져 하나의 퍼즐이 완성되었습니다.

징비록 × 난중일기 코드

1부. 불멸의 명장, 이순신은 누구인가?
2부. 세계기록유산 난중일기는 어떤 책인가?
3부. 잊혀진 영웅, 류성룡은 누구인가?
4부. 국보 징비록은 어떤 책인가?
5부. 징비록×난중일기 속으로

여러분은 이제 이 책을 통해 전쟁의 한복판에서 나라를 다시 일으켜 세운 류성룡의 지혜로운 리더십과, 모두가 끝났다고 생각하던 절망의 순간에도 단 12척의 배로 333척과 맞서 기적을 만든 이순신의 불굴의 의지를 동시에 느낄 수 있습니다.

두 사람의 삶은 국가를 이끄는 리더의 냉철한 지혜와, 국가를 지키는 리더의 뜨거운 용기가 어떻게 어우러져 역사의 기적을 만들어냈는지를 증명합니다. 《징비록》에서 과거의 실패를 깊이 성찰하고 미래를 대비하는 지혜를 배우며, 《난중일기》에서는 극한의 전장과 절대 고독 속에서도 흔들리지 않는 인간다움을 경험하게 될 것입니다.

류성룡은 이순신의 인생 멘토였고, 이순신은 류성룡을 꿈에서조차 그리워했습니다. 한국 역사상 최고의 브로맨스를 보여준 두 사람은 1598년 이순신이 전사하며 이별했지만, 430여 년이 흐른 지금 이 책에서 다시 만났습니다.

류성룡과 이순신이 우리에게 던지는 질문

1604년, 조선에서 《징비록》이 출간되었지만 무시당하고 저평가받았습니다. 그러나 일본에서는 달랐습니다. 1695년에 《징비록》이 출간되자마자 베스트셀러가 되었고 '징비록 붐'까지 일어났죠.

일본은 《징비록》을 보고 조선 정복 실패를 '징비'했지만, 조선은 아무것도 '징비'하지 않았습니다. 그 결과 《징비록》이 출간되고 정확히 300년이 지난 1905년, 일본은 한국을 식민지로 삼았습니다.

다시 120년이 흐른 지금, 우리는 징비하고 있습니까?

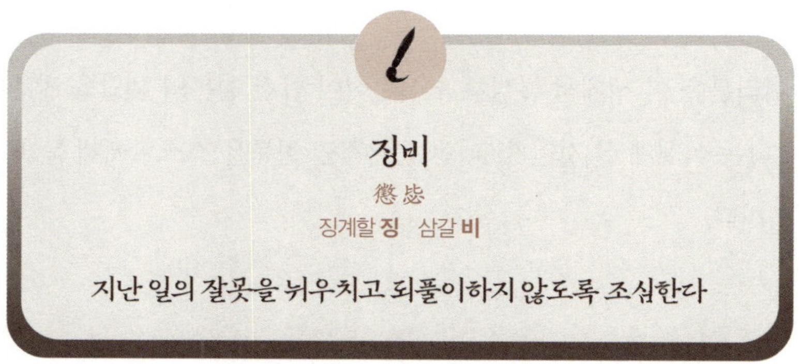

역사를 잊은 민족에게 미래는 없습니다.

《징비록》과 《난중일기》는 단순한 전쟁 기록이 아닙니다. 《징비록》과 《난중일기》는 인류가 남긴 위대한 전쟁 인문학이자 세계기록유산입니다. 두 책은 전쟁의 냉혹한 현실을 날것 그대로 담아낸 생생한 전쟁 보고서입니다.

그리고 류성룡과 이순신은 전쟁을 통해 인간의 내면에 깊숙이 자리한 본성을 끄집어내어 우리에게 근본적인 질문을 던집니다.

여러분은 이 책에서 류성룡과 이순신이 남긴 질문의 해답을 발견하고, '나는 어떻게 살 것인가?'라는 근본적인 질문을 스스로에게 묻게 될 것입니다.

임진왜란은 어떻게 전개되었나

1592년 (임진년) ● 4월 13일 일본군 부산포 상륙 .... 4월 30일 한양 함락,
선조가 의주로 피난

류성룡이 선조의
망명(내부)을 막음

7월 8일 한산도대첩 .... 5월 7일 옥포해전

이순신, 학익진 전법으로 대승,
남해와 서해 바다 장악

이순신의 첫 해전 승리

1593년 (계사년)

1월 평양성 탈환 .... 2~8월 휴전 교섭 시작 .... 8월 진주성 제2차 전투 패배

명군과 연합해 승리
/ 류성룡은 국방과
외교 협력을 동시에 조율

이순신이 바다에서만큼은
왜군의 보급로를 차단하며 분투

1596년 (병신년) ●

10월 왜군 재침 준비

협상이 결렬되고 왜군이 다시 침략 조짐 /
류성룡은 대비책을 세우나 조정 내 분열 심화

1597년 (정유년)

2월 이순신 파직-투옥 .... 7월 16일 칠천량 패전 .... 9월 16일 명량대첩

원균, 삼도수군통제사 임명
/ 이순신, 백의종군

원균이 지휘한 수군이 궤멸,
조선 바다가 적의 손에 넘어감

이순신,
12척으로 133척 격파

11~12월 일본군 철수 .... 11월 18~19일 노량해전 .... **1598년 (무술년)** ●

일본군 퇴각
/ 류성룡, 전란을 돌아보며
《징비록》을 집필

이순신, 최후의 결전에서
승리했으나 전사

CONTENTS

징비록 × 난중일기

제1부
불멸의 명장,
이순신은 누구인가?

제2부
세계기록유산
난중일기는 어떤 책인가?

충무공 이순신(李舜臣)의 생애
1545-1598년 (조선 중기, 명종 즉위년에 태어나 선조 31년에 사망)

1545년 서울 건천동(현 중구 인현동)에서 태어나 32세에 무과에 급제했다.
1591년 전라좌도 수군절도사로 임명되어 왜침에 대비해 거북선 건조와 군비 확충에 힘썼다.
임진왜란 기간 중 23전 23승의 불패 신화를 기록했으며,
특히 명량대첩에서는 단 12척으로 133척의 왜군을 물리치는 기적을 일으켰다.
1598년 노량해전에서 "전투가 한창이니 내 죽음을 알리지 말라"는 유언을 남기며 전사했다.

01

불멸의 명장,
이순신은
누구인가?

● **충무공(忠武公)**
국가에 충성하여 큰 공을 세운 무장에게 주어졌던 영예로운 이름

● **23전 23승**
임진왜란과 정유재란 기간 중 단 한 번도 지지 않은 불패 신화

거북선
세계 최초의 철갑선을 건조하고, 전투에 활용

죽음의 문턱에서

1597년 2월 6일. 선조는 이순신을 파직관직에서 물러나게 하는 조치하고, 체포 명령을 내렸습니다.

그 시각 이순신은 일본군을 섬멸하기 위한 작전을 펼치고 있었죠. 작전을 마치고 2월 25일에 한산도로 돌아온 이순신은 현장에서 체포되었고, 한양으로 압송되었습니다.

당시 임금이었던 선조는 이순신을 대신하여 새로운 삼도수군통제사로 원균을 임명했습니다. 이순신이 끌려가고 부하와 백성들이 통곡하던 그때, 원균은 이순신이 근무하던 통제영사령부에 장막을 치고, 휘하 장군들의 출입을 금지합니다. 그리고 자기 첩을 불러들여서 매일 술판을 벌이죠. 이순신과 휘하 장군들이

작전을 짜던 통제영은 원균의 술집으로 변해 버렸습니다.

한양에서 애타게 이순신을 기다리던 선조는, 순순히 잡혀 온 이순신을 보고 그제야 안심했습니다. 혹시나 이순신이 반발해 군사반란을 일으키진 않을지 조마조마했거든요. 조선의 탄생 자체가 이성계 장군이 위화도에서 군사를 돌려 고려 왕을 죽이고, 건국한 것이니까요. 그 장면을 떠올렸을지도 모르겠네요. 그러나 이순신은 이성계와 달랐습니다.

선조의 명령에 따라 이순신에게 끔찍한 고문이 가해졌습니다. 선조는 정말로 이순신을 죽일 작정이었습니다. 이 소식을 들은 임진왜란의 선봉장 고니시 유키나가小西行長, 소서행장는 만세를 불렀습니다. 자신이 쳐 놓은 덫을 선조가 덥석 물었으니까요. 이중간첩을 이용한 고니시의 작전은 대성공이었습니다.

이순신에게 무슨 일이 있었던 걸까요?

고니시의 이중간첩 작전

고니시는 도요토미 히데요시전국시대 일본을 통일하고 임진왜란과 정유재란을 일으킴가 가장 아끼던 장군인 동시에 무역으로 돈을 버는 유능한 사업가이기도 했습니다. 군인이자 장사꾼이었던 그는 정세 판단에 뛰어났고, 특히 간첩을 활용한 정보전에 탁월했습니다. 그는 조선 백성의 존경을 받던 전쟁영웅 이순신을 선조가 심하게 질투하고, 심지어 죽이고 싶어 한다는 믿기 어려운 정보를 입수합니다.

그는 요시라를 불렀습니다. 요시라는 스스로 항왜자가 된 사람입니다. 항왜자는 조선에 투항한 일본 군인으로, 조선을 도왔습니다. 그 덕분에 1596년에 선조는 요시라를 절충장군조선시대 정3품 무관직에 임명하기까지 했습니다.

그러나 요시라는 이중간첩이었어요. 조선을 돕는 척하면서 실제로는 일본을 돕고 있었죠.

고니시는 말했습니다.

"요시라! 때가 왔네. 나와 선조는 공통점이 있어."

"무엇입니까?"

"이순신을 질투하고 죽이고 싶어 하지. 선조는 가토 기요마사加藤淸正 가등청정, 임진왜란 때 조선을 침입한 왜장와 내가 라이벌 관계로 무척 나쁜 사이라는 걸 알고 있어. 그걸 이용하는 거야.

자네는 조선에 이렇게 전달하게. '고니시가 가토를 죽이기 위해, 가토가 대마도에서 부산으로 건너오는 정보를 조선에 알려줬다'고 말이야. 순진한 선조는 분명히 믿을 거야. 그리고 선조는 이순신에게 부산 앞바다로 출정 명령을 내리겠지. 이순신의 함대가 한산도에서 부산 앞바다로 하루 종일 노를 저어오면 힘이 빠질 테니 그때를 노려서 기습하면 쉽게 이길 수 있어.”

“탁월한 계책입니다. 그러나 이순신은 우리의 계책을 알아채고 절대 쉽게 출정하지 않을 겁니다.”

“바로! 그거야. 이순신은 분명히 오지 않을 테고, 그러면 선조의 출정 명령을 이순신이 불복종하게 되지. 그때, 가토를 대마도에서 부산으로 건너오게 만드는 거야.

그러면 선조는 ‘고니시의 말이 맞았다’면서 명령 불복종을 근거로 분명히 이순신을 죽여 버릴 거야. 이순신은 출정해도 죽고, 출정하지 않아도 죽게 되지. 어서 가서 김응서를 만나게.”

요시라는 경상도 지역의 사령관이었던 경상우병사지금의 육군 중장급 김응서를 찾아갔습니다.

“장군! 고니시가 반드시 가토를 죽이고자 합니다. 가토는 지금 일본에 있는데 머지않아 바다를 건너온다고 합니다. 이순신이 수군을 거느리고 바다로 나가서 공격한다면 수군은 백 번 승리하고 가토를 붙잡아 목을 벨 수 있습니다. 그러면 조선은 원수를 갚게 되고, 고니시의 마음도 즐거울 것입니다.”[1]

김응서는 즉시 선조에게 보고하죠.

1596년 12월 5일, 예상대로 선조는 이순신에게 출정 명령을 내립니다.

“가토가 1~2월 사이에 부산으로 온다고 하니, 바다를 건너오는 날

해상에서 요격하라. 다만 바다를 건너오는 날을 알아내기는 어렵다."[2]

이순신은 선조의 명령을 받고, 단박에 고니시의 속임수라는 것을 간 파하죠. 이순신은 깊은 고뇌에 빠집니다.

'임금의 명령에 따라서 부산 앞바다로 출정할 것인가?
명령 불복종으로 내가 죽더라도, 부하들을 살릴 것인가?'

이순신은 자신이 죽고, 부하들을 살리는 길을 선택합니다.

이순신이 있던 한산도에서 부산 앞바다까지는 약 100킬로미터 정 도 떨어진 거리로, 판옥선을 타고 노를 저어가면 꼬박 하루가 넘게 걸 리는 먼 곳이었습니다. 격군은 노를 몇 시간만 저어도 어깨가 빠질 듯 이 아픈데, 하루 종일 노를 젓는다면 어떻게 될까요? 부산 앞바다에 잘 도착하더라도 힘이 모두 빠져서 전투를 제대로 치를 수 없게 되겠죠.

그리고 부산 앞바다는 남해와는 다르게 이순신이 대규모 함대를 숨 기고 쉴 만한 곳이 없는 그야말로 망망대해입니다. 더 큰 문제는 선조 도 지적했듯이 가토가 언제 대마도에서 건너오는지 모른다는 거죠. 이 순신은 선조의 명령에 따라 무작정 부산 앞바다에서 가토를 기다려야 하는 어처구니없는 상황에 몰렸습니다.

만약 이순신의 함대가 움직이면 고니시는 이동 경로를 추적하다가 부산 앞바다에 도착하는 즉시 기습공격을 해올 것이 분명했습니다. 이순신은 그동안 수많은 해전에서 한 번도 패배하지 않았고, 몇백 척의 일본 군함을 파괴하면서도, 단 한 척의 판옥선도 잃지 않았습니다. 그 이유는 이순신이 치밀하게 전투를 준비했기 때문입니다.

그의 전투 준비는 이러했습니다. 먼저 적의 정보를 파악합니다. 둘째, 적의 정보를 바탕으로 작전 계획을 수립합니다. 셋째, 아군에게 유리한 전투 지점을 선정합니다. 넷째, 실전과 같은 훈련을 반복합니다. 다섯째, 미리 선정한 전투 지점에 적이 오도록 유인합니다. 여섯째, 매복해서 배를 숨기고 있다가 적이 출몰하면 화포로 번개처럼 적을 섬멸하죠. 이러한 치밀한 전투 준비로 이순신은 먼저 이겨놓고 싸우는 명장

징비록 × 난중일기 코드 지식 더하기

조선시대 수군의 주력 전함, 판옥선

1555년명종 10년에 만들어져 특히 임진왜란 때 크게 활약한 조선시대 수군의 대표적인 전투함.

갑판 위에 나무판으로 만든 방이 있어 '판옥선'이라 불렸다. 길이 32미터, 무게 140톤 규모로 125~130명이 승선했으며, 바닥이 평평한 구조로 연안 작전에 유리했다.

당시 판옥선은 다양한 화포와 신기전을 장착한 화력 지원함이었다. 거북선 또한 판옥선을 기반으로 하며, 판옥선의 갑판에 덮개를 씌운 개량형 전함으로 볼 수 있다.

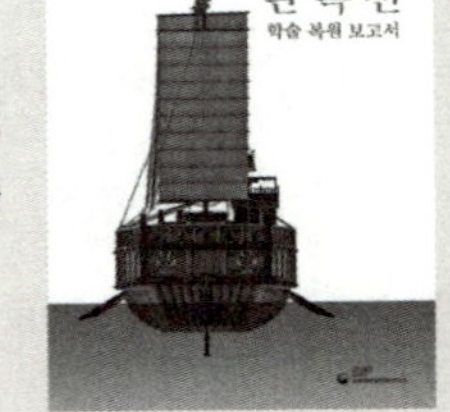

국립해양문화재연구소의 《판옥선 학술복원보고서》 표지 ▶

이 되었습니다. 그런 이순신에게 부산 앞바다 출정은 함대와 부하들을 모두 한꺼번에 잃을 수 있는 무모한 작전이었습니다.

이후 가토가 함대를 이끌고, 대마도에서 부산 앞바다를 거쳐 울산으로 신속하게 들어옵니다. 그리고 요시라가 다시 김응서를 찾아와서 했던 말과 행동을, 류성룡은 《징비록》에 기록해 두었습니다.

징비록 속으로 요시라는 "가토가 벌써 상륙했습니다. 조선에서는 어째서 공격하지 않았습니까?"라고 말하면서 거짓으로 안타까워하는 시늉을 했다.

이 소식을 들은 선조는 격분해서 말합니다.

"고니시가 손바닥 보듯이 가르쳐 주었는데 우리는 해 내지 못했다. 지금 장계보고서를 보니 고니시가 조선은 일처리를 매번 이렇게 한다고 조롱까지 했으니, 우리나라는 고니시보다 못하다. 한산도의 장수 이순신은 편안히 누워서 출정하지 않았다. 우리나라는 이제 끝났다."[3]

원균과 윤두수의 연합공격

이순신의 정적들은 이 기회를 놓치지 않고, 곧바로 이순신을 물어뜯기 시작합니다. 그런데 왜 정치인도 아닌 이순신에게 정적이 생긴 걸까요? 그 이유는 2가지입니다.

첫째는 전쟁으로 망해가는 나라를 구해낸 전쟁영웅이었기 때문에 시기와 질투가 컸습니다.

둘째는 이순신의 멘토가 류성룡이었기 때문입니다. 당시 영의정이었던 류성룡의 정적들은, 류성룡을 치기 위해 이순신을 공격했습니다. 류성룡은 임진왜란 직전에 정읍 현감종6품으로 있던 이순신을 선조에게 추천해 전라좌수사정3품로 임명시켰습니다. 무려 7단계나 특별승진한 파격적인 인사였기 때문에 '이순신이 류성룡에게 뇌물을 줬다'라는 어이없는 소문까지 돌았죠.

그럼에도 류성룡은 전쟁의 위기가 다가오는 상황에서 이순신만이 전라좌수사의 중책을 맡을 적임자라고 확신하고 있었습니다. 임진왜란이 일어나고 이순신은 류성룡의 선택이 신의 한 수였음을 증명해 내죠.

이후 류성룡이 천거한 이순신이 일본군에 연전연승하면서 나라를 구해 내자, 정적들의 공격은 더 심해졌습니다.

이순신과 류성룡의 정적은 서인과 북인이었습니다. 원래 류성룡은 퇴계 이황의 영향을 받은 동인이었다가, 나중에 동인이 온건파 남인과 강경파 북인으로 갈라질 때 남인이 되었습니다.

동인은 퇴계 이황의 제자들이, 서인은 율곡 이이의 제자들이 주축을 이루었습니다. 조선의 신하들은 오늘날의 여야 정치처럼 당파로 나뉘어 치열하게 대립했습니다. 특히 서인과 북인은 연합하여 류성룡을 공격했죠.

그러나 류성룡은 임진왜란 내내 영의정으로서 국정을 탁월하게 이끌었기에 그를 공격할 명분을 찾기 어려웠습니다. 선조 또한 류성룡의 능력을 인정해 임진왜란 동안 영의정으로 두었습니다. 그래서 서인의 영수리더였던 윤두수와 북인의 영수였던 이산해는 류성룡 대신 이순신을 표적으로 삼아 집요하게 괴롭히고, 공격했습니다.

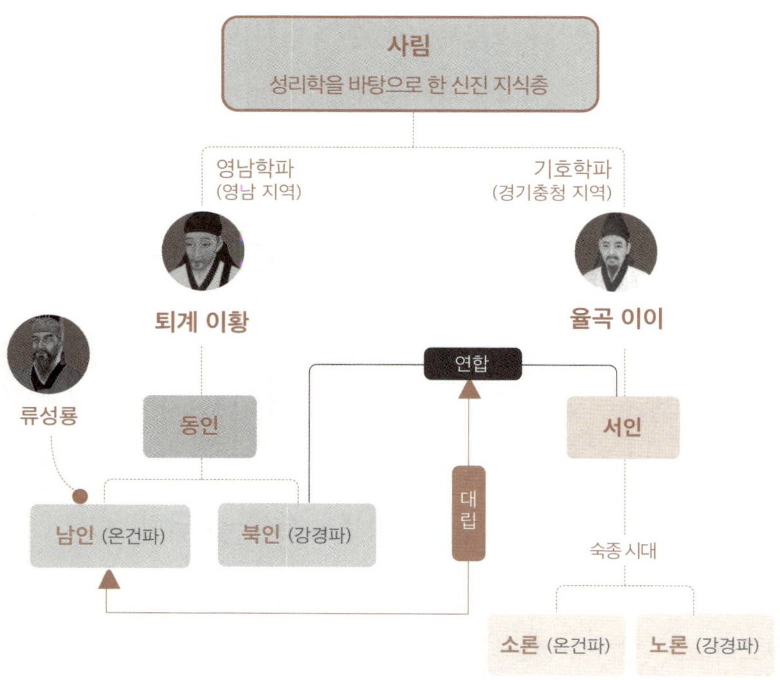

조선 중기 붕당의 갈래

류성룡이 이순신을 천거하고 그의 멘토 역할을 했기에, 이순신을 공격하는 것은 동시에 류성룡에 대한 공격이었거든요. 즉, 서인과 북인은 이순신과 류성룡을 공동 운명체로 본 것입니다.

그리고 또 한 명! 원균이 선조에게 계속 장계를 올려서 이순신의 전공을 폄훼하고, 조정의 대신들에게 가짜 뉴스를 퍼트려 모함했습니다. 류성룡은 《징비록》에서 원균을 이렇게 평가했습니다.

징비록 속으로　원균은 성품이 음흉하고 간사하며, 또 중앙과 지방의 많은 사람을 연결해 이순신을 모함하는 데 온 힘을 다했다.… 이순신을 천거한 사람은 나였으므로 나와 사이가 좋지 않은 사람들은 원균과 합세하여 이순신을 몹시 공격했다.

그 공격의 중심에 윤두수와 원균이 있었어요.

윤두수와 원균은 친척 사이로 긴밀한 관계였습니다. 류성룡에게 이순신이 있었다면, 윤두수에게는 원균이 있었던 셈이죠. 윤두수는 고니시의 속임수로 사면초가에 빠진 이순신에게 결정타를 날립니다.

"이순신은 조정의 명령을 듣지 않았고, 가토를 해상에서 요격하지 못했으니 모든 신하가 분노하고 있습니다."[3]

"이순신의 죄는 임금께서도 잘 아시지만, 이번 일은 온 나라 사람들이 모두 분노하고 있으니 이순신을 사퇴시켜야 합니다."[4]

원균도 비열하게 이순신을 공격했습니다. 특히 원균은 터무니없는 거짓으로 이순신에 대한 선조의 두려움을 극대화시킵니다.

원균은 "이순신이 군인과 백성들의 마음을 얻어 바다의 왕이라고 스스로 칭하니 국가에 이롭지 못하다"라고 말하고 다녔다.[5]

원균의 이 말은 이순신이 선조를 뒤엎고 왕이 될 수도 있음을 암시하는 것으로, 이순신에게는 매우 위험한 발언이었습니다. 이 말을 들은 선조의 분노와 두려움이 어떠했을지 짐작이 가시나요?

원균은 이순신이 부산 앞바다로 출정하지 않은 것을 알고, 선조에게 글을 써 보내서 그를 자극했습니다.

우리나라는 오로지 수군에 달려 있습니다. 신의 어리석은 생각에는 수백 명의 수군으로…… 부산 앞바다에서 위세를 떨치면, 가토는 평소 바다에서 전투가 불리한 것을 알고, 군사를 거두어 돌아갈 것입니다. 이는 신이 쉽게 말하는 것이 아니라 전에 바다를 지킨 적이 있고, 잘 알기 때문에 말씀드리는 겁니다.[6]

당시 원균은 수군이 아닌 육군 소속으로, 전라도 병마절도사였습니다. 그는 선조에게 부산 앞바다로 출정해야 하는 이유를 설명하면서, 속으로는 이순신을 대신해서 자신이 삼도수군통제사로 임명되기를 원했습니다.

그러자 기다렸다는 듯, 윤두수 등의 정적들은 원균을 삼도수군통제사로 임명하자고 선조에게 건의하기 시작했습니다.

이순신의 허위 보고

엎친 데 덮친 격으로 이순신에게 또 다른 위기가 찾아옵니다.

거제현령 안위 등 휘하 장수들이 부산 왜영_{일본군 부대}을 화공으로 공격하여 적의 막사 천여 호와 무기를 잿더미로 만들었다고 이순신에게 보고했습니다. 이에 이순신은 평소와 다름없이 부하들의 공을 상세하게 적은 장계를 선조에게 올렸습니다.

이달 12월 2일경에 부산의 왜영 서북쪽에 불을 놓아 적의 가옥 1천여 호 및 군기와 잡물, 화포, 기구, 군량 창고를 빠짐없이 잿더미로 만들었습니다. 이 말을 믿을 수는 없지만, 가능한 일이기도 합니다. 안위, 김난서, 신명학 등이 힘을 다하여 일을 성공시켰으니, 각별히 상을 내려 주시고 이들을 격려하소서.[7]

며칠 후 좌의정 이원익에 의해 사건의 진실이 밝혀졌는데, 부산 왜영에 불을 지른 사람은 안위 등이 아니라 군관 정희현이었습니다. 안위 등은 정희현이 부산 왜영에 불을 지르러 갈 때 배를 태워줬을 뿐인데, 자신들이 주도한 것으로 보고했던 것이죠.

이순신은 이 사건을 직접 목격한 것이 아니었기에 미심쩍어서 장계에 "이 말을 믿을 수는 없지만, 가능한 일이기도 합니다"라는 문구를 남겨 놓습니다.

그러나 결과적으로 이순신은 선조에게 허위 보고를 한 셈이 되었습니다. 선조는 이순신을 처벌할 수 있는 명분을 또 하나 얻고, 이렇게 말합니다.

"이순신이 부산 왜영을 불태웠다고 조정에 속여 보고했는데, 지금 비록 이순신이 가토의 목을 베어오더라도 결코 그 죄는 용서해줄 수 없다."[8]

선조의 이순신 죽이기

1597년 2월 6일, 이순신을 죽일 명분을 차곡차곡 쌓은 선조는 명령을 내립니다.

"원균을 삼도수군통제사로 임명하고, 이순신과 교대한 뒤에 잡아와라!"[9]

이순신의 군사반란이 걱정되었던 선조는 먼저 원균을 삼도수군통제사로 임명하고, 이순신이 데리고 있던 군사를 모두 원균에게 인계한 후에 잡아오라고 하는 치밀함을 보입니다.

이순신이 한양에 압송되어 오자 선조는 '형벌을 끝까지 시행해 반드시 죽이라!'고 강하게 명령합니다.

당시 선조의 말을 들어 보시죠.

"이순신이 조정을 기망한 것은 왕을 무시한 죄이고, 적을 놓친 것은 나라를 저버린 죄이다. 심지어 이순신은 남의 공을 가로챘다. 이렇게 죄가 많으니, 용서할 수가 없다. 신하로서 왕을 속인 자는 반드시 죽이고 용서하지 않아야 한다. 형벌을 끝까지 시행하여 사실을 캐내라."[10]

'형벌을 끝까지 시행하여'라는 말은 죽을 때까지 고문하라는 뜻입니다. 그런데 선조는 왜 그렇게 이순신을 죽이려 했을까요?

선조는 임진왜란이 터지자마자 일본군마저 놀랄 만큼 급히 궁궐을 버리고, 북쪽으로 피난했습니다. 그 순간, 부산 바다에는 일본 군함이 셀 수 없이 밀려 들어오고 있었습니다. 두려움에 휩싸여 공황에 빠진 경상좌수사 박홍과 경상우수사 원균은 자신이 지키던 바다와 배를 버리고 도망갔죠.

반면, 바다에 홀로 남겨진 전라좌수사 이순신은 두려움을 용기로 바꾸어, 옥포해전을 시작으로 모든 전투에서 승리를 거두며 국민 영웅으로 떠올랐습니다. 말 그대로 난세에 영웅이 탄생한 것이었습니다.

선조는 나라를 버리고 도망친 자신과 극명하게 대비되는 이순신이 왕권을 위협할 존재로 여겨졌습니다. 그러니 가만둘 수 없었죠.

게다가 일본군을 피해 숨었던 군인들과 백성들이 전라도의 이순신에게 모여들었습니다. 선조는 일본군보다 그것이 더 두려웠습니다. 그는 자신이 경복궁을 떠난 직후, 백성들이 경복궁에 불을 지르는 모습을 보고 큰 충격을 받았습니다. 활활 타오르는 경복궁을 바라보며, 백성의 분노가 언제든 자신에게 향할 수 있음을 깨달은 것이죠.

선조는 백성들이 자신을 버리고, 이순신을 선택할까 봐 두려웠던 겁니다. 그리고 이순신을 천거하고 그의 멘토 역할을 하던 류성룡까지 경계하기 시작했죠. 어쩌면 그는 이순신과 류성룡을 보면서, 쿠데타를 일으켜 조선을 세운 이성계와 정도전을 떠올렸을 거예요.

그래서 선조는 이순신을 반드시 죽이기로 작정했던 것입니다.

임금이 된 장군
그리고 그를 임금으로 만든 정치인
'이성계와 정도전'

조선을 세운 태조 이성계는 원래 고려 말 동북면의 뛰어난 장군이었다. 왜구와 몽골군을 물리치며 명성을 얻었지만 단순한 군인이었던 그를 조선의 초대 왕으로 만든 것은 정치인 정도전이었다.

정도전은 성리학적 이념으로 왕조 교체의 명분을 제공하고, 새로운 정치제도를 설계했다. 1388년 위화도 회군으로 이성계가 무력으로 정권을 장악하자, 정도전은 그를 고려가 아닌 '조선'이라는 새 왕조의 왕으로 추대했다. 군인의 칼과 정치인의 붓이 만나 518년간 이어질 조선 왕조가 탄생한 것이다.

이순신을 살려라!

**조선을 구한
류성룡과 정탁의 구명**

류성룡당시 그는 영의정인 동시에, 조선의 군사를 총괄하는 도체찰사의 지위에 있었다은 이순신의 죽음을 막으려고 필사적인 노력을 했습니다. 이순신을 처벌하기 위해 열린 회의에서 선조의 분노를 가라앉히려고, 평소 류성룡답지 않게 이순신을 질타하는 말까지 했죠. 이순신의 목숨이 달린 일이었으니 어쩔 수 없었습니다.

그건 정탁도 마찬가지였습니다. 정탁은 당파에 치우치지 않은 매우 공정한 사람으로, 평소 이순신의 공적을 높게 평가한 인물이었거든요.

그런데 이순신을 비난한 류성룡의 말이 〈선조실록〉에 그대로 실리면서 지금까지도 '류성룡이 이순신을 버렸다'는 매우 억울한 오해를 받고 있어요. 정탁과 류성룡의 말을 들어 보겠습니다.

정탁   이순신은 참으로 죄가 있습니다.[11]

류성룡　이순신이 정읍현감으로 있을 때 제가 전라좌수사로 천거했습니다. 장수는 교만해지면 쓸 수가 없게 됩니다. … 이순신은 오랫동안 한산에 머물면서 별로 하는 일이 없었고, 이번 바닷길도 역시 가토를 요격하지 않았으니, 어찌 죄가 없다고 하겠습니까?… 이순신의 죄가 크지만, 지금부터 채찍질하듯 격려해야 합니다.[12]

류성룡은 선조의 편에 서서 이순신의 잘못을 말한 다음에, 스스로 잘못을 깨닫도록 채찍질하고 격려하라고 말합니다. 쉽게 말하면 죽이지는 말고, 채찍과 당근을 써서 용서해 주라는 말이었습니다.

선조는 이순신을 죽이는 데 영의정 류성룡이 큰 걸림돌이라고 보았어요. 그래서 이순신이 잡혀 오기 전에 류성룡을 아예 지방으로 장기 출장을 보내 버립니다.

1597년 1월 29일, 선조는 류성룡에게 '일본군이 다시 쳐들어올 것을 대비해 남한산성, 여강, 죽산, 안성, 수원, 강화 등의 요충지를 점검하라'[13]는 명령을 내립니다. 류성룡은 선조가 무슨 생각으로 장기 출장을 보내는지 알았지만, 명령을 거역할 수 없어서 일단 출발합니다. 대신에 최대한 빨리 점검을 마치고 2월 22일에 복귀하죠.

그리고 이순신이 한양으로 압송되고 있음을 알고는, 자신이 가진 최후의 카드를 던집니다.

2월 26일, 조선의 2인자였던 영의정 류성룡은 사직서를 제출해 선조를 압박합니다.

선조가 못난 왕이기는 했지만, 멍청하지는 않았습니다. 임진왜란이 시작되고 자신을 대신해 전쟁을 성공적으로 지휘한 것은 류성룡이었음을 잘 알았죠. 아직 전쟁이 끝나지도 않았는데, 국방과 외교를 책임지고 있는 류성룡이 그만두면 큰일이었습니다. 그래서 선조는 사직서를 반려합니다.

그러자 류성룡은 2월 29일, 3월 3일, 3월 5일, 3월 8일, 3월 10일, 3월 12일, 3월 16일, 3월 20일까지 8차례 연달아서 사직서를 제출해 이순신의 석방을 강하게 압박합니다.[14]

우의정이었던 이원익도 두 차례 상소를 올려서 이순신 교체와 원균의 삼도수군통제사 임명을 강력하게 반대했습니다.[15] 그때, 지중추부사 정2품였던 정탁이 움직였습니다. 정탁은 〈이순신옥사의〉라는 상소를 선조에게 올려서 이순신을 살려달라고 말합니다.

이번의 이순신 문제는 매우 중대하여 신중하게 처리해야 합니다. 가토가 바다를 건너올 때 제때 차단하지 못한 이유가 명령이 잘 전달되었는지 살펴보고, 바다에서 바람의 형세가 순풍이었는지 역풍이었는지도 확인해야 합니다. 이순신 같은 자는 얻기가 쉽지 않습니다. 이순신은 극악한 왜적을 무찔러 위엄과 명성이 있습니다. 왜적들이 수군을 가장 두려워하는 것도 이순신 때문입니다. 이순신이 죽으면 적들이 소식을 듣고 반드시 술자리를 마련하여 서로 축하할 것입니다. 이순신이 이미 큰 공을 세웠기 때문에 통제사의 칭호를 내려주기까지 했으니, 특명을 내려 사형을 감해 주고 다시 공을 세워 보답하게 하소서.[16]

그런데 정탁은 왜 위험을 무릅쓰고 이순신을 도왔을까요? 이순신을 돕다가 선조에게 미움받을 수 있었는데도 말이죠.

사실 정탁은 이순신을 한 번도 만난 적이 없어서, 류성룡을 통해 이순신을 평가했습니다. 정탁은 평소에 류성룡과 서로 신뢰하고 존경하는 사이였기에, 류성룡이 좋아하는 이순신에 대해 자연스럽게 호감을 느꼈죠.

여기서 주목할 점이 더 있는데요. 정탁은 경북 예천 출생이고, 류성룡은 경북 안동 출생으로 같은 고향 출신입니다. 또한 둘 다 퇴계 이황의 제자였죠. 요즘으로 말하면 학교 선후배 사이였어요. 그리고 하나 더! 사돈 관계였습니다. 정탁의 아들이 류성룡의 생질녀(누이의 딸)와 결혼했거든요.

정리하면 정탁이 이순신을 도운 이유는 첫째, 류성룡을 통해 이순신에 대한 호감을 가졌습니다. 둘째, 학연·지연·혈연으로 연결된 류성룡의 부탁이 있었습니다. 셋째, 나라를 구한 이순신을 정당하게 평가했습니다. 넷째, 아직 전쟁이 끝나지 않았기 때문에 이순신이 꼭 필요하다고 생각했습니다. 이런 이유로 정탁은 이순신을 끝까지 보호하고, 살리려고 했던 거예요.

정탁은 자신이 직접 쓴 《약포집》이라는 책에서, 이순신을 구하기 위해 썼던 〈이순신옥사의〉라는 상소문을 "여러 의견을 수렴하여 선조에게 올렸다"라고 밝히고 있어요. 즉, 자신과 뜻을 같이하는 류성룡 등과의 교감을 바탕으로 쓴 것으로 해석이 가능하죠.

당시 상황에서 류성룡이 선조에게 이순신을 변호하는 것은 불난 데 기름을 붓는 격이었습니다. 그는 선조의 분노를 자극하지 않기 위해 정탁과 협력하며 물밑에서 이순신을 도왔습니다.

그런데 정탁에 관해서 잘못 알려진 사실이 있어 여기서 바로잡습니다. 정조의 명으로 발간된 《이충무공전서》 등 수많은 책에서 정탁이 〈논구이순신차 신구차〉라는 상소를 올려 이순신을 구했다고 전해집니다. 그러나 정탁은 자신의 문집 《약포집》에 '2가지 상소문을 썼으며 그 중 사형을 면하게 한 상소문은 〈이순신옥사의〉였다'는 사실을 명확히 기록했습니다. 또한 〈논구이순신차〉는 준비했으나 왕에게 올리지 않은 상소문이라는 사실도 스스로 밝혔습니다. 방성석, 2015

이처럼 류성룡은 정탁, 이원익 등과 힘을 모아 이순신의 석방을 위해 조심스럽게 움직이며, 선조의 마음을 돌리고자 필사적으로 노력했습니다.

1597년 4월 1일, 마침내 선조는 이순신을 석방하고, 백의종군하라고 명령합니다.

그날 이순신의 일기를 보시죠.

난중일기 속으로 4월 1일 맑음. 궁 밖으로 나왔다. 남대문 밖 윤간의 종의 집에 이르니 조카 봉, 분, 아들 울이 윤사행, 원경과 더불어 오래도록 이야기를 나누었다. 윤자신이 와서 위로해 주고, 이순지도 와서 만났다. 울적한 마음을 이길 수 없다. 윤자신이 돌아갔다가 저녁을 먹은 뒤에 술을 갖고 다시 왔다. 윤기헌도 왔다. 모두 정으로 위로하면서 술을 권하므로 사양할 수가 없어 억지로 마시고 몹시 취했다. 영의정 류성룡이 종을 보냈고 판부사 정탁, 판서 심희수, 우의정 김명원, 참판 이정형, 대사헌 노직, 동지 최원, 동지 곽영이 사람을 보내 문안했다.

4월 2일. 종일 비가 내림. 해 질 무렵 성으로 들어가서 영의정 류성룡과 밤이 깊도록 이야기를 나누다가 새벽닭이 울자 헤어졌다.

이순신과 류성룡은 새벽까지 무슨 이야기를 나누었을까요?

류성룡은 이순신이 풀려난 이후에도 2차례 4월 2일, 4월 13일 더 사직서를 제출합니다. 죄 없는 이순신을 죽이려 한 선조에게 환멸을 느꼈을 수도 있고, 자신이 영의정을 그만두면 정적들이 더 이상 이순신을 공격하지 않을 거라는 생각도 했을 거예요.

이순신, 왕을 버리다 : 오직 백성에 대한 충성!

이순신은 1596년 10월 12일부터 1597년 3월 31일까지 6개월 동안 일기를 쓰지 않았습니다. 그 기간 이순신은 고뇌했고, 파직당했고, 잡혀 왔고, 고문당했습니다. 일본군의 칼날이 아니라 선조의 칼날 위에서 죽음을 기다리고 있었던 것입니다.

이순신은 《난중일기》에서 총 24번의 망궐례를 했다고 썼습니다. 망궐례는 임금을 직접 만날 수 없는 지방 관리가 임금이 있는 방향으로 절을 하면서 충성을 맹세하는 의식입니다. 이것은 임금에 대한 신하의 충성심을 보여주는 중요한 징표였죠.

하지만 감옥을 나온 이순신은 노량해전에서 전사할 때까지 무려 1년 8개월 동안 선조에게 망궐례를 올리지 않습니다. 감옥에 잡혀 오기 직전 해인 1596년에는 거의 매달 망궐례를 하면서 선조에 대한 충성을 맹세했었죠.

1596년 1월 15일 새벽 3시에 망궐례를 행했다.

1596년 2월 15일 새벽에 망궐례를 행하려고 했으나, 비가 많이 와서 마당이 젖어서 행하지 못했다.

1596년 3월 1일 새벽에 망궐례를 행했다.

1596년 3월 15일 새벽에 망궐례를 행했다.

1596년 5월 15일 새벽에 망궐례를 행했다.

1596년 6월 15일 새벽에 망궐례를 행했다.

1596년 7월 15일 비가 와서 새벽에 망궐례를 못했다.

1596년 8월 1일 새벽에 망궐례를 행했다.

1596년 8월 15일 비가 와서 새벽에 망궐례를 못했다.

1596년 9월 1일 새벽에 망궐례를 행했다.

1596년 10월 1일 새벽에 망궐례를 행했다.

1597년 4월 1일, 감옥을 나온 날부터 이순신의 일기는 다시 시작됩니다. 그러나 이제 망궐례는 하지 않습니다. 당시의 기준으로 보면 명백한 반역입니다. 이것은 무엇을 뜻할까요?

이순신에게 선조는 더 이상 충성을 맹세할 왕이 아니라는 거죠. 이제 이순신에게는 오직 국가와 백성만이 충성의 대상이 되었습니다.

백의종군의 길 위에서

이순신은 간신히 목숨만 붙어서 권율에게 전입신고를 하기 위해 백의종군을 떠납니다. 당시 권율은 육군과 해군을 총지휘하는 도원수였습니다. 지금의 합참의장_{군의 최고 지휘관}과 같은 역할이었죠.

조선 시대의 '백의종군'은 공식 직책은 없지만, 이전의 계급에 준하는 예우를 받으며 전공을 세우게 하는 일종의 처벌이었습니다.

징비록 속으로 조정에서는 이순신에게 한 차례 고문을 가한 후 사형을 감하고 관직을 삭탈한 채, 군대에 편입하도록 했다.

이순신은 순천으로 향하던 길에 고향 아산에 들러, 돌아가신 아버지와 조상들의 묘소를 찾아 인사를 올렸어요. 아버지의 묘에 절을 올리니, 자신을 기다리고 있을 어머니에 대한 그리움이 더욱 깊어졌습니다. 당시 그의 어머니는 여든이 넘어 큰 병을 앓고 있었는데, 아들이 한양에 잡혀갔다는 소식을 듣고 여수에서 나룻배를 타고 한양으로 향하고 있었습니다. 언제 죽을지 모르는 아들을 생전에 꼭 보고 싶었던 거죠. 그 소식을 들은 이순신은 즉시 사람을 보내서 자신이 살아 있으며, 현재 아산에 있음을 알립니다.

그날 밤, 그는 악몽을 꾸고 이를 일기에 기록합니다.

 1597년 4월 11일 맑음. 새벽에 꾼 꿈으로 마음이 몹시 불안하다. 취한 듯 미친 듯 마음을 걷잡을 수 없으니 이 무슨 징조인가. 병드신 어머니를 생각하니 눈물이 흐르는 줄도 몰랐다.

이틀 뒤, 이순신은 어머니의 사망 소식을 듣습니다. 그리고 그날의 일기에 "어머니의 부고를 들었다. 뛰쳐나가 가슴을 치면서 발을 동동 굴렀다. 하늘이 캄캄했다. 그 아픔과 슬픔을 이루다 적을 수가 없다"라고 쓰며 오열했습니다.

그는 진실로 효자였습니다. 《난중일기》에 어머니를 걱정하고 그리워하는 기록이 100회 이상 나올 정도죠. 고향에 계시던 어머니를 전라 좌수영사령부이 있던 여수로 모신 것도 자주 찾아뵙고 보살피기 위해서였어요.

이순신은 죄인이 된 자신을 보러 작은 나룻배 안에서 너무나 쓸쓸하게 돌아가신 어머니를 생각하니 가슴이 미어졌습니다. 그는 어머니의 장례를 치르면서 울부짖었습니다.

 1597년 4월 16일. 궂은비가 내림. 슬픔으로 가슴이 찢어지는 듯하니, 무슨 말을 할 수 있겠는가. 비는 크게 퍼부었다. 나는 기운이 다 빠져 버렸다. 또 남쪽권율이 있던 곳으로 갈 날은 다가오고 있으니, 소리를 내어서 울부짖었다. 어서 죽기를 바랄 뿐이다.

슬픔도 잠시, 이순신의 백의종군 길을 감시하던 관리가 서둘러 가자고 재촉했습니다. 이순신은 다시 길을 나서며 철없던 어린 시절로 돌아가, 건강하던 어머니의 모습을 가슴 깊이 담았습니다. 잠시나마 행복했던 어린 시절을 떠올리며 추억에 잠겼죠.

소년 이순신

**강직한 가풍 속에서 자란 소년,
군인의 운명을 품다**

1545년 3월 8일, 이순신은 서울시 중구 건천동_{지금의 인현동}에서 태어났습니다.

이순신의 시조는 고려의 무장이었던 이돈수였어요. 5대조 이변은 문과에 급제해 형조판서_{법무부장관}와 공조판서_{국토교통부장관}를 역임했고, 중국어에 통달해 83세에 생을 마감할 때까지 명나라에 30번 이상 사신으로 다녀온 베테랑 외교관이기도 했습니다. 〈세조실록〉에서는 이변을 "성품이 강직했고, 남의 잘못을 그냥 넘어가지 않았다. 밥을 잘 먹어 기운이 왕성해 임금이 항상 원로 대우를 했다"라고 평가합니다.

4대조 증조부 이거도 문과에 급제한 인물로, 연산군의 스승이었고 사헌부에서 장령_{정4품}을 했습니다. 사헌부는 조선 시대에 감찰과 언론 기능을 했던 관청으로 왕의 잘못된 행위나 정책에 대한 직언을 주로 했어요. 류성룡은 《징비록》에서 "연산군이 엄격한 스승 이거를 꺼렸고,

사헌부 장령이 되었을 때는 권력에 눈치 보지 않고 할 말을 다 했기 때문에 많은 관료가 그를 두려워해서 호랑이 장령이라고 불렀다"라고 말합니다.

5대조와 4대조 할아버지의 공통점은 '성품이 강직하고, 권력에 눈치 안 보고 할 말 다 하는 스타일'로 그것이 집안의 가치관이 되어 이순신의 성품에도 영향을 끼친 듯해요. 이순신의 할아버지 이백록은 문과에 급제는 못 했지만, 높은 관직에 있던 아버지 덕분에 작은 벼슬을 했습니다.

어느 날 집안에 큰 일이 일어났습니다. 이백록이 아들의 혼례를 지방의 처가에서 치르던 중, 하필이면 임금이 승하한 것입니다. 조선 시대에는 임금이 죽으면 결혼을 금지하는 법이 있었거든요. 그는 국상 중에 예법을 어겼다는 죄로 곤장을 맞고 사망합니다. 당시에는 통신 수단이 발달하지 않아 지방까지 소식이 신속히 전해지지 않았을 텐데, 참으로 억울하게 죽은 것이죠.

이순신의 아버지였던 이정은 자신의 결혼 때문에 돌아가신 아버지에 대한 미안함으로, 새 임금 명종에게 호소하여 끝내 억울함을 밝혀냅니다. 그러나 그 일의 충격 때문인지 이후 관직에 나서지 않았습니다.

이번에는 이순신의 외가와 형제를 볼까요? 이순신의 어머니는 초계

변 씨였고, 외할아버지는 지방의 현감종6품으로 오늘날 구청장 정도의 지방관이었습니다. 이정과 초계 변 씨는 4명의 아들을 두었습니다. 이정은 중국의 전설 속 인물인 복희, 요왕, 순왕, 우왕의 이름을 따서 첫째는 희신, 둘째는 요신, 셋째는 순신, 넷째는 우신으로 지었다고 해요.

간혹 드라마에서 이순신의 어린 시절을 가난하게 표현하는데, 사실 이순신은 꽤 괜찮은 금수저 출신이었답니다.

이 아이는 군대를 지휘할 운명이다

이순신의 조카 이분李芬, 1566~1619은 《이충무공행록》이라는 이순신의 전기를 썼습니다. 그 책에는 집안 어른들에게 들은 이야기가 그대로 적혀 있습니다.

이순신이 태어나고, 점치는 사람이 말하기를 이 아이는 나이 50이 되면 북쪽 지방에서 군대를 지휘할 운명이다. … 이순신이 아이들과 진을 치고 전쟁놀이를 했는데, 매번 아이들은 반드시 이순신을 대장으로 삼았다.

하루는 이순신이 여름에 참외가 먹고 싶어, 참외밭 주인에게 참외를 좀 달라고 했는데 거절당하고 말았습니다. 화가 난 이순신은 집에 돌아와서 말을 타고 참외밭을 엉망으로 만들어 버렸죠. 그러자 참외밭 주인은 이순신이 지나가기만 해도 참외를 주었다고 해요.

이순신은 자신이 태어난 동네에서 인생의 멘토를 만나는데, 바로 류성룡입니다. 류성룡은 이순신보다 세 살 많았고, 이순신의 둘째 형 이요신과는 동갑내기 친구였습니다. 그들은 서로 어울려 다니며 개구쟁이처럼 놀았죠.

훗날 류성룡은 선조에게 "신의 집이 이순신과 같은 동네에 있었기 때문에 이순신의 사람됨을 잘 알고 있습니다"라고 말했습니다. 또한 《징비록》에 직접 보고 들은 이순신의 어린 시절을 적었어요.

징비록 속으로 이순신은 어렸을 때부터 영리하고 활달해서 어떤 사물에도 제약을 받지 않았다. 마을에서 여러 아이와 전쟁놀이를 했는데, 나무를 깎아 활과 화살을 만들어 길거리에서 놀면서 마음에 맞지 않는 사람을 만나면 그 사람의 눈을 쏘려고 했다. 그래서 어른들도 그를 두려워하여 감히 그 집 문 앞을 지나가지 못할 정도였다.

이순신의 유년기는 '전쟁놀이를 좋아했다, 동네 대장이었다, 거침이 없는 성격으로 악동 기질이 있었다, 인생의 멘토 류성룡을 만났다'로 요약할 수 있겠습니다.

11년 동안 준비한 무과시험

이순신은 십 대가 되면서 충청남도 아산으로 이사를 갔습니다. 아산에는 외갓집이 있었고, 조상들의 묘가 있는 '선산'도 있었죠. 십 대 시절에 이순신은 두 형을 따라서 문과 시험을 보기 위해 사서오경으로 상징되는 유학을 공부했지만, 시간이 지날수록 군인의 길을 가야겠다는 생각을 굳힙니다.

21세에 이순신은 보성군수였던 방진의 외동딸과 결혼했습니다. 방진은 중종1506~1544년까지 재위 때 무과에 합격한 무인으로, 활을 아주 잘 쏘는 명궁으로 소문이 자자했어요. 그리고 무엇보다 외동딸을 무척 아꼈던 아버지였죠.

이순신은 무인이었던 장인어른의 영향을 받아, 22세부터는 본격적으로 무과시험을 준비합니다. 시험을 준비하던 이순신의 모습이 궁금하시죠? 조카 이분의 말을 들어보겠습니다. 이분은 삼촌이었던 이순신을 '공'이라고 표현합니다.

공은 22세 겨울부터 무예를 배우기 시작했는데, 팔 힘이 좋았고, 말을 타면서 활을 잘 쏘아서 경쟁 상대가 없을 정도였다. 공의 성품이 고결했기에 같이 공부하고 놀던 무인들이 장난을 많이 쳤지만, 공에게만은 감히 '너'라고 하지 못하고 언제나 존경했다.

1572년, 이순신이 28세가 되던 해 첫 번째 무과시험에 도전합니다. 이 시험은 3년마다 정기적으로 보던 식년시는 아니었고, 국가의 특별한 사정에 따라서 수시로 보았던 별시였어요. 시험과목은 군사이론, 활쏘기, 말타기가 핵심이었죠.

7년을 피땀 흘려 준비했던 이순신을 보며 많은 사람이 합격을 예상했습니다. 앞서 군사이론과 활쏘기 시험을 잘 보았기 때문에 말타기만 잘하면 합격할 수 있었죠.

긴장된 마음으로 말에 오른 이순신은 힘차게 달렸습니다. 그러나 잘

징비록 × 난중일기 코드 지식 더하기

조선 시대의 인재 등용문 : 문과 시험과 무과 시험

조선 시대의 과거시험은 크게 문과와 무과로 나뉘었다.

문과는 학문과 정치적 식견을 평가하는 시험으로, 사서오경을 비롯한 유학 경전의 이해와 시문 능력을 중점적으로 보았다. 응시자들은 경학과 정책론, 논술을 치르며 학문적 깊이와 통치 능력을 검증받았다. 합격자는 대체로 관리로 진출해 중앙 정계와 지방 행정의 핵심을 담당했다.

반면 무과는 군사적 소양과 무예를 시험하는 제도로, 활쏘기·말타기 같은 실기와 군사이론에 대한 지식을 함께 평가했다. 합격자는 무관으로 임명되어 국방과 국경 방어를 맡았다.

문과가 지적 능력을 겨루는 자리라면, 무과는 실제 전장을 염두에 둔 체력과 기량의 시험장이었다. 이순신의 실패와 재도전은 문과와 무과의 차이를 극명하게 보여준다.

첫 무과에서의 낙마, 청년시절
충무공의 일생을 그린 〈십경도〉 중에서,
정창섭, 문학진 作 / 현충사 소장
출처 hcs.khs.go.kr

달리던 말이 갑자기 앞으로 고꾸라지며, 이순신 역시 말에서 떨어져 땅바닥에 거칠게 구르고 말았습니다.

충격이 컸던 탓에 한동안 그는 일어나지 못했습니다. 사람들은 웅성이며 "죽은 게 아니냐"는 수군거림을 쏟아냈고, 시험장은 순식간에 무거운 정적에 휩싸였습니다.

시간이 흘러, 이순신은 겨우 몸을 일으키려 했으나 다시 주저앉고 말았습니다. 그의 다리는 이미 부러져 있었습니다. 이순신은 아픈 다리를 이끌고 버드나무 가지를 꺾어 다리에 묶은 뒤, 외다리로 다시 말에 올랐습니다. 그리고 시험을 끝까지 마쳤습니다. 그 모습에 사람들은 탄성을 지르며 박수를 보냈지만, 결국 이순신의 이름은 합격자 명단에 오르지 못했습니다.

이순신은 실패를 교훈으로 삼고, 5년 동안 또다시 피땀 흘려 무과시험을 준비했습니다. 1576년, 이순신은 29명의 합격생 중 12등의 준수한 성적으로 마침내 무과시험식년시에 합격했습니다. 무과시험 준비를 시작한 지 11년 만이었죠. 이제 그의 나이 32세였습니다.

꿈꾸던 군인이 되었지만, 외로운 이순신

1576년 12월, 이순신은 여진족과 국경을 맞대고 있는 함경도 삼수의 '동구비보'라는 군사기지로 첫 발령을 받습니다. 흔히 삼수갑산이라고 부르는 곳으로, 옛날부터 사람의 발길이 닿기 힘든 지역이었죠. 이순신은 가장 계급이 낮은 종9품 권관하사에 임명되어, 최전방에서 군 생활을 시작합니다.

어느 날 함경도 감사 이후백이 군인들을 대상으로 활쏘기 대회를 열었는데, 이순신의 실력을 본 이후백이 칭찬을 아끼지 않았습니다.

최전방에서 3년 동안 고생했던 이순신은 군인으로서 능력을 인정받아 훈련원으로 발령받았습니다. 훈련원은 무관 선발과 인사관리, 훈련을 관장하는 관청이었습니다. 이순신은 종8품으로 진급해서, 훈련원 봉사로 보직되었어요. 그는 주로 군인들의 인사 업무를 수행했습니다.

그러던 중 직속상관이었던 병조정랑정5품 서익이 이순신을 불렀습니다.

"내가 잘 아는 군인이 있는데, 그를 정7품으로 특별 승진시키고 싶어. 자네가 좀 도와주게."

"아래 직급인 사람을 순서를 뛰어넘어 승진시키면, 마땅히 승진해야 할 사람이 떨어집니다. 이는 규정에도 어긋나고, 공정하지 않습니다."

서익은 버럭 화를 내며 이순신을 겁주고, 위협했습니다. 그러나 이순신은 끝내 들어주지 않았습니다. 이 소문은 순식간에 퍼졌죠. 서익은 이순신에게 깊은 앙심을 품고, 훗날 야비하게 복수합니다.

이순신의 청렴결백한 행동은 병조판서^{국방부장관} 김귀영에게까지 알려졌어요. 김귀영은 이순신이 어떤 인물인지 자세히 알아본 후, 자신의 서녀를 이순신에게 시집보내려 하죠. 이 말을 들은 이순신은 이렇게 말합니다.

"제가 어떻게 권력자의 집안에 붙어 출세를 꾀할 수 있겠습니까?"

당시 양반은 결혼을 하고도 첩을 여러 명 두었습니다. 서녀는 첩에게서 태어난 딸을 말하는 것으로, 김귀영은 이순신의 둘째 부인으로 자신의 딸을 추천했던 것이죠. 당시에는 없었지만 나중에 이순신도 첩을 가진다. '첩'은 일부일처제가 정착된 지금의 가치관으로는 이해할 수 없지만, 조선 시대 양반 사회에서는 흔한 일이었다.

결국 이순신은 훈련원에 온 지 8개월 만에 임기를 다 채우지 못하고 충청도 병마절도사^{충청도 사령관}의 군관으로 전출되었습니다. 그 시절 이순신은 방 안에 오직 옷과 이불만 두었고, 다른 물건은 하나도 두지 않을 정도로 검소하게 생활했어요. 휴가를 얻어서 부모님을 뵈러 고향에 가 있는 동안 지급된 식량까지 반드시 담당자에게 반납하여 사람들을 놀라게 했죠.

억울한 파직, 준비된 장군

청렴과 실력으로 위기를 넘어
전라좌수사에 오르다

1580년, 36세가 된 이순신은 전라도 고흥의 수군진지 '발포'의 만호로 발령을 받습니다. 만호는 종4품입니다. 무관직은 종4품부터 장군으로 불리기 때문에 이순신은 매우 뜻깊은 자리에 오른 것이죠.

하루는 직속상관이었던 전라좌수사 성박이 이런 명령을 내립니다.

"내 취미가 거문고를 타는 것일세. 고흥 관아에 오동나무가 잘 자랐던데 부하를 시켜서 좀 베어오도록 하게."

이순신은 대답했습니다.

"관아에 있는 나무는 국가 재산인데, 어떻게 마음대로 벨 수 있겠습니까? 그 명령은 따를 수 없습니다."

성박은 화가 났지만, 이순신이 틀린 말을 한 것은 아니었기에 참았습니다. 그러나 뒤끝은 있었죠. 성박은 이순신이 거만하고, 상관의 말을 듣지 않는다며 일부러 여기저기 소문을 냅니다.

소문을 그대로 믿은 전라감사전라도지사 손식은 버릇없는 이순신을 혼내 주려고 고흥으로 직접 내려오죠. 이순신의 허점을 찾으려고 발포 방어 전략을 브리핑시키고, 여러 병법도 물어봅니다. 그런데 지역 방어 전략은 물론이고, 《손자병법》 등의 고전을 인용해 막힘없이 술술 대답하는 것이 아니겠어요. 손식은 이순신이 보통 인물이 아님을 알고, 오히려 그의 능력과 인성에 반하고 맙니다.

"내가 자세히 알아보지도 않고, 소문만 믿고 자네를 오해해서 후회스럽네. 미안하네."

이후 성박은 떠나고, 새로운 전라좌수사로 이용이 옵니다. 그런데 성박은 떠나기 전, 이용에게 이순신이 상관의 말을 듣지 않는 고약한 사람이니 조심하라고 인수인계를 하고 떠납니다.

이용은 이순신을 처벌하려는 목적으로 갑자기 발포를 점검해서 3명의 병사가 비어 있음을 파악합니다. 당시에는 지금처럼 체계적인 군인 모집이 이루어지지 않아, 정원에 비해 결원이 많았습니다. 이용은 조정에 긴급 장계보고서를 올려서 이순신의 처벌을 요청했습니다. 그리고 이순신을 부르죠.

"너의 죄는 용서할 수가 없다."

"이번에 전라좌도의 5개 수군진지의 병력조사를 모두 한 것으로 알고 있습니다. 저는 각 수군진지의 만호들에게 비어 있는 병력을 조사해서 모두 적어 두었습니다. 제가 지휘하고 있는 발포가 가장 결원이 적었는데 왜 저만 처벌을 요청하셨습니까?"

이용은 뜨끔했죠. 이처럼 이순신은 치밀했고, 자신을 괴롭히는 사람들보다 한 수 위였기 때문에 쉽게 당하지 않았습니다. 결국 이용은 오히려 자신이 거짓 보고를 올려서 처벌을 받을 가능성이 있다고 생각해 재빨리 장계를 회수했답니다.

이 사실이 소문나면서 이용은 자존심에 큰 상처를 입었습니다. 그는 인사 평가에서 이순신에게 만호 중 가장 낮은 점수를 주려 했습니다. 그러나 인사를 담당하던 조헌이 강하게 반대했습니다.

"이순신은 군대를 통솔하고 지휘하는 능력이 전라도에서 으뜸입니다. 어떻게 이순신을 최하 점수를 줄 수 있습니까? 이것은 잘못된 일입니다."

이렇게 가까스로 위기를 넘긴 이순신에게, 이번에는 더 큰 시련이 찾아왔습니다. 훈련원 봉사 시절, 인사 청탁을 거절했던 서익이 순찰사가 되어 발포에 들이닥친 것입니다. 순찰사는 암행어사와 마찬가지로 왕의 명을 받아 지방의 부패를 감시하고 군사를 점검하며, 문제가 있는 관리를 현장에서 처벌할 수 있는 막강한 권한을 지닌 자리였습니다.

서익은 발포를 샅샅이 털어서 군사 시설이 제대로 보수되지 않았다는 작은 이유를 들어 이순신을 끝내 파직시킵니다. 이순신은 결국 군복을 벗고 고향으로 돌아왔습니다.

이순신의 첫 전투

파직을 당하고 일 년이 흐른 어느 날, 이순신에게 복직 명령이 떨어졌습니다.

'이순신은 훈련원 봉사직종8품으로 복직하라.'

징비록 × 난중일기 코드 지식 더하기

조선 공무원의 직급, 품계

조선은 고려로부터 이어받은 제도를 정비하여 문관과 무관을 아울러 9품 18계로 나누었다. 가장 높은 품계는 정1품, 가장 낮은 품계는 종9품이었다. 각 품을 정正과 종從으로 나누어 정1품에서 종9품까지 18품으로 했고, 다시 정1품에서 종5품까지는 상계와 하계로 세분하여 총 30단계의 관직 서열이 존재했다.

정1품에서 종2품까지	중앙 정계의 핵심을 담당하는 최고위 관료층. 영의정, 좌의정, 우의정, 판서, 대제학 등(현재 총리~차관급)
정3품에서 정6품까지	실질적으로 정책을 집행하고 지방 행정을 책임지는 중간 간부층. 수령, 병마절도사, 수군절도사 등
정7품 이하	말단 관리, 하급 행정·군사 실무자. 정9품의 참봉, 종9품의 권관 등

이순신의 사례를 보자. 그는 무과에 합격한 뒤 처음으로 받은 품계가 종9품 권관이었다. 이는 가장 낮은 무관직으로, 사실상 부사관에 해당하는 자리였다. 이후 근무 성적과 전공에 따라 차례로 승진하여 종8품 훈련원 봉사,종4품 조산보 만호, 정3품 전라좌수사 등을 거쳤다.

이처럼 품계는 개인의 경력 발전을 단계적으로 보여주는 지표였다.

이순신은 장군에서 상사의 계급으로 강등되어 재입대했습니다. 당시 정부 인사를 총괄하던 이조판서_{행정안전부장관} 율곡 이이가 이 소식을 듣고 류성룡에게 '듣자 하니 이순신이 억울한 일을 당한 것 같은데 한 번 만나고 싶다'는 요청을 해왔어요. 류성룡이 이 말을 전하자 이순신은 "이이가 저의 친척이라서 만나볼 수는 있겠지만, 제가 지금 강등된 상황에서 이조판서를 만난다면 인사청탁으로 보일 것입니다"라며, 정중히 거절하죠.

류성룡은 안타까운 마음에 몇 차례 더 만남을 권하지만, 이순신은 단호했습니다. 그런데 이 일은 정황상 류성룡이 이순신을 위해 친분이 있던 이이에게 먼저 만남을 부탁한 게 아닐까 싶어요.

이순신은 군인으로서 거의 매일 활쏘기 연습을 했습니다. 지금으로 치면 매일 사격연습을 한 것이죠. 평소처럼 활터에서 활을 쏘던 이순신에게 병조판서_{국방부장관} 유전이 다가왔습니다.

"자네, 화살통이 참 고급스러워 보이는데, 나에게 줄 수 있겠는가?"

"화살통을 바치는 것은 어려운 일은 아니지만, 사람들이 이 사실을 알게 되면 사람들이 대감을 비난할까 두렵습니다. 그리고 저 역시 뇌물을 바쳤다 하여 웃음거리가 될 것입니다."

"그대의 말이 옳다. 내 생각이 짧았네."

1583년, 이용이 함경도 남병영 병마절도사_{함경도 남부 지역사령관}로 임명되었어요. 그는 임금에게 '이순신을 군관으로 데려가고 싶다'고 요청했습니다. 이번에는 이순신을 괴롭히기 위해서가 아니라, 전방에서 여진족과의 전투에 대비하려면 그의 도움이 필요했기 때문이었습니다.

이순신을 다시 만난 이용은 예전과 달리 매우 기뻐했고, 크고 작은 군대 일을 반드시 이순신과 의논했습니다. 몇 달 후에 이순신은 함경도 건원의 권관종8품으로 전출되어 떠납니다.

드디어 건원에서 이순신은 첫 전투를 치릅니다. 여진족 장수 울기내가 기습해 쳐들어오자, 그는 부하들을 후방에 매복시킨 뒤 유인 작전을 펼쳐 적을 크게 격파했습니다. 적장 울기내를 생포하기까지 했습니다. 보통 이 정도의 전공이라면 임금이 큰 상을 내리고 특별 승진을 명하는 것이 관례였습니다.

그러나 함경도 북병사 김우서는 이순신의 공을 질투해서 임금에게 "저에게 허락도 받지 않고 군대를 움직였습니다"라고 보고했습니다. 이 바람에 상을 주려던 일은 아예 취소되었습니다.

두 번째 파직을 당하고 백의종군하다

1583년 11월, 이순신의 아버지가 세상을 떠났습니다. 함경도 전방에 있던 이순신은 다음 해 1월에야 그 소식을 듣고 오열하면서 고향으로 내려갔습니다. 아산에 도착한 이순신은 삼년상을 치릅니다.

1586년 1월, 삼년상이 끝나자마자 조정은 이순신을 사복시 주부종6품에 임명합니다. 사복시는 왕의 말과 수레를 관리하는 왕실 소속 관청입니다. 그런데 함경도에서 여진족이 자주 출몰하여 백성을 괴롭히자, 조정은 16일 만에 이순신을 조산보 만호종4품로 승진시켜 다시 최전방으로 보냅니다. 이곳은 현재 북한과 러시아의 접경지역으로, 두만강이 흘러서 동해 바다로 연결되는 군사 요충지입니다.

이순신은 전라도 발포 만호에 이어서 두 번째 수군만호가 되어 훗날 전라좌수사가 되기 위한 귀중한 경험을 쌓게 됩니다.

이때, 선조는 이순신에게 '녹둔도 둔전관을 겸하라'는 명령을 내리죠. 둔전은 군대가 직접 농사를 짓는 곳으로 군량미 확보를 위해서 운영하는 제도였어요.

녹둔도는 두만강에 있는 섬으로 비옥한 땅을 가져서 농사가 아주 잘되었습니다. 이순신은 조산보 만호와 녹둔도 둔전관을 겸직하면서 바쁜 나날을 보내고 있었죠. 여진족은 호시탐탐 녹둔도의 식량을 노렸습니다. 조산보와 녹둔도는 상당히 떨어져 있어서 이순신은 두 곳을 동시에 방어하는 데 어려움을 겪고 있었습니다.

어느 날, 이순신은 추수 직후에 여진족이 녹둔도를 침략한다는 첩보를 듣습니다. 여진족은 일 년 농사가 끝나는 시점에 쳐들어와서 겨울 동안 먹을 식량을 강탈해 가곤 했습니다.

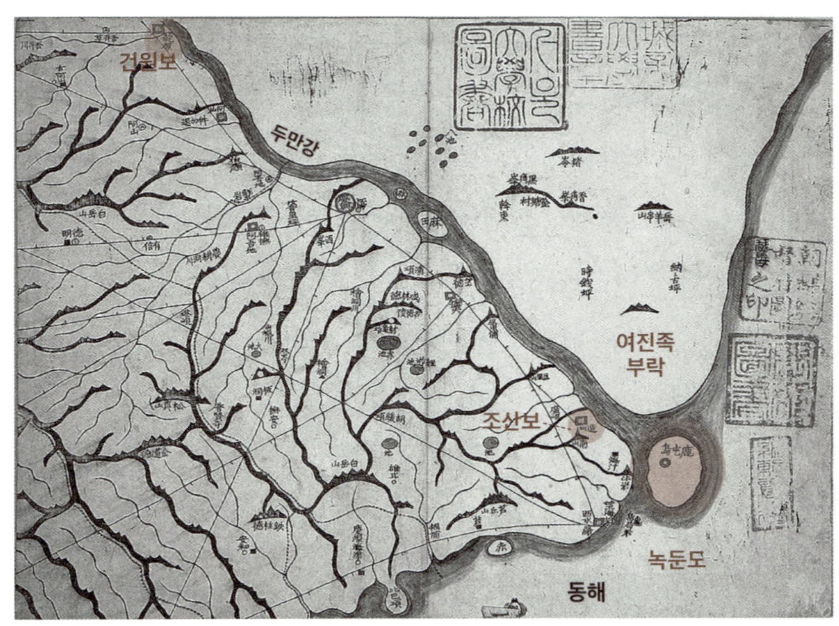

〈대동여지도〉 속 녹둔도. 두만강 하구에 있던 섬으로,
강의 퇴적 작용으로 인해 현재는 육지가 되었으며 러시아 영토이다.

이순신은 녹둔도를 방어하기 위해 더 많은 병력이 필요하다고 판단하고, 함경북도 병마절도사사령관 이일에게 병력 보충을 건의했습니다. 그러나 이일은 그의 의견을 무시했습니다. 이순신은 절박한 심정으로 다시 병력 보충을 건의했죠. 이일은 무능한 지휘관으로, 이순신의 건의를 하찮게 여기고 끝내 들어주지 않았습니다.

1587년 8월양력으로는 10월, 100여 명의 여진족이 녹둔도를 기습했습니다. 녹둔도의 나무 울타리 안에서는 이순신이 10여 명과 함께 방어를 지휘하고 있었습니다. 이순신은 울타리 안에서 빠르게 화살을 쏘아 여진족 추장 마니응개와 여러 장수를 사살했습니다.

이순신이 목숨을 걸고 적과 싸우는 와중에, 군인 숫자가 우세했던 여진족은 조선의 백성 160명을 사로잡고, 말 15필을 빼앗아 북쪽으로 달아났습니다. 이순신은 부하들과 함께 여진족을 뒤쫓아서 여진족 3명을 죽이고, 60여 명의 백성을 간신히 구출해 왔습니다.

이 전투에서 이순신의 부하 10여 명이 전사했습니다. 이순신의 왼쪽 다리에는 적의 화살이 깊숙이 박혔습니다. 비록 승리를 거둔 것은 아니었으나, 수적 열세 속에서도 최선을 다해 싸운 전투였습니다.

그러나 이일은 왕에게 이순신이 녹둔도에서 패전했다는 보고를 올리고, 이순신을 구속해 죄를 추궁합니다. 이때 무과 합격 동기였던 선거이가 안타까운 마음에 이순신에게 술 한잔을 권하죠. 이순신은 "사람이 죽고 사는 것은 하늘에 달린 일인데, 술을 마셔서 무엇하겠소?"라며 거절합니다.

이일은 곤장을 때리고, 심문을 시작했습니다.

"너의 잘못을 인정하느냐?"

"인정할 수 없습니다. 제가 이미 여러 차례 공문으로 병력 증원을 요청했는데, 그때마다 저의 요청을 들어주지 않았지 않습니까? 제가 보

녹둔도 전투를 그린 《북관유적도첩》 중 〈수책거적(목책을 지키며 적을 막아내다)〉
조선시대 17~18세기, 고려대학교 박물관 소장

낸 공문을 저는 다 가지고 있습니다. 조정이 저의 공문을 본다면 그 죄가 누구에게 있다고 생각하겠습니까? 그리고 저는 백성을 납치해 가는 적을 끝까지 추격해 되찾아 왔는데, 이것이 어찌 패배입니까?"

목숨 걸고 전투에 임한 이순신은 당당했고, 부하 장수의 건의를 이유도 없이 묵살한 무능한 이일은 기가 꺾였습니다. 이일이 이순신을 심문한 것이 아니라, 이순신이 이일의 죄를 심문하는 듯이 보였습니다.
이 사실을 알게 된 선조는 명령을 내립니다.

"녹둔도 전투를 패전으로 말할 수는 없다. 다만, 이순신은 백의종군
하여 공을 세우도록 하라."

이때의 백의종군은 사졸하급 군인로 강등된 것은 아니고, 만호의 직책
만 해제된 '보직 해임'이었습니다. 이순신은 군인에게 가장 치욕스러운
백의종군을 버텨내면서, 부하들을 죽인 여진족에게 복수하기 위해 칼
을 갈고 있었습니다.

마침내 1588년 1월, 이순신은 신립과 함께 대대적인 여진족 토벌
작전에 투입되어 완벽한 승리를 거두고 원수를 갚아 명예를 회복했
습니다. 이 전투를 치른 직후, 1588년 6월에 이순신은 고향으로 돌아옵
니다.

전라좌수사가 되다

1589년 2월, 이제 45세가 된 이순신은 전라도 관찰사 이광의 군관
으로 다시 복직합니다. 이광은 이순신을 매우 아끼던 사람으로 "그대
의 능력과 재주가 이토록 뛰어난데, 승진을 못 해서 참으로 안타깝다"
고 말하죠.

이순신의 조카 이분은 이렇게 말합니다.

이순신은 성격이 여기저기 바삐 다니며 아부하는 것을 좋아하지 않았다. 그래서 서울에서 태어나고 자랐지만, 능력을 알아주는 사람이 드물었다. 서애 류성룡만이 같은 동네의 소년 시절 친구였기에 매번 장군이 될 인물이라고 인정했다.

그동안 류성룡은 은밀히 이순신을 도와왔으나, 일본의 침략 위기가 시시각각 다가오자 이순신을 전라좌수사로 임명하기 위한 치밀하고 대담한 행동에 나섰습니다.

그 행보를 한번 보시죠. 1589년 11월, 이순신을 선전관에 겸직시킵니다. 선전관은 왕을 근접경호하고 왕명의 출납을 담당하는 요직이었어요. 한 달 뒤, 전라도 정읍 현감에 다시 임명하죠. 현감은 시장이나 군수처럼 지방자치단체장의 역할을 하는 지방관이었습니다.

이때 이순신은 고향에 있던 처자식과 형수, 조카까지 데리고 정읍으로 부임합니다. 이순신의 형들이 모두 일찍 죽으면서 조카들을 보살필 사람이 없었기 때문에 이순신은 조카들에게 아버지 역할을 해주었어요. 맛있는 음식이 있어도 조카들을 먼저 챙겼죠.

그러나 조선 시대에는 지방관이 부임할 때 가족을 데려올 수 있는 숫자가 정해져 있었어요. 이걸 남솔이라고 하는데, 이순신이 이를 어기고 많은 식구를 데려오자 주변의 비난이 컸습니다. 그러나 이순신은 당당하게 말했죠.

"내가 남솔의 죄를 짓더라도 오갈 데 없는 형수와 조카들을 차마 버리지 못하겠습니다."

1591년 2월, 류성룡은 좌의정^{부총리}과 이조판서^{행정안전부장관}를 겸직했습니다. 국정운영을 주도하고, 인사권한까지 틀어쥔 막강한 권력자였죠. 선조가 이런 큰 권력을 준 이유는 평소 류성룡이 권력 남용을 하지 않았기 때문입니다.

류성룡은 정읍 현감으로 있던 이순신을 선조에게 추천하여 고사리 첨사^{종3품}로 임명합니다. 그러나 지방관의 임기를 반도 못 채운 상태라, 많은 신하가 반대해 취소됩니다. 류성룡은 이번에는 이순신을 만포진 첨사^{정3품}로 임명해요. 정3품 당상관부터는 고위 공무원이기에, 이번에도 신하들은 승진이 너무 빠르다며 반대했습니다.

류성룡의 이러한 행동은 겉으로는 무모해 보였지만, 실제로는 이순신을 전라좌수사에 임명하기 위해 신하들의 반응을 미리 살핀 치밀한 사전 조치였습니다.

1591년 2월, 류성룡은 이순신을 진도군수^{종4품}로 임명했다가 바로 가리포 첨사^{종3품}로 고쳐 임명하고, 마지막 순간에 다시 자리를 바꿔 전라좌수사^{전라좌도수군절도사}로 임명합니다. 종6품 정읍 현감이었던 이순신을 일곱 단계나 높은 정3품 전라좌수사로 단번에 승진시키는 데 대해 반발이 클 것을 미리 예상한 류성룡의 작전이었습니다.

먼저 종4품 진도군수로 올리고, 그다음 종3품 가리포 첨사로 단계별로 높여 반대 여론을 최소화시켰어요. 지금 보아도 무리한 승진으로 보이는 이런 인사는, 류성룡이 인사를 책임진 이조판서였기 때문에 가능했습니다. 류성룡은 욕을 좀 먹더라도 명장의 역량을 가진 이순신을 미리 배치해서 치밀하게 전쟁 준비를 하려 했던 거죠.

드디어 선조는 2월 12일에 "이순신을 전라좌수사로 임명하라"는 명령을 내립니다. 그러나 그후에도 사간원은 선조에게 여러 차례 반대합니다. 사간원은 언론기관으로, 왕에게 바른말을 하고 잘못된 정치를 비판하는 역할을 맡은 관청이다.

"전라좌수사 이순신은 아직 진도군수에 부임하지도 않았는데 좌수사에 임명하셨습니다. 그것이 인재가 모자란 탓이긴 하지만 인사 남용이 이보다 심할 수 없습니다. 사퇴시켜 주시옵소서."[18]

"이순신은 경력이 매우 적어서 좌수사에 기용할 수 없습니다. 아무리 인재가 부족하다고 하지만 어떻게 정읍 현감을 갑자기 전라좌수사에 승진시킬 수 있겠습니까. 빨리 사퇴시켜 주시옵소서."[19]

이처럼 이순신이 다시 사직될 위기의 순간, 류성룡은 그동안 쌓은 정치력과 자신의 인사권한을 유연하게 활용해 선조는 물론 반대하던 신하들을 설득하는 데 성공합니다.

좌의정 겸 이조판서였던 류성룡의 입장에서는, 이순신을 전라좌수

사에 임명함으로써 왜란에 대한 대비를 성공적
으로 마친 셈이었습니다.

　해군사관학교 이민웅 교수는 그의 저서 《이
순신 평전》에서 류성룡의 이순신 발탁을 이렇
게 평가합니다.

이순신 흉상
용산 전쟁기념관 전시물

이러한 우여곡절 끝에 이순신은 전쟁 발발 14
개월 전에 전라좌수사가 될 수 있었다. 이러한
인사 조치는 전적으로 서애 류성룡의 작품이
었다고 해도 과언이 아니다. 이순신을 파격적으로 승진시켜 나라의 대
임을 맡길 수 있었던 것은 이순신의 능력과 자질을 알아본 류성룡의
혜안과 주도면밀한 노력 때문이었다. 그리고 조선 후기에 이르기까지
류성룡의 이순신 천거를 최고의 인재 추천 사례로 들면서, 재상들의
인재 추천을 촉구하는 기사가 〈조선왕조실록〉에 여러 차례 나온다.[20]

　전라좌수사에 부임한 이순신은 본격적인 전쟁 대비에 돌입합니다.
그리고 이순신은 전쟁을 직감하고, 1592년 1월 1일부터 《난중일기》를
쓰기 시작하죠.
　이후 이순신의 삶을 《난중일기》에서 생생하게 만나 보겠습니다.

충무공 이순신이 임진왜란과 정유재란 기간 중, 전쟁터에서 직접 기록한 일기이다. 난중(亂中)은 '전쟁 중'이라는 뜻으로, 일기에는 날씨, 군대 상황, 해전 준비와 전투 기록은 물론 가족에 대한 그리움, 부하들에 대한 걱정, 자신의 내면적 고뇌까지 솔직하게 담겨 있다. 특히 "신에게는 아직 열두 척의 배가 있사옵니다"로 유명한 명량대첩 전후의 기록은 절망적 상황에서도 포기하지 않는 이순신의 의지를 보여준다. 간결하면서도 격조 높은 문체로 쓰여져 문학적 가치도 높으며, 2013년 유네스코 세계기록유산에 등재되어 그 역사적 중요성을 인정받았다.

02

세계기록유산
난중일기는
어떤 책인가?

- **임진왜란**
  난중일기가 작성된 배경이 되는 전쟁, 1592~1598년 7년간의 기록

- **세계기록유산**
  2013년 유네스코 세계기록유산 등재

명량대첩
난중일기에 기록된 가장 유명한 해전

세계가 인정한 기록, 난중일기

역사적인 전쟁영웅의 일지,
인류의 유산이 되다

2013년 6월 18일, 유네스코는 《난중일기》를 '세계기록유산'으로 등재했습니다. 유네스코는 등재 이유를 "《난중일기》는 개인의 일기 형식 기록이지만, 전쟁 기간에 해군의 최고 지휘관이 직접 매일 매일의 전투 상황과 개인적 소회를 현장감 있게 다루었다는 점에서 역사적으로나 세계사적으로 유례를 찾을 수 없는 기록물"[21]이라고 밝혔습니다.

이순신의 마지막 일기는 노량해전을 앞둔 1598년 11월 17일에 쓰였습니다. 그로부터 415년이 지나, 세계기록유산이 된 것이죠. 이순신 장군께서 하

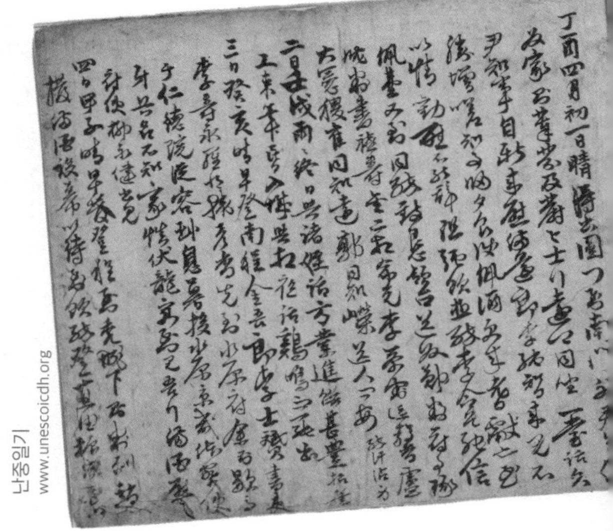

늘에서 이 소식을 들었다면, 조금 민망해하지 않았을까요? 지극히 개인적인 일기가 세계기록유산이 되었으니 말이죠.

개인의 일기가 세계기록유산으로 등재된 경우는 2개밖에 없습니다. 이순신의 《난중일기》와, 제2차 세계대전 때 안네 프랑크가 쓴 《안네 프랑크의 일기》입니다. 정조의 일기였던 《일성록》도 있으나, 나중에 국가

유네스코 홈페이지 속 《난중일기》

유네스코 홈페이지에 《난중일기》는 이렇게 소개되어 있다.

《난중일기》는 교전 상황이나 이순신 장군의 개인적 소회, 그리고 당시의 날씨나 전장의 지형, 서민들의 생활상까지 상세하게 기록되어 있다. **《난중일기》는 문장이 간결하면서도 유려하며, 오늘날까지 대한민국 국민이 애송하는 다수 시도 포함되어 있어 문학적 가치가 매우 높다.**

《난중일기》는 일본이 조선을 침략한 임진왜란(1592~1598)에 관한 역사적 기록이다. 임진왜란은 외형상으로는 조선이 일본의 침략에 맞서 스스로를 보호하고자 명나라와 연합하여 싸운 삼국의 전쟁이었다. 그런데 당시 명 왕조가 보낸 중국인 부대에는 동남아시아와 유럽 출신의 용병들이 상당수 포함되어 있었다. **따라서 임진왜란은 아시아를 넘어 세계사적으로도 중요한 의미를 지니고 있다.** 미국인 역사학자 케네스는 2005년 발표한 논문에서 임진왜란을 '아시아 최초의 지역적 세계 대전First Great East Asian War'이라고 평가했다.

임진왜란에 관한 전쟁 사료 중 육지에서 벌어진 전쟁에 관한 자료들은 상대적으로 풍부한 반면 해전에 관한 자료로는 《난중일기》가 유일하다고 할 만하다. 이런 관점에서 **《난중일기》는 당시의 동아시아 국제 정세와 군사적 갈등을**

운영을 기록하는 일지로 발전하므로 개인 일기는 아닙니다.

《난중일기》가 세계기록유산에 등재되면서, 이순신은 23전 23승의 전승 신화를 쓴 장군인 동시에 임진왜란 7년을 세밀하게 기록한 위대한 작가의 반열에 올랐습니다.

포함한 세계사 연구에 중요하며 세계적 관점에서도 매우 귀한 자료이다.

'세계 최초의 장갑선'이라고 알려진 '거북선'에 관한 기록과 거북선을 이용하는 전술은 전쟁사 연구자들에 주목을 끌었다. 일본의 도고 헤이하치로(東鄕平八郞, 1848~1934) 제독은 이순신을 집중적으로 연구하여, 1905년 5월의 러일전쟁 당시 대마도 해전에서 이순신의 전법을 활용해 러시아의 발틱 함대를 물리쳤다고 공언한 바 있다. 《난중일기》는 1962년 국보(국보 76호)로 지정되었으며 국가기관인 현충사에서 관리하고 있다.[22]

난중일기 현충사 소장 / 이미지 출처 : 유네스코 세계기록유산 국제목록

인류 역사가 시작되고 수많은 전쟁에서, 수많은 전쟁영웅이 탄생했습니다. 그러나 '전쟁의 고통을 겪는 백성의 모습, 최고 지휘관의 두려움과 좌절, 부하들의 희생, 자신을 제거하려는 왕과 정적들의 비열한 행동, 적국인 일본과 동맹국 중국과의 복잡한 외교 관계, 전투를 위한 준비와 전략, 전쟁 직전에 기록을 시작해 자신의 죽음과 동시에 완결된 7년간의 전쟁 기록'을 남긴 군인은 인류 역사상 이순신이 최초입니다.

한국의 국보 《난중일기》가 세계 역사에서 대체 불가능한 독보적인 기록물로 인정받아, 세계기록유산이 된 것은 바로 그 때문입니다.

이순신은 왜 일기를 썼을까

일촉즉발의 전쟁터에서
이순신이 붓을 놓지 않은 이유는?

부하가 죽어 슬픔이 사무치던 그날 밤에도 이순신은 붓을 들어 일기를 썼습니다.

난중일기 속으로 1594년 4월 9일. 맑음. 어영담이 세상을 떠났다. 그 슬픔을 어찌 말로 다 할 수 있으랴.

이순신은 시시각각 다가오는 전쟁에 대비하기 위해 낮에는 칼을 들고, 밤에는 붓을 들어 일기를 쓰기 시작했습니다. 그런데 이순신은 왜 일기를 썼을까요?

《난중일기》의 내용을 통해 그 이유를 추정할 수 있습니다.

자기성찰과 내면의 다스림

이순신은 수군의 최고 지휘관으로서 냉철한 판단력과 뛰어난 감정 절제가 요구되는 위치에 있었습니다. 그도 한 사람의 인간이었기에 자신의 지시를 이행하지 않는 부하들에게 때로는 화를 내고, 처벌도 가했죠. 마음속으로는 이런 상황에 놓인 부하들이 불쌍했지만, 겉으로는 무서울 만큼 냉정을 유지했습니다. 그리고 밤이 찾아오면 홀로 앉아서 지나친 처벌은 아니었는지 자기성찰을 했지요.

사랑하던 아들이 죽었을 때는 부하들에게 나약한 모습을 보이지 않으려고, 울음을 삼키며 마음을 다잡아야 했습니다. 결국 터져 나오는 슬픔을 참지 못한 이순신은 부대 안에 조용한 곳을 찾아서 그곳에서 홀로 통곡했습니다.

난중일기 속으로 1597년 10월 16일. 맑음. 내일이 막내아들의 죽음을 들은 지 나흘째가 된다. 마음 놓고 통곡할 수도 없어, 부대 안에 있는 강막지의 집으로 갔다.

치밀한 전투 준비

이순신의 일기는 대부분 날씨로 시작됩니다. 비바람이 거세면 해상

훈련과 전투를 하는 데 큰 어려움이 있었기 때문이죠. 그는 일기에서 전투 준비 상황, 병사들의 상태, 군함 제작과 수리, 무기 점검, 군량 상황, 군사 정보 등을 자세하게 기록해 지휘관으로서 놓친 부분은 없는지 매일 체크했습니다. 《난중일기》는 '지휘관의 전투 체크리스트' 역할도 한 셈이죠.

 1592년 2월 20일. 맑음. 아침에 전투 준비 상태를 점검했다. 그리고 군함을 점검해 보니 모두 새로 만든 것이었고, 무기도 어느 정도 완비되어 있었다.

전쟁 기록의 필요성 인식

기나긴 7년 전쟁, 임진왜란을 실시간으로 모두 기록한 사람은 이순신이 유일합니다. 이순신은 일기를 통해 기억에 의존하지 않고, 자신이 보고 듣고 직접 시행한 일을 기록으로 남겨서 전투 지휘에 참고했을 거예요. 그리고 전투현장에서 일어났던 일을 후대에 남겨서 교훈을 주려 했습니다. 자신이 언젠가 죽고 나면 자연스럽게 후손들이 일기를 보존하고, 읽어보리라 예상했을 테니까요.

이순신은 최고 지휘관으로서 직접 경험한 전쟁의 실상을 후손들에게 알려서 또 다른 전쟁을 대비하는 데 도움을 주고 싶었을 겁니다. 그래서 일기에 전쟁에서 발생하는 수많은 사건과 사람들의 여러 행동을 자세히 기록했죠.

 1592년 5월 2일. 맑음. 여러 장수와 함께 왜적을 물리치자고 약속했는데, 낙안 군수 신호가 피하려고 해 한탄스럽다. 군법이 있는데 피할 수 있겠는가!

공식 보고서에 담기 어려운 진실을 남기기 위해

이순신은 전투 상황을 자세하게 작성해 임금에게 장계를 올렸습니다. 그러나 공식 문서인 장계에 쓸 수 없는 일도 많았기에 일기에 여러 사실을 남겼습니다.

 1592년 5월 21일. 수사 원균이 거짓된 내용으로 공문을 보내 대군을 혼란스럽게 만들었다. 군중에서조차 속임수를 쓰니 그 흉측함을 이루 다 말할 수가 없다.

부하의 잘못과 공적을 기록

이순신의 일기에는 수많은 등장인물이 나옵니다. 아무래도 최고 사령관이다 보니, 주로 부하들이 많죠. 부하를 처벌한 일, 업무 지시를 한 일, 부하의 공적을 칭찬한 일 등이죠. 조선 시대에는 이름이 아예 없는 노비도 많았답니다. 이순신은 이름이 없는 노비가 입대하면 직접 이름을 지어주고, 군적에 기록해 두었어요. 나중에 그 노비가 공적을 세우면 왕에게 보고하고, 또 그가 죽으면 기억하기 위해서였습니다. 이처럼 이순신은 부하들의 희생과 공적을 《난중일기》에 기록했습니다.

난중일기 속으로 1593년 7월 13일. 맑음. 거북선 격군을 맡은 노비 태수가 탈영하다 잡혀서 사형에 처했다.

1594년 2월 14일. 맑고 따뜻하며 바람도 잔잔함. 장언춘을 노비의 신분에서 면제하게 하는 공문을 만들어 주었다.

자신의 죽음을 대비한, 마지막 유산을 남기기 위해

전장은 항상 삶과 죽음이 공존합니다. 이순신도 자신이 언제 어디서 죽을지 알 수 없었죠. 한 가지 분명한 사실은 군인은 전장에서 언제든

지 죽을 수 있다는 것입니다. 이순신은 자녀를 무척 사랑했습니다. 첫째 형과 둘째 형이 일찍 죽어서 조카들을 자식처럼 키우기도 했죠. 이순신도 한 번쯤 생각해보지 않았을까요? '내가 전사하면 자녀들에게 무엇을 남길 것인가?'

이순신은 자녀들에게 돈이 아니라 국가 위기 극복의 지혜를 담은 《난중일기》를 유산으로 남깁니다. 이순신이 의도했든, 의도하지 않았든 말이죠. 그 유산은 국보가 되었고, 415년이 흘러서는 세계기록유산이 되었습니다.

7년의 전쟁, 7년의 기록

난중일기는 어떤 내용이며,
이순신 사후 어떻게 전해졌을까?

임진왜란은 1592년 4월 13일에 시작해, 1598년 11월 19일에 끝난 7년 전쟁입니다. 이순신은 전쟁 직전이었던 1592년 1월 1일부터 일기를 쓰기 시작해서, 전쟁이 끝나기 이틀 전 1598년 11월 17일까지 전장의 한복판에서 일기를 썼습니다.

난중일기는 총 8권으로 구성되어 있습니다.

〈임진일기〉1592년, 〈계사일기〉1593년, 〈갑오일기〉1594년, 〈을미일기〉1595년, 〈병신일기〉1596년, 〈정유일기〉1597년, 〈속정유일기〉1597년, 〈무술일기〉1598년입니다. 일기 앞의 '임진, 계사' 등은 해마다 이름이 달라지는 동양의 전통적인 연도 이름을 말합니다. 현재는 1595년의 〈을미일기〉가 분실되어, 현충사에 총 7권만 전해오고 있죠.

〈을미일기〉는 일제강점기에 분실된 것으로 추정됩니다. 다행히 1795년에 정조가 이순신과 관련한 모든 문서를 종합해《이충무공전서》를 간행했는데, 을미일기가 포함되어 있어요.

1592년 (임진일기)

4월 13일
일본군 부산포
상륙 →

임진왜란 발발

조선 육군,
잇따라 패전

5월 이후
옥포해전, 합포해전,
적진포해전 등
여러 해전에서
연전연승

이순신은 전라좌수사에 부임하여 전쟁을 직감하고, 1월 1일부터 일기를 쓰기 시작합니다. 전쟁이 터지는 4월 13일까지 주로 전쟁 준비 상황에 대한 내용이 많습니다. 이후 1차 출정옥포해전, 합포해전, 적진포해전, 2차 출정사천해전, 당포해전, 당항포해전, 율포해전, 3차 출정한산도대첩, 안골포해전, 4차 출정부산포해전 등 수많은 해전에서 연전연승을 거두는 과정이 담겨 있습니다.

1593년 (계사일기)

일본군,
평양성 함락 이후 진
격 중단

**명나라 군대 참전
→ 평양성 탈환**

**전쟁은
휴전 국면에 진입**

이순신은
수군 재정비,
정보 수집,
훈련에 집중

1593년부터 1596년까지는 거의 휴전상태였어요. 전쟁 초기 파죽지세로 올라오던 일본은 이순신에게 연달아 패하면서 큰 타격을 받아 진군을 멈추게 되죠. 도요토미 히데요시는 일본 장수들에게 '이순신을 만나면 싸우지 말고, 도망가라'고 말합니다. 이후 전쟁이 소강 상태에 접어들었지만, 이순신은 수군을 재정비하고, 일본군의 정보를 수집하면서 전투준비를 계속해 나갑니다.

1594년 (갑오일기)

큰 전투 없음,
휴전 상태 지속

이순신 개인적으로
병마와 갈등 기록

실제 전투는 거의 없었지만, 전쟁이 3년 차로 접어들면서 농사를 짓지 못해 수많은 백성이 굶어 죽던 시기입니다. 이순신은 전장에서 백성들을 살리기 위해 많은 노력을 기울입니다. 또 원균과의 갈등, 원인 모를 병으로 인한 극심한 고통 등이 솔직하게 기록되어 있습니다.

1595년 (을미일기)

휴전 국면에서
수군 훈련,
전투 대비 지속

현재 〈을미일기〉는 원본이 분실되어 아직 찾지 못하고 있어요. 1795년 정조의 명령으로 《이충무공전서》를 간행하면서 〈을미일기〉도 수록하여 내용은 모두 확인이 가능합니다. 이때는 휴전 상태로 병영 안에서 조금은 여유로운 모습을 볼 수 있습니다. 그러나 여전히 이순신은 훈련을 늦추지 않고, 일본군의 정보를 수집하면서 전투 준비를 합니다.

1596년 (병신일기)

무과에 이순신의
아들·조카 합격 /
전라도 순시,
백성 구휼과 전투
준비 확인

선조의 의심,
10월 이후
일기 중단

결원이 생긴 군인들을 보충하기 위해 무과 별시를 보는 등 전투 준비는 계속 이어집니다. 이순신의 아들과 조카들도 모두 응시해 합격하죠. 전라도 지역을 순시해 백성의 고통과 전투 준비 상황을 직접 확인하고, 여러 조치를 해요. 이순신에 대한 선조의 질투와 의심이 커지는 시기입니다. 이순신과 류성룡의 정적들이 본격적으로 공격해 오죠. 그에 따른 정신적 괴로움이 컸습니다. 그런 이유로 '꿈속에서 류성룡을 만나 이야기를 나눴다'라는 기록도 있죠. 정적들의 공격이 극에 달한 10월 12일부터는 일기가 아예 없습니다.

1597년 (정유일기)

이순신 파직 →
투옥과 고문

3월, 백의종군 명령

7월 칠천량해전
원균 패전,
조선 수군 전멸

이순신 재임명
→ **9월 명량대첩**
12척으로 133척
일본군 격파

1월부터 3월까지 일기가 없습니다. 일기를 쓰지 않은 기간에 이순신은 감옥에 갇혀 고문을 당합니다. 4월 1일에 풀려나 그날부터 다시 일기를 씁니다. 이순신은 파직당하고, 백의종군하죠. 이 시기의 일기에는 통곡과 절망이 많습니다. 칠천량해전에서 수군이 거의 전멸하고, 원균은 도망가다가 일본군에게 잡혀 죽습니다. 다급해진 선조는 이순신을 다시 삼도수군통제사로 임명하고, 이순신은 수백 척의 일본 군함을 명량으로 유인하여 12척의 배로 놀라운 신화를 씁니다.

1598년 (무술일기)

일본군 철수 명령

11월 19일
노량해전 중
이순신 전사

임진왜란 종결

이순신의 마지막 일기입니다. 도요토미 히데요시가 죽고 일본군에 철군 명령이 떨어집니다. 순천성에 갇힌 고니시는 일본으로 목숨을 건 탈출을 시도하죠. 그러나 이순신은 단 한 명의 일본군도 도망가지 못하게 노량에서 길목을 틀어막고 최후의 전투를 벌입니다. 이순신은 11월 17일에 마지막 일기를 쓰고, 노량으로 출정하여 11월 19일 사투 끝에 전사했습니다.

이순신 사후 난중일기는 어떻게 보존되고 출간되었나

이순신이 전사하며, 임진왜란도 끝이 났습니다. 이순신과 함께 노량해전에 참전했던 아들과 조카들이 《난중일기》, 장계, 편지 등의 유품을 챙겨서 고향 아산으로 돌아갔죠. 이후 《난중일기》는 집안 가보로서 철저히 보존되었습니다.

1792년 8월 19일, 정조는 이순신이 남긴 《난중일기》 등을 체계적으로 관리하고 보존하기 위해 명령을 내립니다.

최근에 충무공 이순신이 남긴 문서를 살펴보다가 노량해전을 떠올리면서 나도 모르게 길게 탄식했다. 충무공이 남긴 모든 문서를 하나의 책으로 편찬하고, 인쇄가 끝나면 1본을 본 사당에 보관한 후에 내가 직접 이순신을 위해 제사를 지내겠다.

1795년, 정조의 명령을 받은 윤행임 등이 이순신이 남긴 모든 문서

정조의 명령으로 간행된 《이충무공전서》. 1795년 원간본 발간 후, 일제강점기에도 재간행되었으며, 해방 후인 1960년 5월에는 노산 이은상이 완전 국역본을 펴냈다.

를 14권 8책으로 간행했고, 《이충무공전서》로 이름 지었습니다. 《이충무공전서》에는 《난중일기》, 장계, 편지, 조카 이분이 쓴 이순신 전기 〈이충무공행록〉, 편지 등이 담겼습니다. 편찬을 마친 정조는 다시 명령을 내리는데, 그 명령은 1795년 9월 14일 〈정조실록〉에 실려 있습니다.

이번 일은 이순신의 충의를 드높이고 공로에 보답하며 공적을 표창하려는 뜻에서 나온 것이다. 그래서 편집할 때에도 여러 차례에 걸쳐 관심을 표명했으니 이제 인쇄할 때에 와서도 역시 특별한 조치가 있어야 마땅하다. 이제 내탕왕의 개인금고의 돈 오백과 어영경호청의 돈 오백을 내려 줄 터이니 인쇄 비용으로 써라.

조선 시대에 세종 다음으로 뛰어난 군주였던 정조는 이순신을 정말 존경했고 행동으로 실천했습니다. 원래는 이순신의 일기에 제목이 없었어요. 《난중일기》는 《이충무공전서》를 편찬하면서 '전란 중에 쓴 일기'라는 뜻을 가져와 제목으로 붙인 거예요.

정조는 1793년 7월 21일에 이순신에게 영의정을 증직죽은 뒤에 벼슬을 높여 주는 것했죠. 1795년에 《이충무공전서》가 완성된 후에는 직접 글을 지어 책 머리글로 삼았습니다. 이후 자신이 지은 글을 비석으로 만들어 이순신 묘소 앞에 세우라고 명하죠.

비석의 제목은 〈상충정무지비〉로 '충을 드높이고 무를 드러내는 비'라는 뜻입니다. 비문은 "나라를 다시 일으킨 공로는 오직 충무공 한 분의 힘에 의해서다"라고 시작해요. 이 비석은 현재 아산시에 있는 이순신 장군 묘소를 늠름하게 지키고 있습니다.

정조의 명령으로 《난중일기》는 인쇄되어서 세상에 널리 읽혔고, 체계적으로 보존할 수 있었답니다. 이후 일제강점기였던 1935년에 조선총독부가 번역해서 출간까지 하죠. 이처럼 일제강점기와 6·25전쟁을 거치면서도 《난중일기》가 사라지지 않고 살아남은 것은 정조의 노력 덕분입니다.

서애 류성룡(西厓 柳成龍)

1542~1607년 (조선 중기, 중종 37년에 태어나 광해군 즉위 전년인 선조 40년에 사망)

본관은 풍산, 호는 서애이며 퇴계 이황의 제자로 학문적 기반을 쌓았다. 임진왜란 전 우의정·좌의정을 거쳐 영의정에 오르며 조선 정계의 최고위직을 역임했다. 이순신과 권율을 발탁하여 전쟁 승리의 토대를 마련했으며, 특히 1591년 이순신을 전라좌수사로 천거한 것은 조선을 구한 결정적 판단이었다. 전쟁 중에는 도체찰사로서 조선의 내정과 군사를 총괄했으며, 훈련도감을 창설하여 군제 개혁을 이끌었다. 1598년 북인의 탄핵으로 파직된 후 고향 안동으로 낙향하여 임진왜란의 경험과 교훈을 담은 《징비록》을 저술했다.

03

잊혀진 영웅,
류성룡은
누구인가?

● **퇴계 이황**
학문적 기반과 사상적 토대를 제공한 스승

● **훈련도감**
류성룡이 창설한 새로운 군사기구, 조선 후기 군제 개혁의 출발점

영의정 겸 도체찰사
왜란 중 군사와 민정을 총괄

조선 붕괴의 날

임진왜란 발발과 조선의 몰락,
그리고 류성룡이 본 희망

1592년 4월 13일, 일본의 선봉장 고시니 유키나가는 18,700명의 대군을 이끌고 부산에 도착했습니다. 400척의 일본 군함이 부산 앞바다를 가득 메웠는데, 그 끝이 보이지 않을 정도였어요. 군함에는 금색, 붉은색, 검은색이 뒤섞여 칠해져 있었고, 수많은 깃발에는 고니시 가문의 십자가 문장이 새겨져 있었습니다.

일본의 장수들은 뿔이 달린 투구에 해골 같은 마스크를 써 기이한 모습을 하고 있었죠. 병사들의 조총은 햇빛에 반사되어, 바다 전체가 은색으로 번쩍였습니다. 화려하면서도 섬뜩한 광경이었습니다. 고니시는 대형 군함 '안택선'의 지휘실에 앉아 부산진성을 노려보고 있었어요. 안택선은 '집이 달린 큰 배'라는

뜻으로, 배 중앙에는 높은 기와집을 한 채 얹어서 지휘실로 사용하고 있었죠. 고니시는 도요토미 히데요시에게 선물 받은 금부채를 들고 짧게 외쳤습니다.

"상륙하라!"

기나긴 7년 전쟁, 임진왜란이 시작되었습니다. 부산진 첨사^{종3품 무관직}으로, 부산 해안의 방어를 책임지는 핵심 보직였던 정발 장군은 병사들과 사냥을 하다가 그 광경을 보고는 너무 놀라서 성으로 뛰쳐 들어와 성문을 굳게 잠갔습니다. 그러나 이미 상륙한 일본군은 순식간에 성을 모두 에워싸고 일시에 사격을 가했어요. 태어나서 처음으로 듣는 큰 총소리에 조선의 군인들은 혼이 빠져 버렸습니다.

정발은 800명의 군인과 끝까지 싸웠지만, 4시간 만에 성은 함락되었고 모두 장렬히 전사하고 말았습니다.

부산진성을 함락한 고니시 부대는 다대포로 거침없이 진격했습니다. 다대포에서 윤흥신 장군은 동생 윤흥제와 필사적으로 저항하면서 잠시 승리하기도 했지만, 끝내 몰살당하고 말았습니다. 이 소식을 들은 경상좌병사 이각은 자신의 첩을 제일 먼저 피난시키고, 자신도 도망갔습니다. 그리고 경상좌수사 박홍, 경상 우수사 원균은 한번 싸워 보지도 않고 도망쳐 버렸습니다.

특히 원균은 조선군의 대형 군함 '판옥선'을 단 1척만 남기고, 모든 군함과 무기를 바닷속에 가라앉혀 버렸죠. 원균이 1척을 남긴 이유는 자신이 도망갈 때 타고 가기 위해서였습니다. 그 모습을 본 1만 명의 수군

징비록 × 난중일기 코드 지식 더하기

조선 무관의 직위 체계

무관직은 전쟁과 국방을 책임졌으며, 품계에 따라 권한과 역할이 달랐다. 아래는 임진왜란 시기를 기준으로 한 대표적인 무관직 체계이다.

병사(兵使, 병마절도사) 정2품 무관직으로, 한 도道의 육군을 총지휘하던 최고 책임자. 경상도 병사, 전라도 병사 등

수사(水使, 수군절도사) 정3품 당상관으로, 각 도의 수군을 총괄하는 장수. 경상 좌수사, 경상우수사, 전라좌수사, 전라우수사 등

첨사(僉使) 종3품 무관직으로, 진鎭이라 불리는 전략 요충지를 지휘. 품계는 수사보다 낮지만, 실질적으로는 지역 방어를 책임지는 성주 역할을 했음. 대표적인 예로 부산진 첨사 정발 등이 여기에 해당함

만호(萬戶) 종4품 무관으로, 이때부터 장군으로 불리고 작은 규모의 수군·육군 진을 책임짐. 이순신은 1580년에 발포 만호로 부임한 바 있음.

권관(權管) 종9품 무관직으로, 병사 바로 위의 말단직

부산진 첨사, 정발 장군 영정

들은 싸울 의지를 잃고 재빨리 흩어졌어요. 그 결과 경상도의 육군과 수군은 제대로 된 전투도 없이 순식간에 모두 붕괴하고 말았어요.

15일, 고니시는 송상현이 지키던 동래성을 함락하고, 밀양과 대구를 거쳐서 아무런 저항 없이 파죽지세로 문경까지 올라왔죠.

당시 조선의 최고 장군 신립은 '8천여 명의 군사를 이끌고 어디서 일본군을 막을까?' 고민하고 있었죠. 이일과 김여물 등의 장수들은 공격하기는 어렵고, 방어하기는 쉬운 천혜의 요새 '조령'에 매복해서 적을 기다리자고 말합니다. 그러나 신립은 "적은 보병이고, 우리는 말을 타는 기병이니 넓은 들판에서 적을 짓밟아 버리는 게 유리하다"고 주장하고, 충주 탄금대를 전장으로 선택했습니다.

조령은 서울과 영남을 잇는 중요한 관문으로, 새 '조'자에, 고개 '령' 자를 쓰죠. 즉, 새조차 힘들게 넘어가는 고개란 뜻입니다. 조령은 태백산맥과 소백산맥이 연결되는 험난한 산악 지대에 위치해 옛날부터 군사적 요충지이자 교통의 요지였습니다.

4월 27일, 고니시는 1만 5천 명의 군대를 이끌고 험난한 조령을 넘으면서, '만약 여기에 조선군이 매복했다면 꼼짝없이 당했을 것'이라고 말하며 가슴을 쓸어내렸죠. 4월 28일, 신립과 고니시는 넓은 들판인 탄금대에 군대를 도열시킵니다. 신립은 조선의 명운을 걸고 총공세를 펼치지만, 너무나 쉽게 패배하고 말죠. 전투를 지휘하던 신립은 패배가 결정되자 남한강에 몸을 던져 자살했습니다.

한양을 버리고 떠나겠다

신립의 부대에서 가까스로 살아남은 병사 3명이 말을 달려 한양으로 들어왔습니다. 백성들은 황급히 말을 타고 오는 병사를 발견하고 전투 결과를 물었습니다. 류성룡은 신립과 이일의 승전 소식을 애타게 기다리고 있었습니다. 그러나 청천벽력 같은 소식을 듣고 말죠.

"어제 신립 장군은 충주에서 패전해 전사하고, 아군들은 크게 무너져 달아났습니다. 우리는 간신히 목숨을 건져서 가족들에게 빨리 피난하라고 알리러 왔습니다."

이 말을 들은 사람들은 큰 충격을 받았고, 소문은 한양도성에 삽시간에 퍼져서 선조와 신하들도 알게 되었습니다. 마침 이일의 패전 보고도 도착했죠.

선조는 가장 믿었던 신립마저 패배하자 두려움으로 공황 상태에 빠졌습니다. 그리고 긴급하게 신하들을 소집하는데, 이 상황은 〈선조실록〉 4월 28일 자에 상세히 기록되어 있습니다.

신하들 앞에서 선조는 이렇게 선언합니다.

"일이 이 지경이 되어서, 나는 이제 파천왕이 도성을 버리고 다른 곳으로 피난하던 일을 하고자 하오."

정상적인 국왕이라면 도성을 수호하고 결연한 의지로 항전을 독려하겠지만 선조는 그러지 않았습니다. 선조가 파천을 주장하자 류성룡을 포함한 신하들은 모두 울면서 간곡히 말렸죠. 파천 소식을 듣고 수십 명의 종친왕의 친척들이 몰려와 통곡하자, 선조는 이렇게 말합니다.

"내가 도성을 두고 어디를 가겠소. 마땅히 경들과 함께 목숨을 바칠 것입니다."

그러나 이는 순간을 모면하기 위한 거짓말이었죠. 선조는 결국 파천을 강행합니다.

선조의 망명을 막고, 조선을 지키다

조선이 생긴 이래 최초로 파천이 시작되었습니다. 그날의 처참한 모습이 〈선조실록〉에 생생하게 남아 있습니다.

새벽에 왕이 나오니 신하들과 말이 인정전 뜰을 가득 메웠다. 이날 온종일 비가 쏟아졌다. 왕과 세자는 말을 타고 중전 등은 뚜껑 있는 가마를 탔는데, 홍제원에 이르러 비가 심해지자 숙의종2품 후궁 이하는 가마를 버리고 말을 탔다. 궁인들은 모두 통곡하면서 걸어서 따라갔다. 종친과 호종임금을 따르는 일하는 신하는 그 수가 100명도 되지 않았다. 점

심을 벽제관에서 먹었는데 왕과 왕비의 반찬은 겨우 준비되었으나 세자는 반찬조차도 없었다.[23]

왕이 경복궁을 나오니 백성들이 울부짖었습니다.

"전하! 우리를 버리지 마옵소서."

이후 백성들은 궁에 침입해 가장 먼저 노비 문서를 보관하던 장예원에 불을 질렀고, 그다음에 백성을 처벌하던 형조를 불 질렀습니다. 그리고 곧 경복궁, 창덕궁, 창경궁이 모두 불타서 한 줌의 재가 되고 말았습니다. 이날 백성들은 왕과 양반이 다스리던 조선 지배체제에 불을 지른 것입니다.[24]

류성룡이 직접 경험하고 목격한 파천 상황은 《징비록》에도 자세하게 묘사되어 있습니다.

징비록 속으로 벽제역고양시 벽제동에 이르니 비가 더욱 심해져서 일행의 옷이 모두 젖었다. 이때부터 여러 관원 중에는 한양으로 되돌아가는 사람이 많았고, 왕을 수행하던 신하 중에서도 따라오지 않는 이가 많았다. 혜음령 고개를 지날 무렵에는 비가 쏟아붓듯이 내려, 궁인들은 말을 타고 물건으로 얼굴을 가리고서 큰 소리로 울며 따라갔다. 들판에 있던 사람들이 행차를 바라다보고는 통곡하며 "나라가 우리를 버리고 떠나니, 우리는 누구를 믿고 살아야 합니까?"라고 말했다

지역 수령이었던 파주 목사 허진과 장단 부사 구효연이 임금께 드릴 음식을 간략하게 준비하고 있었다. 왕을 호위하는 군사들이 종일토록 굶으며 왔기 때문에 마구 부엌으로 뛰어 들어가 함부로 빼앗아 먹었다. 허진과 구효연은 겁이 나서 그만 도망쳐 버리고 말았다.

이 모습을 지켜본 선조는 극도의 공포심에 사로잡혔습니다. 그리고 신하들을 불러서 가슴을 치며 울먹이며 말했습니다. 이 상황은 〈선조 수정실록〉 1592년 5월 1일 기사에 자세하게 나와 있습니다.

"이모이산해야!, 유모류성룡야! 나는 이제 어디로 가야 하는가? 승지 이항복의 뜻은 어떠한가?"

"명나라와 가까운 의주로 가서 머물 만합니다. 만약 조선 팔도가 모두 무너지면, 바로 명나라로 들어가서 호소하는 것이 좋겠사옵니다."

이항복은 눈치가 빨라서 선조가 명나라로 내부하고 싶은 것을 진작 알고 있었습니다. 내부란 '안 내內자'에 '붙을 부附자'로 직역하면 '명나라로 가서 들러붙는다'는 뜻이고, 쉽게 말하면 '명나라로 망명하겠다'는 뜻입니다. 이항복은 도승지로 지금의 대통령 비서실장 역할을 했기에 어쩔 수 없이 선조의 희망을 대신해서 말해 주었던 거예요.

선조는 이항복의 대답에 만족하고 이렇게 말합니다.

"이항복의 말이 어떠한가?"

이를 들은 류성룡이 강하게 반대합니다.

류성룡　안 됩니다! 대가임금의 수레가 우리 국토 밖으로 한 걸음만 벗어
나면, 조선은 우리 땅이 되지 않습니다.

선조　내부하는 것이 원래 나의 뜻이다.

류성룡은 다시 강하게 "안 됩니다!"라고 말하죠.

이항복　신이 말한 것은, 곧장 압록강을 건너서 명나라로 가자는 것이
아닙니다. 최악의 상황일 경우를 두고 한 말입니다.

류성룡은 다시 강하게 "안 됩니다!"라고 말합니다.

이후 이항복과 류성룡은 여러 차례 논쟁했는데, 결론이 나지 않았습
니다. 선조는 계속 내부를 주장하고 있었죠. 함께 있던 우의정 윤두수
는 내부를 반대했고, 영의정 이산해는 무책임하게 의견도 내지 않고 엎
드려 있기만 했습니다.

류성룡은 조선의 운명이 지금 이 한순간에 달려 있다는 생각에 큰
소리로 화를 내며 마지막 쐐기를 박습니다.

"지금 동북쪽의 여러 도는 아직 점령되지 않았고, 호남의 충성스럽
고 의로운 선비들이 곧 벌떼처럼 일어날 텐데 어떻게 내부를 말하는
가?"

그 말을 듣고 이항복은 입을 굳게 다물었습니다. 그리고 류성룡의 뜻대로 내부는 하지 않는 것으로 결론이 났습니다.

이후 류성룡은 이항복을 따로 불러서 책망하며 말했습니다.

"어떻게 경솔하게 나라를 버리자는 말을 꺼내는가? 자네가 임금을 모시면서 길에서 죽더라도 그건 내시의 충성에 불과하네. 내부한다는 소문이 백성들에게 퍼지면, 나라를 지키려는 의지가 모두 와해될 것이네. 그때는 사태를 수습할 방법이 없어."

류성룡의 말을 들은 이항복은 사과했습니다.

"제가 상황이 급해서 잘못 판단을 했습니다. 후회가 큽니다."[25]

선조는 나라를 버리고 명나라로 망명하려 했고, 류성룡은 국가 멸망의 위기에서 가까스로 선조의 망명을 막아냈습니다.

그런데 선조는 왜 그렇게 쉽게 내부라는 말을 꺼냈을까요? 서애학회 초대 학회장을 지낸 송복 교수는 이렇게 답합니다.

선조에게는 나라 개념이 없었다. 국권이 아니고 오로지 왕권만 알았다. '나라를 바로 세워야겠다'가 아니고 '왕권을 유지해야겠다'가 그에겐 전부였다. 그리고 왕권을 조선 백성과 조선군이 아니라, 명나라와 명나라 군대만이 지켜준다고 생각했다.

선조는 임진왜란 이후 우리 스스로 나라를 지키자는 '자강파'를 무너뜨리고, 모든 것을 명나라에 의존하는 '의명파'에 힘을 실어주었다. 이후 그는 명나라를 숭상하는 단계에까지 이르러 '숭명파, 숭명사상'을 후대에까지 전염시키고, 조선을 본격적으로 쇠망의 길로 들어서게 한 시초였다.[26]

선조의 이런 생각은 이순신이 죽고 2년이 흐른 후에, 조선의 군인들과 이순신을 평가하는 말에서도 잘 드러납니다.

"오늘날 왜적이 평정된 것은 오로지 명군 덕분이다. 우리 장군과 사졸들은 명군의 뒤를 쫓아다니다가 운이 좋아서 적 패잔병들의 머리나 얻었을 뿐이다. 한 번도 우리 장군과 사졸들의 힘으로 적 우두머리 목 하나를 베거나 적진을 함락시킨 일이 없다. 그 가운데 이순신과 원균 두 장수가 바다에서 무찌른 일과, 권율이 행주에서 거둔 승리가 약간 두드러질 뿐이다."[26]

선조는 평소에 이런 비상식적인 생각을 한 임금이었기에 명나라로 내부하겠다는 말도 자연스럽게 꺼낸 것입니다. 선조는 명나라 황제를 절대적인 충성의 대상으로 섬겼기 때문에, 비굴할 정도로 명나라에 의존하죠.

당시 류성룡이 내부를 막지 못했다면 선조는 명나라로 건너가 망명했을 것이고, 현재 한반도는 중국이나 일본 땅이 되었을 거예요. 그럼 이순신 같은 영웅도 탄생하지 못했을 것입니다.

　내부 사건 이후 선조는 파천의 책임을 물어서 영의정 이산해를 파직하고, 류성룡을 영의정에 임명합니다. 류성룡은 '자신도 죄가 크다'며 극구 사양했지만, 선조는 임명을 강행하죠. 그런데 류성룡의 정적들이 반대하자 하루 만에 류성룡을 파직해 버립니다.

　류성룡은 파직당했지만, 그곳을 떠나지 않았습니다. 이제 아무런 직책도, 권한도, 책임도 없었지만, 절체절명의 위기 상황에서 국가를 위해 도움이 되고자 한 것입니다.

　1592년 5월 2일, 고니시가 한양을 점령했다는 급보가 날아들었습니다. 류성룡은 선조가 의주로 가서 또다시 명나라로 내부하겠다고 말할까 봐 무척 걱정되었습니다. 그 순간 전라좌수사 이순신이 떠올랐습니다. 이제 남은 희망은 이순신밖에 없다고 생각한 것이죠.

　그날 밤 류성룡은 한양 점령 소식에 뜬눈으로 밤을 지새우다가 새벽녘 잠깐 잠들었고, 어릴 때 한양에서 이순신과 행복하게 뛰어놀던 꿈을 꾸었습니다. 류성룡의 어린 시절은 어땠을까요?

소년 류성룡

1542년 10월 1일, 류성룡은 의성현경북 의성군 사촌리에서 태어났습니다. 류성룡의 선조들은 대대로 안동 풍산현에서 살았어요. 그래서 고향 풍산의 지명을 따와 '풍산 류 씨'가 되었죠.

이후 류성룡의 6대조 할아버지 류종혜가 낙동강이 마을을 감싸안아 흐르는 신비로운 하회마을로 터를 잡아 정착했습니다. 그런데 왜 류성룡은 하회마을이 아니라 의성에서 태어났을까요?

어느 날 어머니의 꿈에 어떤 노인이 나타나 "부인은 귀한 아들을 낳을 운명인데, 다만 이곳에서 낳으면 안 됩니다"라는 말을 듣고, 친정이 있는 사촌리에서 낳았다고 해요.

류성룡의 집안은 수백 년이 넘도록 독특한 밥상머리교육을 실천한 명문가입니다. 할아버지가 손자와 사랑방에서 같이 자고 식사도 함께 하면서 삶의 지혜를 전수해 주었죠.

그렇다면 류성룡의 성장 과정에 큰 영향을 끼친 할아버지는 어떤 사람이었을까요?

류성룡의 할아버지는 강원도 간성 군수를 지냈던 류공작입니다. 일찍 부모를 여의고 사헌부감찰, 포천 현감을 거쳐 여든 가까운 나이에 간성 군수에 부임했습니다. 간성은 바다가 접한 고을로 그 전의 군수들은 어민들을 수탈해 피해가 극심했지만, 류공작은 애민 정신을 바탕으로 어민들의 어려움을 하나하나 해결해 칭송을 받았습니다.

퇴계 이황은 류공작이 죽자 그의 묘비명에 이렇게 기록했습니다.

"백성을 다스리는 관리들이 모두 류공작과 같이 성실하다면 백성을 괴롭히는 폐단이 없을 것이고, 나라를 다스리는 데 무슨 어려움이 있겠는가." [27]

류성룡의 아버지는 황해도 관찰사를 지낸 류중영입니다. 그는 1540년에 문과에 급제했고 의주 목사시장, 황해도 관찰사도지사 등 지방관을 주로 지냈습니다. 류성룡은 여러 곳에서 지방 수령을 지낸 할아버지와 아버지 때문에 어린 시절 자주 이사를 다녔지만, 덕분에 조선 팔도의 지리와 지역별 특성을 잘 파악할 수 있었어요. 그리고 백성들의 고단한 삶을 책에서가 아니라 삶의 현장에서 직접 경험했죠.

류성룡은 가난한 백성들의 삶이 조금이나마 나아지도록 성실하게 노력하는 할아버지와 아버지를 보면서 관리의 역할을 자연스럽게 배웠습니다.

류성룡의 이런 경험은 임진왜란 때 전시 수상에 임명되어, 전쟁 초기에 일방적으로 밀렸던 전세를 뒤집고 끝내 승전하여 전시 총사령관의 임무를 완수하는 데 큰 역할을 합니다.

류성룡은 언제나 백성들의 어려운 현실에 기반한 백성 맞춤형 전시 정책을 펼쳤어요. 선조는 류성룡의 정책을 허락하기도 했지만, 반대한 경우가 더 많았습니다. 왕이었던 선조는 궁궐이라는 비현실적인 공간에 갇혀 살면서 백성들의 삶과 오랫동안 격리되었고, 신하들의 말을 통해서만 백성들의 상황을 보고 들었기 때문에 많은 왜곡이 있었습니다. 그러니 백성들을 진실로 이해하지 못했고, 이해하려 하지도 않았죠.

류성룡이 17세가 되었을 때 할아버지 류공작이 세상을 떠났습니다. 그는 오랫동안 여러 벼슬을 했지만, 청빈했기 때문에 장례를 치르기도 어려웠다고 해요. 이런 집안의 전통은 류성룡에게도 그대로 이어져, 나중에 류성룡이 죽고 나서 장례비가 부족하다는 소식을 들은 백성들이 조금씩 돈을 모아 주기도 했습니다.

류성룡의 어머니는 송은 김광수의 딸입니다. 김광수는 조선 시대 최악의 군주였던 연산군 때 진사시에 합격해서 성균관에 들어갔지만, 연산군의 폭정을 보고 벼슬길에 나가는 것을 단념하고 고향에 내려왔습니다. 이후 평생토록 마을에서 아이들을 가르치며 은둔 생활을 했죠.

이런 아버지에게 자란 류성룡의 어머니는 예의범절과 학문을 중시했고, 넉넉하지 않은 집안 살림에서 절약과 절제를 실천해 류성룡의 인성에 큰 영향을 주었습니다.

류성룡은 어머니를 정말 사랑했던 것 같아요. 훗날 류성룡은 대과에 급제하고 관직에 나가면서 어머니와 계속 떨어져 살았는데, 선조에게 간절한 내용의 사직서를 자주 제출했거든요.

'신은 어머니가 몹시도 그립습니다. 고향에 있는 어머니를 모시고 살기 위해 사직서를 제출하오니 부디 허락해 주십시오.'

동양의 위대한 고전, 사서오경으로 마음을 다지다

류성룡은 비범한 아이였습니다. 네 살 때 처음으로 책을 읽기 시작해 여섯 살 때는 사서의 하나인 《대학》을 읽었죠. 이처럼 류성룡은 동양의 위대한 고전인 사서오경을 읽으면서 인의예지 사상을 배우고 자신만의 가치관을 형성해 나갔습니다.

류성룡은 여덟 살 때 《맹자》를 읽고, 아홉 살 때 《논어》를 배웠어요. 어느 날 맹자를 아버지에게 배우고, 한 부분을 처음부터 끝까지 한 자도 틀리지 않고 암송했습니다. 그 모습을 본 아버지는 대견하고 기쁜 마음에 "오늘 하루쯤은 쉬어도 좋다"라고 했더니, 어린 마음에 '나를

동양인의 바이블, 사서오경

4개의 책, 사서

논어	공자의 가르침을 담은 책
지은이 : 공자	

맹자	공자를 이어받아 맹자의 사상을 담은 책
지은이 : 맹자	

대학	인격 수양에 대한 가르침을 담은 책
지은이 : 공자의 제자, 증자로 추정	

중용	중용(치우치지 않는 마음)에 대한 가르침을 담은 책
지은이 : 공자의 손자인 공급	

5개의 경전, 오경

305편의 시로 구성된 책	시경
	지은이 : 공자

상나라의 역사를 기록한 책	서경
	지은이 : 모름

점술에 관한 책	역경
	지은이 : 모름

노나라의 역사를 기록한 책	춘추
	지은이 : 공자

제사와 예절에 관한 책	예기
	지은이 : 모름

공자에서 출발한 동양사상

인 　타인을 사랑하고 공감하며, 도덕적 행위를 하는 것
예 　사회 질서를 유지하기 위한 규범과 예절
의 　정의롭고 올바른 행동
지 　올바른 판단을 내리는 지혜

사서오경의 근원을 거슬러 올라가 보면 공자와 만나게 된다. 사서는 공자의 사상을 그대로 담거나 계승한 책들이다. 오경 중에 지은이가 확실한 책은 시경과 춘추 두 권인데, 모두 공자가 지었다. 나머지 세 권은 지은이가 누군지 모르지만, 공자의 사상과 연결되어 있다. 동양인은 공자의 사상이 담긴 책을 무려 2500년 동안 읽고 실천해 왔다. 사서오경을 읽고 공부하는 전통은 중국은 물론이고 한국, 일본, 베트남 등 아시아 전역에 뿌리내렸으며, 그 결과 공자의 사상 '인 의 예 지'는 동양인의 가치관이 되었다. 출처 : 《10대를 위한 논어수업》

가르칠 수 없는 부족한 사람이라고 여겨 이렇게 말씀하시는구나' 오해하여 하루 종일 밥도 제대로 먹지 못하고 걱정했다고 해요.

류성룡과 이순신, 만나다

열세 살 무렵에 한양으로 이사 온 류성룡은 동네의 동갑내기 이요신과 친구가 됩니다. 이때 요신보다 세 살 어린 동생이었던 이순신과도 처음 만났죠. 그들은 자주 전쟁놀이를 하며 놀았는데, 이순신은 나이 어린 동생이었지만 전쟁놀이를 할 때만큼은 형들을 제치고 장군 역할을 했습니다.

또래 중에서도 유독 남달랐던 이순신을 류성룡은 눈여겨보았고,《징비록》에 그에 대해 기록을 남기죠.

징비록 속으로 이순신의 사람됨은 말과 웃음이 적고, 용모가 우아하고 단정하여 마치 몸을 닦고 언행을 삼가는 선비와 같았다. 그의 마음에는 담력이 있었다.

류성룡은 선조에게 이순신에 대해서 이렇게 말합니다.

"이순신과 같은 동네에 살아 이순신의 사람됨을 깊이 알고 있습니다. 이순신은 글을 잘 알지만 굽히기를 좋아하지 않는 성품입니다. 그는 어릴 때부터 대장이 되는 것이 꿈이었습니다."[29]

둘은 처음 만나자마자 서로를 알아보았습니다. 이순신은 대담했고, 류성룡은 담대했습니다. 이순신은 전쟁놀이를 할 때도 과감한 행동으로 리더십을 발휘했다면, 류성룡은 두려움을 이겨내는 침착한 용기로 리더십을 발휘했습니다.

이순신은 나이답지 않게 차분하면서도 어떠한 일이 있어도 흔들리지 않고 잔잔하게 웃는 류성룡을 친형처럼 따랐습니다. 그런 이순신을 류성룡은 친동생처럼 아꼈습니다.

그때는 몰랐습니다. 형은 전시 수상이 되고, 동생은 전시 사령관이 되어 나라를 구한 영웅으로 역사에 길이 남을 줄은요. 그리고 형은《징비록》을 쓰고, 동생은 《난중일기》를 써서 한국을 넘어 세계에 위대한 기록유산을 남기게 될 줄도 몰랐죠.

전국을 다니며 세상에 눈뜨다

류성룡은 열네 살 때, 할아버지가 군수로 있는 간성으로 향했습니다. 그곳에서 처음 본 동해바다의 아름다움에 감탄하죠. 간성은 설악산을 품어 안은 고요한 고장으로, 푸른 동해와 잔잔한 산세가 어우러진 절경을 자랑합니다. 산과 바다가 조화를 이루는 그곳에서 친구를 사귀어

같이 공부하고, 행복하게 뛰어놀아요. 그 시절의 모습이 류성룡 연보에 담겨져 있습니다.

함께 공부하는 친구들과 깨끗한 냇물에 발을 씻거나 흐르는 구름을 바라보기도 했고, 나무 사이로 해당화가 만발하여 향기가 몸에 스며들면, 류성룡은 이를 즐겨 한 번 나가면 곧잘 돌아오는 때를 잊어 버려서 해가 저무는지도 모를 지경이었다.[30]

그해 겨울에 류성룡은 아버지가 의주 목사로 부임하여, 의주로 떠납니다.

의주는 명나라와 압록강을 마주한 국경 도시로 명나라 사신을 맞이하고, 북방 방어를 위한 군사 요충지였습니다. 한편, 의주 장터는 말과 모피, 인삼이 오가는 무역 중심지였고, 한양과 북경을 잇는 길목이어서 언제나 사람들로 붐볐습니다. 압록강 건너에 살던 여진족은 수시로 의주를 침입해 백성들을 납치하고 노략질했죠.

류성룡은 국경 도시 의주에서 세상의 넓음을 처음 마주했습니다. 명나라 사람과 조선 사람이 외교와 무역을 하며 오가는 활기, 국경 너머 여진족과 같은 이방인의 존재가 소년의 시야를 틔워 주었죠. 의주에서 그는 조선 너머의 세계를 보고, 인식하고, 깨닫기 시작했습니다.

조선에 실학의 씨앗을 뿌리다

류성룡은 의주에서 우연히 《양명집》명나라의 사상가 왕양명(왕수인)의 저작집을 읽고 양명학에 빠져듭니다. 유학과 성리학만 공부하던 그에게 양명학은 새로운 세상을 보여 주었습니다.

그때 류성룡이 양명학을 읽고 어떤 기분이었는지, 책 뒤에 쓴 메모를 보면 알 수 있죠.

"당시에는 아직 왕양명의 글은 우리나라에 들어오지 않았다. 내가 그것을 보고 기뻐서 곧 아버님에게 말씀드리고, 글씨 잘 쓰는 아전에게 부탁해 베껴 쓰고, 상자 속에 간직한 지가 벌써 35년이 지났다."

양명학은 유학에서 출발했습니다. 유학은 공자의 '인의예지'가 핵심 원리죠. 왕양명이 창시한 양명학은 '지행합일', 즉 아는 것을 행동으로 실천하는 것을 중요하게 여기는 사상입니다.

류성룡은 양명학 전체를 좋아한 것은 아니었고, 실천의 중요성을 말하는 지행합일 사상에 큰 매력을 느꼈습니다. 이론보다 현실에 적용하는 것을 중요하게 생각하는 류성룡과 궁합이 잘 맞았죠.

그러나 조선은 유학과 성리학의 나라였고, 양명학과 같은 다른 학문은 이단으로 여겨져서 선비들에게 큰 비판을 받았어요. 하지만 류성룡은 그게 무엇이든지 간에 좋은 것은 배우려고 했던 실용적인 사람이었습니다. 그가 훗날 대과에 급제하고 관직에 나아가서 실행한 정책들은 모두 현실에 바로 적용할 수 있는 것이었죠.

특히 임진왜란 때 펼친 노비 면천제 시행, 세금 제도작미법 개혁, 국방진관제, 속오군 도입 개혁, 훈련도감군인훈련소 설치, 공명첩 시행, 군사무기 개발, 국가 방위를 위한 전략서《증손전수방략》,《산성설》,《전수기의》 저술, 인재발탁이순신, 권율, 상공업진흥국제무역 등은 실학의 사상적 기반을 제공했습니다.

실학이 무엇입니까? 실학은 현실 문제를 해결하기 위해 경험과 실용을 중시한 조선 후기 개혁 사상입니다.

조선 시대 실학의 대가였던 정약용은《여유당전서》등 자신이 저술한 수많은 책에서, 실학의 뿌리를 류성룡에서 찾고, 존경을 담아 그에 관해 썼습니다. 정조의 명령을 받아서 수원의 화성을 건설할 때도 류성룡의 책을 집중적으로 공부해서 적용하죠.

정약용은 이렇게 기록합니다.

수원에 화성을 쌓게 되었다. 류성룡이 편찬한 책《산성설》,《전수기의》에서 좋은 제도만 채택해서, … 화성 건설에 관한 모든 건설법을 정리하여 임금정조에게 보고했다.[31]

또한, 단양에서 200년 전에 쓴 류성룡의 글씨를 발견하고 감동하여 글을 남기기도 했습니다. 그 여운이 깊었는지, 시간이 한참 흐른 후에도 시를 짓고 류성룡을 예찬하죠.

류성룡이 세상의 지탄을 받게 되자 단양의 운암장에 은퇴하여 살면서 그 정자에다 '수운정水雲亭'이라고 현판을 써 걸었다. 이것이 그 진본이다. 글씨가 철사 줄이나 반듯하게 세워 놓은 돌처럼 곧고 힘차게 빼어나서, 돌연히 사람의 눈을 쏘아대었다. 아! 이 세 글자에서 공이 임진왜란 때 국가의 중요한 결정을 내리는 모습을 살펴본다. 오호, 공은 참으로 위인이었다.

내 옛날 두 재 넘어 남쪽 지방 유람하고
돌아올 제 죽령 통해 단양으로 달려갔지
주름진 골 나는 듯한 쾌, 큰 강물 흘러나오고
그 한 가운데 자리 잡은 귀담 도담
류성룡 상공정승이 지난날 은둔하던 자취
옹달샘 바위벽에 그 체취 남아 있었네 [32]

고려대학교 김언종 교수는 〈정약용의 류성룡 지향과 의의〉라는 논문에서 이렇게 말합니다.

정약용의 류성룡 탐구는 28살, 1789년의 시 〈등안동영호루〉에서 처음 출현했다. … 평생 지속 되었을 류성룡에 대한 존경심과 평가가 그

저변을 이루고 있다. … 이후 정약용의 류성룡 탐구는 강진 유배 시기에도 연속된다. 임진왜란 극복과 관련하여, '온 나라의 대세나라의 상황를 논평하고 팔도의 많은 기무를 조정국가정책을 총괄한 업적은 위대함을 넘어선다'고 격찬하고, 두 아들에게 류성룡의 그 면모가 담긴 《서애집》과 《징비록》을 읽으라고 권장하기도 했다.[33]

류성룡이 서거하고 얼마 되지 않아 탄생한 실학의 뿌리는 어디서 찾아야 할까요?

류성룡이 저술한 책과 임진왜란에 그가 실행한 정책, 그리고 정약용 등 실학자들의 평가를 고려하면, 조선 후기 실학의 산파는 류성룡이라는 결론에 도달합니다. 특히 류성룡이 임진왜란 7년 동안 펼친 전시 정책들은 탐관오리와 양반들에게 짓밟혀온 백성들의 삶을 현실에 맞게 혁신적으로 바꾸는 파격이자 실용 그 자체였습니다. 그리고 류성룡이 펼친 정책들은 조선 후기 대동법 등 국가 정책에 큰 영향을 끼친 게 사실이죠.

《징비록》은 임진왜란 7년 동안 나라와 백성을 구하기 위해 류성룡이 실용사상으로 무장하고, 수많은 모함과 좌절을 겪으며 실용을 실천한 과정이 기록되어 있는 불멸의 책입니다. 따라서 조선 후기 탄생한 실학은 류성룡과 《징비록》에 뿌리를 두어야 할 것입니다.

관악산에서 만난 맹자

조선은 선비의 나라였습니다. 선비의 일생은 거의 다 비슷했습니다. 어릴 때부터 사서오경을 읽으며 유학을 공부하죠.

유학을 만든 사람은 공자입니다. 유학을 공부하는 선비를 유생이라고 부릅니다. 유생들의 인생 목표는 과거시험을 보고 관리가 되어서 나라를 위해 일하는 것이었어요. 조선은 유교를 국가 통치 이념으로 삼았기에 관리들은 유학의 원리에 따라서 나랏일을 하고 일상생활에도 적용해 살아갔습니다. 나이가 들면 은퇴해서 고향으로 내려와 아이들에게 유학을 가르치고, 삶을 마무리했죠.

1557년, 16세가 된 류성룡은 과거시험인 향시에 합격했습니다. 지방에서 보았던 향시에 합격하면 과거시험의 1차 시험인 초시를 볼 수 있었습니다. 초시에 합격하면 진사 또는 생원이라는 명칭을 얻었죠. 초시에 합격한 유생을 대상으로 국가교육기관인 성균관에 입학할 자격을 주는 복시를 봅니다. 복시는 200명을 선발했어요.

이렇게 뽑힌 인원은 성균관에서 공부하다가 마지막 시험인 전시를 통해 33명이 선발되는데, 여기에 합격하면 '대과에 급제했다'고 합니다. 대과시험은 3년에 한 번씩 보았기 때문에 합격자들은 가히 천재라 불렸습니다. 그들은 말 그대로 가문의 영광이 되었죠.

류성룡은 향시에 합격하고 이듬해에 결혼을 했습니다. 부인 이 씨는 세종대왕의 다섯째 아들이었던 광평대군의 후손이었어요.

1560년, 류성룡은 과거시험과는 크게 상관이 없는《맹자》를 집중적으로 공부하기 위해 단풍이 아름답게 물든 관악산으로 들어갑니다. 많은 선비가 과거에 급제하기 위해 오랫동안 수험 생활을 했지만, 류성룡은 자유롭게 전국을 떠돌면서 하고 싶은 공부를 마음껏 했습니다.

맹자는 공자의 사상을 이어받고 발전시켜《맹자》라는 책을 쓰죠. 류성룡은 '왕보다 백성이 더 귀하다'는 맹자의 사상에 공감하고 깊게 빠져듭니다.

'인간은 태어날 때부터 선한 본성을 지니고 있으며, 이러한 본성은 올바른 교육과 수양을 통해 계발된다. 백성을 나라의 근본으로 삼는 민본주의를 펼치고, 정치는 오로지 백성을 위한 것이어야 한다. 왕은 스스로를 수양하고 도덕적 모범을 보여 백성을 이끄는 존재여야 한다. 백성이 가장 귀하고 국가는 다음이다. 군왕은 가장 마지막이다.'

어느 날 류성룡이《맹자》를 읽고 생각에 잠겨 있는데, 유생들이 떼를 지어 관악산에 왔습니다. 혼자 조용히 공부하고 싶었던 류성룡은 관악산의 작은 암자로 옮겨서《맹자》를 읽기 시작했지요. 그 모습을 지켜보던 득도한 스님이 밤이 되기를 기다렸습니다. 류성룡이 어떤 인물인지 시험해 보고 싶었던 겁니다.

스님은 밤에 무서운 소리를 내고 혼자 자는 류성룡의 방을 두드리기도 했습니다. 류성룡은 아무런 반응 없이 계속 책을 읽었죠. 다음 날, 류성룡 앞에 나타난 스님은 "선비가 나이가 어린데도 뜻이 이처럼 확고하니 훗날 반드시 큰 인물이 될 것입니다"라고 말했다고 해요.

《서애 류성룡 인생십계명》을 쓴 권대봉은 말합니다.

류성룡의 실용사상은 17세에 양명학을 배우고, 19세에 맹자를 배우면서 확고해졌습니다. 백성이 우선이고, 백성이 근원이며 백성이 보는 바를 하늘이 따른다는 혁명적인 맹자의 사상은 류성룡에게 스며들었습니다.[34]

관악산에서 류성룡은 《맹자》를 20번 넘게 읽었습니다. 가을에 관악산에 들어간 류성룡은 겨울이 끝나갈 즈음에야 산에서 내려옵니다. 류성룡은 훗날 아들에게 보낸 편지에 관악산에서의 추억을 담았습니다.

"내가 열아홉 살 때 《맹자》를 갖고 관악산에 들어가 몇 달 동안 스무 번을 읽고서야 가까스로 처음부터 끝까지 외울 수 있었다. 산에서 내려와 한양으로 들어올 때 말 위에서 다른 일은 생각지 않고 《맹자》 첫 권인 〈양혜왕〉부터 마지막 권인 〈진심편〉까지 모두 마음속에 담아 외웠다. 《맹자》를 읽은 후에 비로소 유학의 시작과 끝을 알게 되었다. 이듬해에는 하회에서 《춘추》를 30번이나 읽었는데 그때야 문장 짓는 법을 배우게 되었다.… 너희들은 부질없는 과거 공부를 잠시 접어 두어라. 《논어》,《맹자》,《대학》,《중용》사서은 보물창고다. 사서를 가져다가 정밀하게 읽고 생각해서 자기 것으로 만들면 안목은 저절로 높아지고 마음도 저절로 넓어질 것이다.”

류성룡은 사서 중에서도 《맹자》를 최고로 여겼습니다. 그가 평생토록 읽고 예찬한 인생의 책은 《맹자》였어요. 그는 ‘왕이 아니라 백성이 나라의 주인’이라는 맹자의 사상을 가슴 깊숙이 새겨 넣었습니다.

위대한 스승, 퇴계 이황을 만나다

1562년, 21세가 된 류성룡은 학문적 성장을 위해 당대 최고의 학자였던 퇴계 이황을 찾아갔습니다. 그동안 류성룡은 할아버지와 아버지에게 유학을 배웠고, 이후에는 홀로 독학을 해왔죠. 그는 더 넓고 더 깊은 배움에 대한 갈증을 해소하기 위해 이황을 찾은 것입니다.

이황은 주자학을 깊이 연구해 중국의 유학을 조선의 성리학으로 꽃피웠습니다. 성리학은 인간의 본성과 우주의 원리를 이성적으로 탐구하는 학문으로, 주자가 창시했습니다.

이황에 대한 평가는 공자의 77대손인 공덕성이 내린 것이 가장 정확합니다. 그는 1981년에 도산서원을 방문해 '추로지향鄒魯之鄕'이라는 글을 남기고 떠납니다. 도산서원은 퇴계가 은퇴하고 머물던 서원이죠. 현재 도산서원 앞에는 '추로지향'이라는 비석이 있습니다.

'추로지향'은 무슨 뜻일까요?

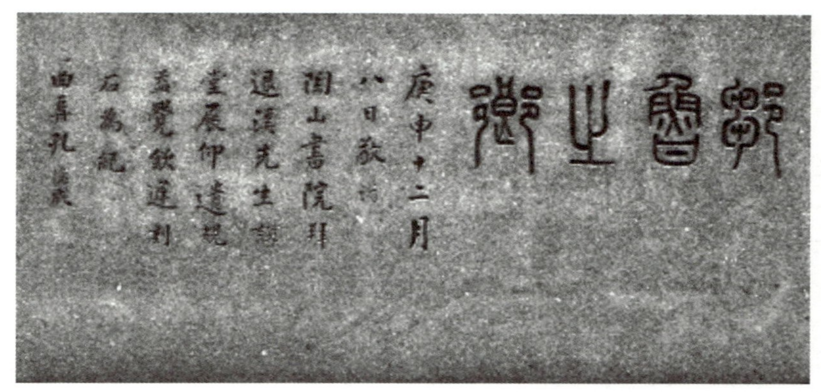

퇴계 이황을 기리는 도산서원 앞, 추로지향 비석

이는 맹자의 나라인 추나라와, 공자의 나라인 노나라의 고향이 퇴계가 있는 도산서원으로 옮겨왔다는 뜻입니다.[35] 즉, 공자와 맹자의 학문을 계승하고 발전시킨 사람은 조선의 '이황'이라는 뜻입니다.

이황은 학문에도 뛰어났지만, 아는 것을 실천하는 '지행합일'을 통해, 노비에게도 존경받았습니다. 놀라지 마세요. 이황은 조상에게 노비를 물려받아서 노비가 300명이 넘었습니다.

공자는 《논어》에서 '자신이 하기 싫은 일은 남에게도 시키지 마라'고 말합니다. 현실에서 실천하기 정말 어려운 일이죠. 그러나 퇴계는 노비에게도 자신이 하기 싫은 일은 시키지 않았어요. 노비를 두는 이유는 내가 하기 싫은 일을 시키기 위해서인데도 말이죠. 그는 노비에게 좋은 집을 지어주고, 차별하지 않았습니다. 심지어 손자의 생명이 걸린 상황에서도 노비의 생명을 더 우선하여 결국 손자가 죽고 말았죠. 그날 퇴계는 사무치는 슬픔에 오열했지만, '그때로 돌아간다 해도 똑같은 선택을 하겠다'고 말했습니다.

퇴계는 말로만 유교를 강조한 것이 아니라 평생 인의예지 사상을 몸소 실천했습니다. 이러한 인간 존중, 학문에 대한 열정, 애국, 지행합일의 정신은 류성룡에게 그대로 이어졌습니다.

최고의 스승, 이황을 만난 류성룡은 그날부터 이황의 집에 몇 달간 머무르면서 유학과 성리학을 배웁니다. 이황 아래서 같이 공부한 학봉 김성일은 이렇게 말했습니다.

"스승님의 제자는 많았지만, 제자를 인정하는 말을 한 번도 듣지 못했다. 그런데 류성룡을 한 번 보고는 '이 사람은 하늘이 내었다. 훗날 반드시 큰일을 해낼 것이다. 만약 조정에 나아간다면 국가를 위해 크게 기여할 것이다'라고 말씀하셨다."

학문으로는 누구에게도 지지 않았던 김성일은 류성룡에게 '자네는 어떻게 스승님께 이러한 칭찬을 받았는가?'라며 묻기도 했습니다.

이황과 류성룡은 비슷한 점이 많습니다. 둘 다 온화한 성격을 지녔고, 배움 그 자체를 좋아했습니다. 대과에 급제해 관리를 하면서 이론보다는 실용을 중시해 그 역량을 크게 인정받았지만, 소박한 삶이 주는 소소한 행복이 좋아 기회만 되면 사직하고 고향으로 내려가려 했습니다. 둘 다 자연을 좋아해 사색하고 산책하는 삶을 최고로 여겼어요. 그래서 이황은 관리로 있을 때 왕에게 70여 차례 사직서를 냈고, 류성룡도 만만치 않게 사직서를 냈죠. 이황은 고향의 계곡으로 물러가고 싶다는 뜻에서 호를 '퇴계'로 지었고, 류성룡은 고향의 서쪽 언덕을 그리워해 '서애'라고 지었습니다.

그러나 선조는 그들을 쉽게 놓아주지 않았습니다. 이황은 68세 때 평생 연구한 성리학을 응축해 저술한 《성학십도》를 주고 나서야 어렵게 완전한 은퇴를 허락받았습니다.

류성룡은 이황에게 학문을 배우면서 유학과 성리학에 완전히 눈을 떴습니다. 다음 해에 사서오경을 보는 생원시험에서 1등인 장원을 하고, 진사시험에서는 3등을 했습니다. 그 소식을 들은 이황은 어떤 말을 했을까요?

"성룡이 빠른 수레를 타고 앞길을 열어가는구나. 그 사람 형제는 뛰어난 안목을 지녔으니 벗들이 서로 축하할 만하다."[36]

여기서 형제란 류성룡의 형 류운룡을 함께 말한 것입니다. 류운룡은 이황이 서당을 열었을 때 가장 먼저 달려간 1호 제자였거든요. 나중에 이황이 죽고 나서 류성룡은 《퇴계선생연보》를 지어서 스승의 업적과 생애를 기록으로 영원히 남겼습니다. 공자가 죽자 자공이 스승의 가르침을 정리해 《논어》로 쓴 것처럼 말이죠.

퇴계학은 임진왜란 때 강제로 일본에 건너갑니다. 그리고 에도 시대인 도쿠가와 이에야스 막부 초기에 일본에 뿌리를 내립니다. 무사의 나라인 일본은 마침내 우교를 국가 교육의 핵심으로 삼기에 이르죠. 다카하시 스스무高橋進 전 쓰쿠바 대학 교수는 근대에 이른 후에도 퇴계학이 메이지 유신의 원동력이 되었다고 분석합니다.[37]

류성룡은 생원시험에 합격하고, 성균관에 입학해서 본격적으로 과거시험을 준비했습니다. 그리고 마침내 1566년, 25세에 대과에 급제합니다. 이후 25년 동안 류성룡은 나라의 핵심 보직을 두루 맡으며, 시시각각 다가오는 임진왜란을 극복하기 위한 경험과 역량을 축적합니다. 자신은 몰랐지만, 그것이 하늘이 정해준 류성룡의 운명이었습니다.

청년 류성룡, 세상에 나오다

류성룡의 첫 관직은 승문원의 권지부정자였습니다. 승문원은 왕의 명령서를 작성하는 핵심 관청으로, 대과에 급제한 사람 중에서 우수한 사람만 갔던 곳입니다. 류성룡은 종9품으로 가장 말단 관리였지만, 시간이 흐르자 상관들은 그의 능력을 알아보고 서로 자기 부서로 데려가려 했습니다.

이후 류성룡은 외교문서를 작성하는 예문관, 역사서를 편찬하는 춘추관, 성균관 등을 돌며 하위 관료 생활을 이어갑니다. 그러다가 선조 2년에 성균관 전적정6품에 임명되며 무려 4단계를 뛰어넘는 파격적인 승진을 합니다.

무슨 일이 있었던 걸까요?

당시 조정에서는 인종의 위패죽은 사람의 이름을 적어 모시는 나무패를 어디에 두어야 하는지 논쟁이 있었어요. 이때 영의정 이준경이 내놓은 의견을 말단 직원 류성룡이 정확한 논리로 반대했는데, 놀랍게도 많은 관료와 왕이 류성룡의 손을 들어주죠. 8급 공무원이 국무총리의 의견을 꺾은 셈이니, 류성룡은 아이돌처럼 전국에 이름을 날리게 되고 파격적인 승진도 했던 것입니다.

류성룡은 28세 때 사헌부감찰에 임명됩니다. 사헌부는 조선 시대에 관리의 비리를 감찰하고 부정을 바로잡던 감찰 기관으로 지금의 감사원 역할을 한 곳입니다.

조선은 명나라 황제의 생일을 축하하는 성절사사절단를 매년 파견했습니다. 1569년, 류성룡은 명나라로 가는 성절사의 서장관에 임명되어, 성절사의 문서 작성과 외교문서를 담당하면서 견문을 넓히는 기회를 얻습니다.

조선의 성절사가 명나라의 수도 북경에 도착하자 명나라 최고 교육 기관인 국자감의 학생 수백 명이 우르르 달려 나와 호기심 어린 얼굴로 조선 관리들을 지켜보았습니다. 이때 류성룡이 호기롭게 질문을 던집니다.

류성룡　요즈음 중국에선 누가 제일 훌륭한 학자로 인정받습니까?

태학생1　송나라의 주희와 정이를 최고로 칩니다.

류성룡　그건 당연하지요. 제가 궁금한 것은 현재 중국의 학자입니다.

태학생2　으음, 양명학을 만든 왕양명과 진백사입니다.

류성룡　왕양명은 마음을 너무 강조했고, 진백사는 학문이 정밀하지 못합니다. 제 생각에는 마땅히 정통 성리학을 계승한 설문청이 최고의 학자로 생각됩니다.

이때 오경이라는 태학생이 흥분된 표정으로 나와서 말합니다.

"요즘 학문이 흐려져 선비들이 길을 잃었습니다. 그런데 당신은 우리 모두의 정신을 번쩍 들게 하는 통찰력을 보여 주었습니다."

그렇게 짧은 대화는 끝났지만, 오경은 류성룡의 학문의 깊이와 통찰력에 반해서 조선의 성절사가 묵고 있던 옥하관까지 류성룡을 찾아옵니다.

오경을 정중하게 맞이한 류성룡은 유학과 성리학의 깨달음이 응축된 퇴계의《성학십도》를 보여주죠. 이후 그들은 종이를 꺼내고 붓을 들어 필담글로 하는 대화을 빠르게 주고받았습니다. 말이 통하지 않아서 비록 한자를 쓰면서 나눈 필담이었지만, 학문에 즐거움에 취한 대화는 밤새도록 이어졌죠.

다음 날, 조선의 성절사는 황제를 알현하러 자금성에 들어갑니다. 도열하여 황제를 기다리던 류성룡의 눈에 도교의 승려들이 조선 성절사보다 더 높은 서열의 자리에 서 있는 것을 보고, 의전을 담당하던 중국 관리에게 따져 묻습니다.

"우리는 비록 외국인이지만, 제대로 관직을 표시한 의관을 갖춰 입고 나라를 대표해서 온 사람들인데, 어찌 승려들보다 아랫자리에 설 수 있겠소."

당황한 중국 관리는 승려들을 뒤로 보내고 조선의 사신들을 앞세우죠. 그 광경을 지켜보던 명나라의 고관들 일부는 말 한마디로 국격을 세운 류성룡에게 감탄했고, 또 일부 고관들은 상당히 불쾌한 표정을 지었습니다.

이처럼 20대의 류성룡은 청년답게 거침이 없으면서도, 치밀하게 상황을 파악하고 논리로 무장해서 상대방을 설득하는 데 탁월한 능력이 있었습니다.

성절사의 출국이 다가오자 오경은 류성룡에게 편지를 보냅니다.

"멀고 먼 시골에도 철인깨달은 자이 태어나, 유학을 크게 계승했습니다. 만약 그대가 공자의 문하에 있었더라면 칠십 제자 가운데 한 사람이었을 겁니다. … 우리가 아주 멀리 떨어져 있어도 변치 않는 마음으로 아름다운 약속을 맺고 영원히 서로를 잊지 맙시다. 그대를 생각하며 시를 지었습니다."

해동조선을 바라보며 머리 추켜들고 그리운 벗을 기다리는데,

조정에서 서로 만났을 때는 높은 풍채에 절했소.

이별 후의 소식은 여태껏 주고받지 못했소.

국경 너머 푸른 산 천 리나 떨어져 있으나,

산봉우리 밝은 달은 만방이 같으리라.

그리운 마음을 시에 실어 보내니,

어느 날 기러기 편으로 금옥 같은 소식 부쳐주시려나.[38]

산봉우리 밝은 달은 만방이 같으리라.

다가오는 전쟁의 위험 속에서

죽음의 칼춤, 기축옥사와
십만양병설

1573년, 류성룡의 아버지 류중영의 병이 깊어졌습니다. 류성룡은 종기 고름을 입으로 직접 빨아내면서 온 마음을 다해 간호했지만, 아버지는 끝내 유명을 달리합니다. 유교의 예절에 따라 묘 옆에서 삼년상을 치르고, 류성룡은 조정으로 복귀합니다.

1589년, 전쟁의 그림자가 드리우기 시작할 무렵 류성룡은 병조판서와 이조판서에 임명됩니다. 그로부터 2년 뒤 전쟁이 일어나죠. 전쟁에 대비하는 것만으로도 버거운 중대한 시기에 동인과 서인은 오늘날 여당과 야당처럼 갈라져서 날마다 다툼을 이어갔습니다.

그러던 중 서인은 동인을 치기 위해, 자신들을 배반하고 동인으로 간 정여립을 주목합니다.

당시 정여립은 관직을 그만두고 고향 전주에서 '대동계'라는 모임을 만들었습니다. 그리고 양반, 중인, 노비, 승려 등 신분을 가리지 않고 회원으로 받아들여서 유학 공부와 함께 활쏘기, 칼 쓰기, 말타기 등의 무술 연마를 했습니다. 매월 15일에는 활쏘기 대회를 열고 술과 음식을 나누어 먹으며 우애를 다지기도 했죠.

어느 날 선조에게 '정여립이 쿠데타를 준비하고 있다'는 보고서가 올라옵니다. 선조는 정여립을 '긴급 체포하라'고 명령했고, 이 소식을 들은 정여립은 자살을 선택합니다.

정여립이 자살하자 역모는 사실이 되어 버렸습니다. 동인이 연결된 쿠데타 설에 분노한 선조는, 서인의 수장 정철을 4년 만에 조정에 복귀시켜 우의정에 앉힙니다. 그리고 사건 조사관으로 임명하죠. 이제 정철은 생사 여탈권을 갖고 사람을 살릴 수도, 죽일 수도 있게 되었습니다. 정철은 자신이 원하는 답을 들을 때까지 동인을 고문했어요.

이것이 바로 조선 시대에 일어난 가장 큰 정치 탄압 사건, 기축옥사입니다. 선조는 기축옥사를 활용해 동인세력을 손쉽게 제거하고 왕권을 강화하는 냉혹함을 보여요.

선조는 왕권을 위협하는 쿠데타 설에 과도하게 격분하여 이발의 열살 난 아들까지 직접 심문했습니다.

"너는 네 아비로부터 무엇을 배웠느냐?"

"저는 아버지께 충과 효 외에는 배운 것이 없습니다."

이 말에 선조는 극도로 흥분하여 길길이 날뜁니다.

"역적의 자식놈이 저런 참람한 말을 하다니!"

이발의 아들은 압슬형을 받고 현장에서 즉사합니다. 압슬형은 죄인을 무릎 꿇린 채 다리 위에 널빤지를 올리고 사람이 그 위에 올라가 방방 뛰게 해, 무릎뼈를 박살 내는 형벌입니다. 고문 중에서도 가장 고통이 크죠. 잔인하게 죄 없는 어린아이를 고문으로 죽이는 선조를 지켜보던 신하들은 속으로 무슨 생각을 했을까요?

정철은 이 기회에 아예 동인의 싹을 잘라 버리려고 사건을 계속 확대하고, 끝내 류성룡까지 표적으로 삼습니다. 서인들은 '류성룡도 가담했다더라'는 가짜 뉴스를 퍼뜨리기 시작했습니다.

이 소식을 들은 즉시 류성룡이 선조에게 사직서를 제출하자, 이때만 해도 류성룡을 굳게 신뢰하던 선조는 "경은 금과 옥 같은 훌륭한 선비인데, … 나는 경을 믿소. 헛소문을 마음에 두지 마시오"라고 오히려 안심시킵니다. 서인의 세력이 지나치게 커지면 자신에게 위협이 되기 때문에, 동인이 완전히 사라지는 건 선조 또한 원치 않았습니다.

류성룡은 성격상 어느 한쪽 편이 되어 무리 지어 싸우는 것을 매우 싫어했지만, 이황의 수제자였기 때문에 자연스럽게 동인으로 분류되었어요. 다행히 류성룡은 죽음의 칼날을 피했지만, 정철의 칼춤은 계속되었고, 동인 세력은 거의 사라져 서인들이 판치는 세상이 옵니다.

이 사건 이후 정철은 '동인 백정'이라는 별명까지 얻죠. 〈사미인곡〉, 〈관동별곡〉을 지은 조선 시대 대표적인 가사 문학가이자 시인으로 널리 알려진 송강 정철의 진짜 모습은 무엇일까요?

자연과 예술을 사랑한 시인 vs

권력을 위해 죄 없는 사람을 대거 죽인 악랄한 정치인

판단은 여러분에게 맡기겠습니다. 참고로 기축옥사 때 죽은 사람은 약 1,000명입니다.

기축옥사 이후 동인과 서인은 더 이상 화해할 수 없는 철천지원수가 되고, 편을 갈라 싸우는 붕당정치가 확고하게 자리 잡습니다. 이후 정철이 선조에게 세자 책봉을 건의했다가 유배당하자 강경한 처벌을 요구한 이산해와, '복수는 또 다른 죽음을 부를 뿐이다'는 생각을 한 류성룡의 의견 대립이 있었습니다.

이때 동인은 온건한 류성룡의 남인과 강경한 이산해의 북인으로 다시 갈라집니다. 이후 이산해는 류성룡 공격의 최선봉에 서죠. 남인은 주로 이황의 제자였고, 북인은 서경덕과 조식의 제자들이었어요.

십만양병설 : 400년을 속인 가짜 뉴스

기축옥사가 뿌린 분열의 씨앗은 임진왜란 때 류성룡과 이순신을 집요하게 공격하는 칼이 됩니다. 평소에 적이었던 북인과 서인이 힘을 합쳐서 류성룡과 이순신을 죽이려 들죠. 임진왜란 이후 정권을 잡은 북인과 서인은 류성룡과 이순신의 공적을 훼손하고, 〈선조실록〉과 〈선조수정실록〉을 통해 기어이 역사 왜곡을 자행합니다.

류성룡이 죽고 나서 서인들이 작성한 〈선조수정실록〉을 볼까요?

임진년과 정유년 사이에는 군신君臣이 들판에서 자고 백성들이 고생을 했으며 두 능陵이 욕을 당하고 종사宗社가 불에 탔으니 하늘까지 닿는 원수는 영원토록 반드시 갚아야 한다. 그러나 류성룡은 계획이 굳세지 못하고 적과 화의和議를 극력 주장하며 적에게 잘 보이기를 원해서 원수를 잊고 부끄러움을 참게 한 죄가 천고千古에 한을 끼치게 했다.[39]

어떤가요? 서인들은 '류성룡이 전시 수상으로 무능하고, 일본과 화해를 강력히 주장해 일본에게 잘 보이려 했다'는 가짜 뉴스를 실록에 기록해서 역사를 조작했습니다. 이 글을 쓴 사관은 하늘에서 자신이 한 역사 왜곡으로, 영원한 고통에 몸부림치고 있을지 모르겠군요. 말은 사라지지만, 글은 영원히 남는 것이니까요.

〈선조실록〉은 류성룡과 이순신을 앞장서 비판했던 이이첨 등의 북인이 중심이 되어 편찬했고, 〈선조수정실록〉은 인조반정 이후 서인이 정권을 잡아 자기들 입맛대로 수정하죠. 그래서 선조 때 실록은 〈선조실록〉과 〈선조수정실록〉 2개가 존재하게 되었고, 그 신뢰성이 크게 무너졌습니다.

이후 한국 역사를 통틀어 가장 많은 사람을 속인 가짜 뉴스가 등장합니다. 바로 율곡 이이의 '십만양병설'입니다. 이이의 제자이자 사돈 관계였던 김장생이 만들어 냈죠.

김장생은 이이가 죽고 13년이 지난 1597년에 이이의 가문에서 전해 내려오던 문서와 글들을 모아서 《율곡가장》이라는 책을 펴냈습니다. 그 책에 무려 400년 동안 한국인을 감쪽같이 속인 가짜 뉴스를 창작해서 심어 놓아요. 한번 볼까요?

1583년 경연에서 율곡 이이가 "미리 10만 명의 군사를 양성하여 위급할 때를 대비하소서. 그렇지 않으면 10년이 못 되어 흙이 무너지는 듯한 화임진왜란가 있을 것입니다." 하니, 정승 류성룡이 말하기를, "아무 일이 없는데 군대를 양성하는 것은 화근을 만드는 것입니다" 했다.[40]

이 글로 인해 율곡 이이는 이미 10년 전에 임진왜란을 미리 내다보면서 국가를 수호하는 선견지명의 예언자가 되었고, 류성룡은 졸지에 10년 앞도 못 보는 어리석은 사람이 되었습니다. 김장생의 가짜 뉴스는 임진왜란 때 호되게 당한 조선인들이 '그래! 우리에게도 전쟁을 대비한 훌륭한 성인이 있었지'라며 우리 스스로를 위로하는, 그래서 정말 아무런 의심 없이 믿어 버리는 달콤한 역사 왜곡이었습니다.

그리고 이이의 후손이었던 이식은 대담하게도 〈선조실록〉에는 없던 십만양병설을 〈선조수정실록〉에 적어 놓고[41], 이이의 입을 빌려서 다시 류성룡을 거세게 비판합니다.

이이는 늘 탄식하기를 "류성룡은 재주와 기개가 참으로 특출 나지만 우리와 더불어 일을 함께하려고 하지 않으니 우리가 죽은 뒤에야 재주를 펼칠 수 있을 것이다.[42]

그러나 모든 정보를 공유하고 검증이 가능한 세상이 오면서 율곡 이이의 십만양병설은 학계에서 가짜 뉴스로 판명받고 있습니다.

첫째, 율곡 이이가 직접 남긴 수많은 상소문, 문집, 책에는 '십만양병'이라는 단어조차 없습니다. 이런 중요한 내용을 율곡 이이가 글로 남기지 않았다면 가짜로 보는 것이 합리적이죠.

둘째, 십만양병설은 이이 생전에도, 1584년 사망 당시에도 언급되지 않다가 임진왜란이 끝나가는 1597년에 이르러 갑자기 김장생의 《율곡행장》에 등장합니다. 1597년은 정유재란이 발발한 해로, 북인과 서인들이 류성룡과 이순신을 몰아내기 위해 거센 공격을 퍼부어 결국 이순신이 압송되어 고문을 받았던 시기와 일치합니다.

만약 이이가 정말 십만양병설을 주장했고 류성룡이 반대했다면, 무슨 수를 써서라도 류성룡과 이순신을 제거하려 했던 이이의 제자 그룹인 서인들이 매일 선조에게 류성룡에 대한 처벌을 주장했을 거예요. 그런데 〈선조실록〉에는 이이의 제자들이 류성룡을 비난한 기록이 무척 많으나, 그가 십만양병설을 반대했다는 이유로 비난한 내용은 단 한 건도 존재하지 않습니다.

셋째, 이이가 살던 당시의 조선은 약 200년 동안 전쟁이 없었을 뿐 아니라, 만성적인 세금 부족과 농민 이탈로 인해 현실적으로 10만 명의 정예군을 양성하기는커녕 1만 명조차 확보하기 어려운 상황이었습니다. 당시 조선의 국력으로 상비군 10만 명을 유지할 예산이나 물자를 구하는 건 불가능했어요. 병조판서국방부장관까지 지낸 이이가 그걸 모를 리 없죠.

그 외에도 검증 가능한 여러 이유로 '십만양병설'은 현재 가짜 뉴스로 판명 났습니다. 김장생은 존경하는 스승 이이를 위해 십만양병설이라는 가짜 뉴스를 만들었겠지만, 이이가 가짜 뉴스의 당사자로 이름을 오르내리게 하는 치욕을 안겼습니다. 하늘에서 많이 혼나고 있겠죠.

세계적인 석학 유발 하라리는 자신의 저서 《21세기를 위한 21가지 제언》에서 "어떤 가짜 뉴스는 영원히 간다"라고 말했습니다. 다행히 '십만양병설'은 400년 만에 그 생명을 다했습니다.

류성룡은 이순신을 발탁하고 전시 수상으로서 나라를 구하는 데 결정적인 역할을 했으나, 당파적 역사 왜곡으로 인해 오늘날까지도 정당한 평가를 받지 못하고 있습니다. 그 영향은 지금까지 이어져, 한국인이라면 누구나 그의 이름을 한 번쯤 들어보았을 테지만 누구도 그를 자세히 알지 못하는 결과를 낳았습니다. 류성룡은 왜곡된 역사와 가짜 뉴스의 희생양으로, 한국 역사상 가장 저평가된 인물입니다.

다가오는 전쟁을 대비하다

1590년, 류성룡은 우의정에 올라서 본격적인 전쟁을 준비합니다. 류성룡은 일본에 다녀온 조선통신사를 통해 시시각각 다가오는 전쟁을 감지하고 있었죠. 선조는 비변사국방을 총괄하는 기구에 장수직을 감당할 만한 인재를 추천하라는 명령을 내립니다.

류성룡은 이순신과 권율을 강력하게 추천해요. 사람들은 고개를 갸우뚱합니다. 둘 다 조정에 이름이 알려지지 않은 무명의 관리였고, 누구도 주목하지 않았던 비주류였으니까요. 특히 권율은 무관도 아니고 문관이었습니다. 군사와 관련된 일을 한 번도 해본 적이 없었어요.

권율은 영의정을 지낸 권철의 아들입니다. 금수저로 태어나 40대 중반까지 아무런 목표 없이 인생을 낭비하면서 살았습니다. 그런데 부친

이 세상을 떠나며 남긴 "내가 널 낳았구나"라는 마지막 말에 충격받아 과거시험을 준비했고, 46세의 나이에 급제했어요. 당시 평균 수명이 40대였음을 고려하면, 노년에 급제한 셈입니다.

게다가 권율의 사위는 이항복이었는데, '이항복의 장인이 과거에 급제했다'라며 한양에 유쾌한 화젯거리가 되었다고 해요. 이항복은 2년 전에 이미 장인을 앞질러 과거에 급제했었거든요. 권율은 집에서는 이항복의 장인이지만, 직장에서는 이항복의 부하직원이어서 재미있는 놀림감이 되었죠. 그런 권율을 조용히 지켜보던 이가 있었으니, 바로 류성룡이었습니다.

류성룡은 평소 호방하고 담대한 성격의 권율을 눈여겨보았고, 그가 장수로 적합한 성향임을 알고 의주목사에 추천한 것입니다. 의주는 명나라와 국경을 접하고 있었기 때문에, 전시에 매우 중요한 군사 요충지로 여겨졌습니다. 때문에 의주목사는 주로 군인 경력이 화려한 장수가 임명되었습니다.

그러나 류성룡은 권율을 정5품에서 4단계나 오른 정3품으로 승진시켜, 의주목사에 임명하자고 선조에게 강력하게 건의했습니다. 그와 동시에 육군에서 하급직을 전전하던 이순신을 7단계를 뛰어넘어 전라좌수사로 추천하고, 여러 신하의 반대에 현명하게 대처하여 결국 임명하는 데 성공했습니다.

류성룡은 사람의 능력을 한눈에 알아보는 매우 뛰어난 통찰력을 지닌 사람이었습니다. 류성룡의 추천을 받은 무명의 이순신과 권율은 임진왜란을 승리로 이끌고, 한반도 역사상 가장 뛰어난 전쟁영웅의 반열에 오르죠.

그리고 류성룡은 전쟁을 준비하는 그 바쁜 와중에도《증손전수방략》을 직접 집필해서 전라도에 있는 이순신에게 보냅니다. 책을 받은 이순신은 그날의 일기에 이렇게 기록했습니다.

난중일기 속으로 1592년 3월 5일 맑음. 좌의정 류성룡이 편지와 함께《증손전수방략增損戰守方略》이라는 책을 보내왔다. 책을 보니 해전과 육전, 화공전 등 다양한 전투의 전술이 상세히 설명되어 있었다. 참으로 오랜 세월 읽힐 가치가 있는 책이다.

류성룡은 임진왜란이 일어나기 한 달 전에 바다에서의 전투 경험이 없는 수군사령관 이순신을 위해 명나라의 군사전략서 등을 연구하고《증손전수방략》을 저술해 보내준 것입니다. 이순신은 그 책을 읽고 수군 훈련과 작전 계획에 적용하면서 출정 준비를 마쳤습니다.

아! 비로소 류성룡의 전쟁 준비도 함께 끝났습니다.

국보 징비록(懲毖錄)

국보 징비록은 조선 중기 영의정 서애 류성룡이 임진왜란을 기록한 회고록으로, 한국사에 있어 매우 특별한 가치를 지닌다. 임진왜란 당시 최고위직인 영의정과 도체찰사를 역임한 저자가 직접 목격하고 경험한 7년간의 전란을 기록했다는 점에서 사료적 가치가 탁월하다. 이 책은 조선·일본·명나라 삼국 간의 국제전 양상과 복잡한 외교관계를 정확히 기록했다. 왕의 허물까지 가감 없이 지적하는 객관적 서술, 이순신 등 주요 인물들의 활약상, 백성들의 생활상 등을 종합적으로 담아 임진왜란 연구의 핵심 사료로 평가받는다.

04

국보 징비록은
어떤
책인가?

징비
"지난 일을 경계하여 후환을 삼간다"는 《시경》의 구절
전쟁의 교훈을 후세에 전하려는 목적

하회마을
류성룡이 관직에서 물러나 《징비록》을 저술한 그의 고향

국보
1969년 국보로 지정, 조선시대 최고위 관료가 직접 기록한 회고록

불멸의 명작, 징비록

국난 극복의 지혜와 반성이 담긴
불멸의 기록유산

《징비록》의 서문은 이렇게 시작합니다.

징비록 속으로　징비록이란 어떤 책인가? 임진왜란이 일어난 뒤의 일을 기록한 것이다. 덧붙여 임진왜란 전의 일도 기록한 것은 임진왜란이 일어나게 된 발단을 자세하게 밝히기 위한 것이다.

1969년 11월 12일, 한국은 《징비록》을 '국보 제132호'로 지정했습니다. 《징비록》은 류성룡이 임진왜란을 총지휘하며, 자신이 직접 보고 듣고 경험한 임진왜란을 사실 그대로 기록한 책입니다. 임진왜란은 동아시아

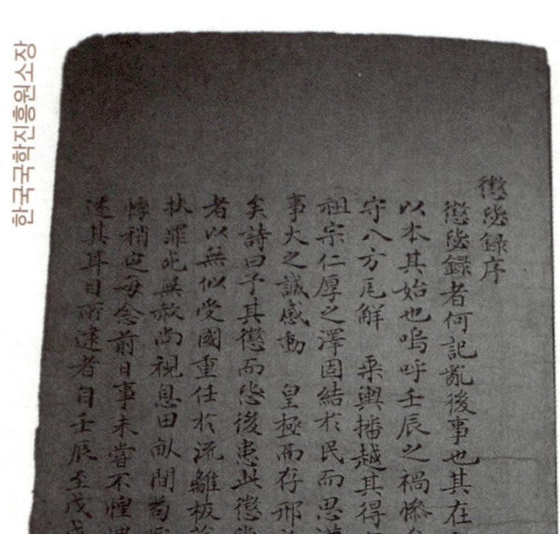

에서 무려 7년 동안 벌어진 국제전쟁으로, 임진왜란의 실상을 가장 잘 알려주는 책이 《징비록》입니다. 류성룡은 임진왜란 때 훈련도감 설치 등 수많은 전시정책을 펼쳐서 임진왜란을 극복한 주인공이지만, 스스

국가유산청이 말하는 《징비록》

한국의 국보를 관리하는 국가유산청은 《징비록》을 이렇게 소개하고 있다.

이 책은 조선 중기의 문신인 서애 류성룡1542~1607년이 임진왜란 때의 상황을 기록한 것이다. 징비란 미리 징계하여 후환을 경계한다는 뜻이다.

류성룡은 퇴계 이황의 문인(제자)이며, 김성일과 동문수학했다. 명종 21년 1566 문과에 급제하여 승문원권지부정자, 예문관검열, 공조좌랑, 이조좌랑 등의 벼슬을 거쳐 삼정승을 모두 지냈다. **왜적이 쳐들어올 것을 알고 장군인 권율과 이순신을 중용하도록 추천했고, 화포 등 각종 무기의 제조, 성곽을 세울 것을 건의하고 군비 확충에 노력했다.** 또한 도학·문장·글씨 등으로 이름을 떨쳤으며, 그가 죽은 후 문충이라는 시호가 내려졌고, 안동의 병산서원 등에 모셔졌다.

이것을 저술한 시기는 자세히 알 수는 없으나 류성룡이 조정에서 물러나 향리에서 지낼 때 전란 중의 득실을 기록한 것이다. 내용을 보면 임진왜란 이전에 일본과의 관계, 명나라의 구원병 파견 및 제해권의 장악에 대한 전황 등이 가장 정확하게 기록되어 있다. **이 책은 임진왜란 전후의 상황을 연구하는 데 귀중한 자료로 《난중일기》와 함께 높이 평가되고 있다.**[43]

국보 징비록
이미지 출처 : 국가유산청

로 자랑이 될 만한 내용은 《징비록》에 거의 기록하지 않았습니다.

이순신의 《난중일기》는 전쟁의 현장에서 몸소 싸운 지휘관이 남긴 생생한 일기입니다. 그는 전투의 준비 과정과 전장의 긴박한 순간들, 그리고 한 인간으로서 느낀 두려움과 결단, 고독과 분노를 있는 그대로 기록했습니다. 반면 류성룡의 《징비록》은 국가의 최고 책임자 입장에서 바라본 전쟁의 총체적 보고서라 할 수 있습니다. 전쟁의 원인과 대비 과정, 명나라 군대의 움직임과 외교 협상, 그리고 조선 전체가 겪은 전쟁의 흐름을 치밀하게 정리해 임진왜란의 전 과정을 입체적으로 아우릅니다.

《징비록》이 정치인이자 국정 운영자의 시선에서 전쟁을 기록했다면, 《난중일기》는 전쟁 한가운데 선 인간의 내면을 고스란히 드러내죠.

《징비록》과 《난중일기》는 이란성 쌍둥이와 같습니다. 겉모습은 다르지만, 그 속의 DNA는 똑같아요. 두 책 모두 전쟁의 참혹한 실상을 알려주고, 국방을 강화해서 전쟁을 예방하자는 것입니다. 전쟁은 언제나 일어날 수 있는 일이지만, 미리 전쟁을 준비해서 국방을 강화하면 반드시 막고 승리할 수 있음을 두 책은 우리 후손들에게 말해줍니다.

류성룡처럼 국가의 왕이나 수상이 전쟁을 지휘하고 전쟁의 과정을 직접 기록한 책이 있을까요?

왕은 없고 수상이 2명 있습니다. 모두 우리가 아는 위대한 인물이죠.

로마의 집정관(수상)이었던 율리우스 카이사르는 기원전 58년부터 기원전 51년까지 9년에 걸친 갈리아 전쟁을 지휘하고, 《갈리아 전기》라는 불멸의 기록을 남깁니다.

영국의 수상 윈스턴 처칠은 2차 세계대전을 지휘하고, 《2차 세계대전》이라는 책을 써서 1953년에 노벨 문학상까지 받았습니다. 2015년에는 처칠의 저서, 편지, 연설, 원고 등이 유네스코 세계기록유산으로 지정되었어요.

이처럼 국가의 수상이 전쟁을 지휘하고 기록한 책은 유럽에 2권이 있고, 아시아에는 류성룡의 《징비록》이 유일합니다. 《징비록》이 얼마나 위대한 책인지 실감이 가시나요?

하지만 《징비록》은 한국의 국보에 머물러 있습니다. 처칠의 《2차 세계대전》처럼 《징비록》도 류성룡의 장계, 편지 등의 모든 기록물을 묶어서 하루빨리 세계기록유산으로 지정되기를 소망합니다.

징비록 코드 : 류성룡이 징비록에 숨겨둔 암호문

**류성룡이 후세에 전하고 싶었던
역사의 진실과 메시지**

《징비록》을 쓴 이유에 관해 작가의 말을 직접 들어 보겠습니다.

"시경에 '내 지난 잘못을 징계懲하여 다시는 이런 일이 없도록 삼가毖
노라'고 했으니 이것이 바로 징비록懲毖錄을 지은 까닭이다."

류성룡은 '내가 임진왜란 때 했던 일을 반성하고, 다시는 참혹한 전
쟁을 겪지 않기 위해서 징비록을 썼다'고 말합니다.

그런데 과연 이게 전부일까요?

조선은 기록의 나라였습니다. 기록을 대단히 중요하게 생각했어요.
모든 권한을 가진 왕도 자신의 말과 행동을 기록한 실록만은 볼 수 없
었습니다. 글은 기록이고, 기록은 곧 역사라는 인식 때문이었습니다. 그
런 측면에서 서인들이 정권을 잡고 〈선조수정실록〉을 펴낸 것은 역사
의 심판을 받아야 하는 일입니다.

류성룡은 자손들에게 《징비록》을 공개하지 마라'는 말을 한 적이 없

습니다. 다시 말해, 그는 언젠가 《징비록》이 세상에 공개될 것임을 알고 있었습니다. 그렇기에 전쟁 기간 내내 자신의 안전만 생각한 무능하고 비굴했던 선조와, 천군하늘에서 내린 군대이라고 불린 명나라 군대의 실상을 직접적으로 비판할 수는 없었습니다. 만약 그랬다면 《징비록》은 국가에서 모두 회수해 불태워지고, 류성룡의 자손들은 탄압을 받았을 겁니다.

그래서 류성룡은 '징비'의 목적으로 글을 쓴다고 말하면서도, 똑똑한 후손들을 위해 《징비록》에 3개의 암호 코드를 숨겨 놓았습니다.

징비록 코드 ❶
징비록 안의 또 하나의 책 '이순신 전기'

《징비록》 안에는 또 하나의 책이 존재합니다. 바로 이순신의 탄생과 죽음의 과정을 기록한 '이순신 전기Biography'입니다. 전기란 인물의 경험이나 업적에 대하여 그 인물이 겪은 실제 사실을 바탕으로 기록한 글출처: 위키피디아이고, 인류의 가장 오래된 문학 장르입니다.

《징비록》은 총 16장으로 구성되어 있는데, 그중에 30%가 넘는 6개의 장이 이순신에 대한 이야기입니다.

《징비록》속 이순신과 관련된 장들

2장　우리의 국방 태세와 이순신의 기용

6장　이순신과 조선 수군

12장　이순신의 투옥과 수군의 전멸

14장　이순신의 복귀

15장　마지막 전쟁, 노량

16장　구국의 영웅, 이순신

소설가 헨리 제임스의 전기를 써서 퓰리처상을 수상한 레온 에델은 전기 문학의 대가입니다. 그는 저서 《문학전기 Literary biography》에서 전기의 5대 요소를 제시했는데, '사실성, 맥락, 통찰, 서사성, 문학성'이 그것입니다. 류성룡이 《징비록》에서 이순신에 대해 서술한 내용은 아래처럼 레온 에델이 제시한 5가지를 다 포함하고 있습니다.

● 이순신의 조상과 가정환경, 이순신의 출생과 유년기 일화, 이순신의 청년기와 무과급제

● 이순신의 성격과 역량, 이순신의 위기와 극복, 이순신의 임진왜란 활약

● 이순신에 대한 평가

류성룡은 독자들이 이순신의 일생을 모두 파악하도록 출생부터 죽음까지 기록했고, 특히 노량해전 등 이순신의 주요 전투 업적을 긴박하게 묘사해 서사성과 문학성을 높였습니다.

"나의 죽음을 알리지 말라."

이 유명한 이순신의 유언은 사실 《징비록》에 기록된 것입니다. 이처럼 극적이면서도 감성적인 표현은, 한국인의 마음에 각인되어서 이순신을 한국인의 영원한 전쟁영웅으로 기억하도록 도왔습니다.

《징비록》에 흩어져 있는 이순신의 이야기를 '16장, 구국의 영웅 이순신' 편에 시간의 순서대로 넣으면 완벽한 '이순신 전기'로 재탄생합니다. 류성룡은 이순신이 죽고, 자신이 파직당한 후에 선조와 정적들이 이순신의 공적을 왜곡할 것을 걱정해 아예 《징비록》 안에 '이순신 전기'를 써 놓은 것입니다.

징비록 코드 ❷
선조의 추악한 민낯을 드러낸 동양판 《군주론》

1513년에 출간된 《군주론》은 500여 년을 살아남아 이제 인류의 고전이 되었습니다. 루소는 이 책에 관해 '마키아벨리가 군주에게 조언하는 척하면서 실제로는 시민에게 군주의 추악한 진실을 드러냈다'고 말합니다.[44] 이상이 아닌 추악한 현실의 군주를 알려주었기 때문에 《군주론》이 위대한 것입니다.

《군주론》보다 91년 뒤에 나온 《징비록》은 동양판 군주론입니다. 동양인의 가치관을 만든 공자의 《논어》, 맹자의 《맹자》를 보면 모두 군주의 역할이 나옵니다. 이 책들의 공통점은 모두 도덕에 기반해 이상적인 군주를 그리고 있다는 것입니다.

류성룡은 《논어》와 《맹자》를 배웠지만, 《징비록》에서 이상이 아닌 현실 속 군주의 추악한 민낯을 거침없이 까발립니다.

징비록 속으로 백성들이 피난 행차를 바라다보고는 "나라임금가 우리를 버리고 떠나니, 우리는 누구를 믿고 살아야 합니까"라고 통곡했다.

선조는 전쟁 발발 직후 도성을 버리고 파천하여 재빨리 의주까지 피신하죠. 이는 백성과 신하들 사이에 큰 혼란과 상실감을 초래했습니다. 류성룡은 파천 이후의 아비규환을 자세히 묘사하여 임금의 책임을 간접적으로 비판합니다.

징비록 속으로 임금께서는 개성을 출발할 때 종묘의 신주들을 두고 떠나왔는데, 종실 중의 한 사람이 울면서 아뢰기를 "신주를 적의 수중에 버려둘

수는 없습니다"하여 밤을 새워 개성으로 달려가 신주를 도로 모셔 왔다.

유교는 나라를 섬기는 '충'과 부모를 섬기는 '효'를 최고의 가치로 삼습니다. 유교를 통치 이념으로 세운 조선에서 조상의 혼이 들어있는 신주를 버려두고 왔다는 것은 있을 수 없는 일이고, 천하의 불효자식입니다. 류성룡은 《징비록》에 선조의 이런 행동을 기록하여 군주의 못난 행동을 알려주고 있습니다.

> **징비록 속으로** 임금께서 대신들에게 명령하여 이순신의 죄를 논하게 했다.

결국 조정에서는 의금부 도사를 보내 이순신을 잡아 오게 하고 그 대신 원균을 통제사로 임명했다.

여기서 조정은 누구를 말하는 것입니까? 그리고 원균을 통제사로 임명한 사람은 누구입니까? 《징비록》을 읽으면 누구나 선조라는 것을 금방 알 수 있습니다. 류성룡은 치밀하게 생각하고 선조를 비판하기 위해 이 부분을 쓴 것입니다.

> **징비록 속으로** 이순신을 옥에 가두었다. 조정에서는 이순신에게 한 차례 고문을 가한 후 사형을 감면하고 관직을 삭탈한 채 군대에 편입하도록 했다.

선조는 백성들이 영웅으로 떠받드는 이순신을 고문해서 죽이려고
했는데, 류성룡은 선조의 행동을 사실대로 기록함으로써 선조가 사람
들에게 영원히 욕먹도록 만들었습니다.

류성룡은 《징비록》을 쓴 이유를 '나의 지난날을 징계하여 미래의 후
환을 막기 위해 썼다'라고 했습니다. 그러나 《징비록》을 다 읽고 나면
이렇게 해석이 되기도 하죠.
"선조의 지난날을 징계해, 미래에 닥칠 재앙을 막기 위해 썼다."

1604년 징비록이 발간되고, 정확히 300년이 흐른 1905년에 조선은
일본에 강제로 나라를 빼앗깁니다. 선조 이후 조선의 역대 군주들은
《징비록》을 읽지 않았고, 징비하지 않았습니다.

징비록 코드 ❸
명나라에 의존하지 말고 자주국방하라!

선조는 명나라에 지나치게 의존했습니다. 특히 선조는 조선의 군대
를 과소평가하고, 명나라 군대는 과대평가했습니다. 류성룡은 그런 선
조와 명나라 군대의 실상을 《징비록》에서 적나라하게 고발합니다.
이것은 아주 위험한 행동이었어요. 나중에라도 명나라에서 《징비

록》의 내용을 알게 되면, 류성룡을 명나라까지 압송해서 처형할 가능성이 매우 컸죠. 그럼에도 류성룡은 우리나라와 백성들이 다시는 이런 치욕을 당하면 안 된다는 생각에 사실을 그대로 기록했습니다.

 울산성 전투에서 왜적은 모두 굶주리고 지쳐서 겨우 목숨만 붙어있는 상태였다. 그런데 명나라 양호는 적군에게 도리어 공격을 당할까 두려워 갑자기 군사를 돌이켜 물러났다.

울산성 전투에서 명나라 지휘관 양호는 다 이겨놓고, 어이없이 물러나 버립니다. 당시 울산성은 조·명 연합군에 포위되어 일본군은 물 한 방울 마실 수 없었거든요. 적장 가토는 물이 없어서 말을 죽여 말피를 물 대신 마시며 간신히 버티고 있었죠. 이렇게 다 잡은 승리를 양호가 철군하면서 걷어차 버립니다.

이 소식을 들은 류성룡은 절망합니다. 그리고《징비록》에 양호의 사건을 기록해 강대국의 군대를 빌리면 눈앞의 승리조차 마음대로 가질 수 없다는 것을 알립니다.

한편, 명나라 황제는 양호의 잘못을 알게 되고, 결국 그를 명나라로 소환합니다. 그런데 선조는 죄를 짓고 떠나는 명나라 관리에게조차 지나친 저자세의 행동을 보여요. 류성룡은 굴욕적인 선조의 모습을 기록해 두죠.

 임금께서는 홍제원지금의 홍제동까지 나와 양호를 전송하면서 눈물을 흘리고 작별했다.

선조와 신하들은 명나라 군대를 하늘이 내려준 군대라며 '천군'으로 불렀어요. 그러나 조선을 구원하기 위해 파병 온 명나라 군대는 처음부터 싸울 의지가 없었습니다. 군량만 축내고, 가는 곳마다 백성을 약탈해 그 피해가 극심했어요. 류성룡은 명나라 군대의 횡포에 스트레스가 심해서 화병까지 나 버렸지요.

 명나라 장수 이여백은 갑자기 발병이 났다고 핑계를 대고는 "성 안으로 돌아가 병을 고치고 나서 진격해야겠다"라면서 가마를 타고 돌아갔다. 그러자 이미 강을 건너온 군사들도 모두 도로 강을 건너서 성 안으로 들어갔다. 나는 마음속으로 몹시 분했으나 어찌할 수가 없었다. 이여백은 적군을 추격할 의지가 없었기 때문에 거짓말로 나를 속였을 뿐이다. 나는 마침내 병이 나서 자리에 눕게 되었다.

명나라 이여송 제독에게 군사를 데리고 돌아가자고 청하자, 제독은 노하여 나와 호조판서 이성중, 경기 좌감사 이정형을 불러 뜰 아래에 꿇어앉히고 큰 소리로 꾸짖으면서 군법을 시행하려 했다. 나는 제독의 화가 풀릴 때까지 계속 사과했다. 그러면서 나랏일이 이 지경에 이른 것을 생각하자 나도 모르게 눈물이 흘렀다.

조선의 수상이었던 류성룡은 명나라의 한낱 장수에게 꿇어앉아 용서를 빌었습니다. 부끄럽고, 굴욕적이고, 치욕적이지만 류성룡은 담담하게 기록했습니다. 다른 나라의 군대를 불러들이면 어떻게 되는지 후손들에게 똑똑히 보여주고 싶었던 거죠.

징비록 속으로 명나라 진린 제독의 부하가 수령을 거침없이 때리고 함부로 욕을 하며, 찰방 이상규의 목에 새끼줄을 매어 끌고 다녀서 얼굴이 피투성이가 된 것을 보고 통역관을 시켜 말렸으나, 진린은 결국 듣지 않았다.

명나라 관리는 조선의 왕을 만날 때 상석에 앉았고, 신하들은 부하처럼 부렸습니다. 백성들은 전쟁을 겪고 나서 '왜적은 얼레빗, 명군은 참빗'이라고 욕했습니다. '왜적은 대충 훑쓸고 가지만, 명나라 군대는 구석구석 빠짐없이 훑고 약탈한다'는 뜻입니다.

류성룡은 《징비록》을 통해 명나라 군대의 실상을 고발함으로써 우리 후손들에게 강력한 메시지를 던집니다.

"국가의 운명을 다른 나라에 맡기면 치욕을 당하니, 스스로 힘을 길러서 자주국방을 하라!"

징비록, 일본에서 베스트셀러가 되다

본국에서 외면받고 적국에서 사랑받은
기막힌 운명

1598년, 류성룡은 파직을 당하고 고향으로 내려와 《징비록》을 쓰기 시작해 1604년 무렵에 집필을 완료했습니다.

《징비록》은 임진왜란의 발단을 설명하기 위해 1586년부터 시작해 이순신이 전사하는 1598년 11월 19일까지 기록한 책입니다. 이후 《징비록》은 언제 출판되었는지, 그 구성은 어떻게 되어 있는지 알아보겠습니다.

《징비록》의 출판 역사

1604년 무렵	류성룡, 저술 완료
1633년	류성룡의 아들 류진이 최초로 《징비록》을 출간 : 이때 류성룡의 편지, 장계보고서를 모두 합친 《서애집》과 함께 출판
1642년	의성 현령 엄정구가 목판본 출판

1647년	서애의 외손자 조수익이 경상도 관찰사로 재임하면서 《징비록》을 포함한 《서애집》 출판
1695년	일본 교토의 야마토야 이베에가 번역, '야마토야 출판사'에서 출판
1936년	일제 조선총독부 조선사편수회에서 초고본을 영인하여 출판
1991년	서애선생기념사업회에서 《징비록》 16권 모두 수록해 《서애전서》 출판

《서애전서》의 구성

좁은 의미의 징비록은 2권이지만, 넓은 의미의 징비록은 16권입니다.

제1~2권	**징비록**	
제3~5권	**근폭집** (芹曝集)	임금에게 올린 보고서
제6~14권	**진사록** (辰巳錄)	임진년1592년과 계사년1593년에 임금에게 올린 보고서
제15~16권	**군문등록** (軍門謄錄)	임금에게 올린 보고서와 국방 관련 지시공문
	《녹후잡기》	후기

《징비록》은 1권과 2권으로 나뉘어 있고, 총 16장으로 구성되어 있어요. 류성룡이 《징비록》을 썼지만 당시 북인과 서인이 정권을 잡고 있어서 평가 절하되고, 배척당했습니다.

그러나 일본은 달랐습니다. 1695년 일본인 야마토야 이베에는 《징비록》을 번역해 '교토의 야마토야 출판사'에서 출판했습니다. 《징비록》은 일본에서 출판되자마자 베스트셀러가 되었고, 도쿠가와 막부 시대에는 '《징비록》 붐'까지 일어났었죠.

1712년, 숙종은 《징비록》이 일본에서 베스트셀러가 되었다는 보고를 받고 조선의 정보가 유출될까 봐 경계하라고 했지만, 이미 출판되어서 어떻게 할 수가 없었습니다.[45]

이후 일본에서는 《징비록》 번역본은 물론, 원본 그대로 출판하는 영인본을 합쳐 한국보다 많은 20여 종 이상이 출판되어서 한국인을 부끄럽게 하고 있습니다.

임진왜란과 조선의 국내외적 정치 상황

1575년 이조정랑 문제를 둘러싼 동서분당이 시작되어 김효원을 지지하는 동인과 심의겸을 지지하는 서인으로 갈라졌다. 선조는 사림 세력을 등용했지만, 붕당 정치로 인한 당파 갈등이 심화되었다. 한편, 조선은 명나라를 섬기는 사대관계를 유지하고 있었는데, 명나라는 일본의 침략 준비에 조선도 가담할 것을 우려했다. 일본과는 통신사 교류를 통한 외교를 지속했으나, 도요토미 정권의 대륙 진출 야망을 제대로 파악하지 못했다. 결국 4대 사화와 훈구·사림 세력 간 정쟁으로 인한 중앙 정계 혼란 속에서 국방력이 약화된 조선은, 1592년 일본의 침입에 속수무책으로 당하게 되었으며, 이는 동아시아 삼국의 국제전으로 발전한다.

05

징비록
×
난중일기
속으로

- **7년 전쟁**
  임진왜란(1592-1596)과 정유재란(1597-1598)을 아우르는
  전쟁으로, 동아시아 역사상 최대 규모의 국제전

- **조총과 거북선**
  일본의 신무기 조총 vs 조선의 혁신적 전함 거북선

선조의 의주 피난
왕이 수도를 버리고 평양·의주까지 피난한 전례 없는 사태

침공의 날을 대비하라

조선통신사 파견과
시시각각 진행되는 전쟁 준비

일본의 끈질긴 요청으로 조선은 통신사를 파견합니다. 당시 도요토미 히데요시는 이미 전쟁을 결정한 상태였습니다. 일본이 조선통신사 파견을 끈질기게 요청한 이유는 정명가도征明假道, 즉 '명나라와 전쟁을 하기 위해 조선이 길을 빌려달라'는 협박을 하기 위해서였습니다. 쉽게 말하면 '조선은 짓밟히기 전에 먼저 항복하라'는 뜻이었죠.

징비록 × 난중일기 코드 지식 더하기

조선통신사를 요청한 일본의 속마음

조선통신사는 조선이 일본에 보낸 외교사절단이다. 문자 그대로는 '신의를 통한다通信'는 뜻이다. 16세기 후반, 일본을 통일한 도요토미 히데요시는 명나라 정벌을 꿈꿨다. 1590년, 히데요시는 조선에 사신을 보내 통신사 파견을 요청했다. 표면상으로는 일본 통일 축하와 조공 성격을 띠었지만, 실제로는 명나라 침략을 위해 조선의 길을 빌려달라는 '전쟁 예고'였다.

그런데 왜 일본은 조선을 침략했을까요?

1543년, 포르투갈 상인이 일본의 다네가섬 영주에게 조총 한 자루를 선물합니다. 이 조총은 전국에 빠른 속도로 보급되었어요. 그때부터 칼의 나라 일본은 총의 나라로 변신합니다. 그것은 일본이 농경사회에서 산업사회로 퀀텀점프불연속적이고 급격하게 도약하는 현상를 하는 혁명이었죠.

일본은 세계의 패권이 중국이 아니라 대항해 시대를 연 유럽으로 넘어갔다는 것을 알았습니다. 중국의 정화함대를 가지고 대항해를 수행한 명나라 환관 함대는 1405년부터 1433년까지 7차례에 걸쳐 대규모 원정 항해를 수행하고, 아프리카 동해안까지 도달한 세계 최대의 함대를 보유하고 있었습니다.

그러나 정화의 마지막 항해 이후, 명나라는 바다를 통제하고 무역을 엄격히 금지하는 해금바다를 금지하는 정책을 펼치면서 점차 쇠락해져 갔어요. 급기야 일본은 중국을 덩치 큰 어린아이처럼 얕보고 한번 붙어보자는 도전장을 내밀죠.

당시 일본은 약 100년간 여러 지역의 다이묘일본의 중세부터 근대까지 존재했던 봉건 영주들이 패권을 차지하기 위해 전쟁을 벌이고 있었습니다. 이때 조총수를 대거 양성한 오다 노부나가와 도요토미 히데요시가 압도적인 전투력으로 강자로 떠오르죠.

이후 도요토미 히데요시는 주군주인이자 군주으로 모시던 오다 노부나가가 죽자 그 세력을 흡수해 1585년 천황을 대신한 실질적인 통치자인 '관백'이 되었고, 1590년에 일본을 통일했습니다. 도요토미 히데요시는 100년의 전투로 단련된 세계 최강의 전투부대를 보유하고, 주체할 수 없는 힘을 어디에 쓸까 고민하고 있었죠.

그는 일본을 통일하자 전쟁을 선포했습니다. 여기에는 여러 이유가 있었습니다.

첫째, 칭기즈칸처럼 중국 대륙 정복의 원대한 야망이 있었습니다.

둘째, 일본 통일 이후 자신에게도 위협이 되는 강력한 전투부대의 힘을 외부로 돌려서 정치적 안정을 추구하기 위해서였습니다.

셋째, 오랜 기간 전쟁을 통해 다져진 강한 전투력으로, 조선과 명나라를 쉽게 정복할 수 있다는 착각에 빠져 있었죠. 특히 간첩을 통해 "조선은 200년 동안 전쟁이 없어서 제대로 된 군대도 없고, 무기도 총이 아닌 활이다"라는 정보를 입수하고 승리에 대한 확신을 가집니다. 일본은 명나라를 치기 위한 명분으로 '조선에 길을 열어달라'고 핑계를 대지만, 조선이 단칼에 거절하자 일본 역사상 최초의 원정 전쟁을 감행합니다.

당시 일본의 움직임에 기민하게 대응하던 류성룡은 그때의 일을 《징비록》에 자세하게 기록합니다.

 1588년, 도요토미 히데요시는 대마도를 다스리던 소 요시토시를 보내 조선통신사를 보내주기를 다시 요청했다. 소 요시토시는 고니시 유키나가의 사위로 도요토미 히데요시의 심복이었다. 우리 조정에서는 그의 요구에 응하자는 의견과 그에 반대하는 의견이 대립해서 결정을 내리지 못하고 있었다. 나는 임금께 "이 일을 서둘러 결정하셔서 두 나라 사이에 공연한 분쟁을 만들지 않도록 하시옵소서"라고 청했다. 이튿날 회의에서 여러 신하가 "통신사를 파견해서 그들의 동정을 살펴보고 오는 것이 좋은 계책입니다"라고 아뢰었다. 비로소 사신으로 보낼 사람을 지정하라는 어명이 내려왔다. 대신들이 첨지 황윤길과 사성 김성일을 각각 상사책임자와 부사부책임자로 추천하고, 전적 허성을 서장관으로 추천했다.

1590년 3월, 마침내 통신사 일행이 소 요시토시 등과 함께 일본으로 떠났다. 그때 소 요시토시는 공작 두 마리와 조총 등을 바쳤다. 우리나라에 조총이 들어온 것은 그때가 처음이다.

통신사는 1590년 4월 29일에 부산포에서 배를 타고 출발해 한 달 동안 대마도에 머물렀다. 대마도에서 소 요시토시는 우리 사신들을 초대해 연회를 베풀었다. 우리 사신들이 모두 연회장소에 앉아 있는데 소 요시토시가 뒤늦게 가마를 탄 채로 들어와서는 뜰 앞에 이르러 가마에서 내렸다. 이에 김성일이 화가 나서 말하기를 "대마도는 우리나라의 번신신하이다. 우리가 왕명을 받들고 왔는데, 어찌 감히 이렇게 무례하게 군단 말인가. 나는 이 연회를 받을 수 없다"하고는 자리를 박차고 나왔다. 그러자 소 요시토시는 가마를 메고 온 하인들에게 그 잘못을 덮어씌워 그들을 죽이고, 그들의 머리를 베어 가지고 와서 사죄했다. 이런 일이 있는 뒤로는 왜인들이 김성일을 공경하고 두려워해 더욱 극진히 대우하고, 그가 멀리서 바라보기만 해도 말에서 내렸다.

통신사는 7월 22일에야 일본의 수도에 도착했다. 그러나 도요토미 히데요시는 핑계를 대고 만나주지 않았고, 5개월 만에야 비로소 왕명을 전달할 수 있었다. 그들이 우리 사신을 대접할 때는 사신들이 가마를 탄 채로 그들의 궁궐에 들어와도 좋다고 허락했다. 그래서 날라리와 피리를 앞세우고 들어가서 예를 차렸다.

도요토미 히데요시는 왜소하고 못생겼으며 낯빛이 검어 보통 사람과 다르지 않았으나, 다만 눈빛만은 번쩍번쩍하여 어딘지 모르게 사람을 쏘아보는 것처럼 느껴졌다고 한다. 우리 사신을 영접할 때 그는 사모를 쓰고 검은 도포를 입었다. 연회에는 탁자에 떡 한 그릇이 놓여 있을 뿐이었다. 질그릇 사발에 술을 부어 돌렸는데 그 술은 탁주막걸리였다. 그 '예'라는 것이 매우 간략해 두어 번 술잔을 돌리고는 그만이었다. 절하고 읍목례하며 서로 술잔을 주고받는 절차도 없었다.

잠시 후에 도요토미 히데요시가 갑자기 일어나서 들어갔다. 얼마 후 그는 평상복 차림으로 어린애를 안고 나와 마루에 앉더니 우리나라 악공을 불러 여러 가지 음악을 성대하게 연주토록 했다. 갑자기 도요토미 히데요시는 어린애가 오줌을 쌌다고 웃으며 시중드는 사람을 불렀다. 그 광경은 참으로 예의가 없었다. 우리 사신은 그 자리를 물러 나온 후로는 다시는 도요토미 히데요시를 볼 수 없었다.

우리 사신이 돌아갈 때가 다가오는데도 도요토미 히데요시가 답서를 주지 않자, 김성일은 "우리는 사신으로서 국서를 받들고 왔다. 때문에 답서를 받지 않고 돌아간다는 것은 왕의 명령을 풀밭에 내버리고 가는 것과 같다"라고 항의했다. 얼마 후 답서가 겨우 오기는 했으나 그 내용이 거칠고 거만해 김성일은 몇 차례 수정을 요청한 뒤에야 받아서 떠났다.

통신사가 한양으로 돌아왔다. 임금께서 그들에게 물으시니 황윤길은 '반드시 전쟁이 일어날 것'이라고 대답했고, 김성일은 "신은 그러한 일이 일어날 징조를 보지 못했습니다"라고 했다. 내가 김성일에게 "그대의 말은 황윤길의 말과 다른데 만일에 전쟁이 일어나게 된다면 장차 어떻게 할 것인가?"하고 물었다. 그러자 김성일이 "저 역시 어찌 왜적이 끝내 움직이지 않을 것이라고 장담하겠습니까. 다만 황윤길의 말이 너무 지나쳐 사람들이 놀라고 당황할 것이므로 그 점을 우려해 그리 말했을 뿐입니다"라고 했다.

일본의 답서에는 "정명가도, 군사를 거느리고 조선을 뛰어넘어 명나라로 쳐들어가겠다"라는 내용이 적혀 있었다. 나는 "즉시 명나라 조정에 보고해야 될 것입니다"라고 주장했다. 그런데 영의정 이산해는 "명나라는 우리가 왜국과 몰래 내통한다고 여길 수도 있으니 차라리 덮어두는 것이 좋습니다"라고 했다.

그래서 나는 다음과 같이 주장했다. "하나의 국가로 존립하면서 이웃 나라와 왕래하는 것은 당연한 일입니다. 지금 이 사실을 알리지 않고, 명나라가 나중에 알게 되면 우리가 왜국과 내통한다고 의심할 것입니다." 조정에서는 내 의견에 찬성하는 사람이 많아서, 서둘러 김응남 등을 파견해 명나라에 보고했다. 이미 유구국대만은 명나라로 사신을 보내 왜국의 이런 소식을 보고했는데, 우리나라만 오지 않아 명나라 조정이 크게 의심하던 참이었다. 우리 사신이 명나라에 도착하자 명나라는 기뻐했고, 의심은 말끔하게 사라졌다.

1591년, 선조는 류성룡을 좌의정으로 승진시키고 이조판서를 겸직시켜 전쟁 준비를 맡깁니다. 좌의정은 국가 서열 3위이고, 이조판서는 신하들의 인사권을 가진 막강한 권력자였습니다.

류성룡은 이순신과 권율을 전시에 활약할 지휘관으로 판단하고, 선조에게 강력하게 추천을 합니다. 1591년 2월 13일, 이순신은 전라좌수사에 임명되고, 권율은 7월 13일에 의주목사로 임명되어 전방으로 떠납니다. 류성룡은 명나라와 맞댄 육지 국경에는 권율을, 일본이 쳐들어오는 해상 국경에는 이순신을 배치했습니다. 그리고 바다에서 왜적을 가장 먼저 맞이할 이순신에게 군사작전과 전략을 담은 《증손전수방략》을 지어서 보냅니다.

이순신의 전투 준비와 거북선

1592년 1월 1일, 이순신은 다가올 전쟁을 직감하고 일기를 쓰기 시작합니다. 전라좌수사로 여러 섬을 다니면서 방어 시설, 전투 무기, 전투태세를 철저하게 점검했습니다.

이순신은 고단한 하루의 임무를 마치고 어둠이 내리면 홀로 앉아 그날의 중요한 일들을 되새기며, 붓을 들어 자신만의 역사를 기록했습니다.

난중일기 속으로 1592년 1월 16일. 맑음. 방답여수의 방어진지의 군관들과 아전들이 군함을 수리하지 않아 곤장을 때렸다. 우후보좌관와 가수지방 관리가 점검하지 않아 이 지경에 까지 이르렀으니 몹시 한심한 일이다.

1592년 2월 4일. 맑음. 북쪽 봉우리의 봉화대를 쌓는 곳에 올라가 보니, 축대 자리가 매우 튼튼해 보였다. 이봉수가 노력했음을 알 수 있었다. 저녁때 내려와 성을 방어하기 위해 파놓은 해자 구덩이를 살펴보았다.

1592년 2월 13일. 맑음. 전라 우수사 이억기의 군관이 왔기에 화살대 큰 것과 중간 것 100개와 쇠 50근을 보냈다.

1592년 2월 15일. 바람이 몹시 불고 비가 많이 내림. 석공들이 새로 쌓은 해자 구덩이가 많이 무너져서 이들을 매우 벌하고 다시 쌓게 했다.

1592년 2월 22일. 아침에 공무를 본 뒤에 고흥 녹도로 떠났다. 먼저 흥양 전선소군함을 만드는 곳에 이르러 배와 기구 등을 몸소 점검하고, 녹도로 가서 새로 쌓은 봉우리 위에 올라섰다. 만호진지의 지휘관가 애쓴 흔적이 역력했다.

1592년 2월 25일. 흐림. 여러 면에서 전쟁에 관한 방비가 부족하다. 이에 군관과 색리들에게 벌을 주고 첨사를 잡아들이고 교수수령 아래 벼슬아치를 보냈다. 이곳의 방어 준비가 다섯 포구 가운데에서 제일 잘못되었는데도 순찰사가 포상하라고 해서 죄를 조사하지 못했으니 참으로 우스운 일이다. 바람이 세게 불어 배를 출항할 수가 없었으므로 거기에 머물렀다.

1592년 2월 27일. 흐림. 아침에 점검을 끝낸 뒤에 북쪽 봉우리에 올라가서 지형을 살펴보았다. 외딴섬이라 사방에서 왜적의 공격을 받을 수 있고, 성과 해자가 매우 엉성해 몹시 걱정이 된다. 첨사가 노력하기는 했지만, 아직 방어 시설을 갖추지 못했으니 어찌하겠는가.

1592년 3월 6일. 맑음. 아침 식사를 마친 뒤에 군사와 무기를 점검했다. 파손된 활, 갑옷, 투구, 화살통, 칼이 많아 색리무기 담당자, 궁장활 제작자, 감고무기 창고 관리자 등의 죄를 문책이유를 묻고 벌주는 것했다.

이순신은 전투 준비를 거짓으로 보고하는 부하들을 찾아서 문책하고, 이를 바로잡는 피곤한 일상에 심한 스트레스를 받고 점점 몸이 상하기 시작했습니다.

난중일기 속으로 1592년 3월 20일. 몹시 비가 쏟아짐. 각 지역의 재정 상태를 살펴보았다. 순천 관내를 수색하고 검토하는 일을 기한 내에 마치지 못했기 때문에 대장, 색리, 도훈도 등을 문책했다. 사도 첨사 김완은 혼자서 수색을 모두 끝냈다고 했다. 또 반나절 동안에 대평도, 소평도, 이로도를 모두 수색하고 돌아갔다고 했는데 거짓말이다. 이 일을 바로잡기 위해서 흥양 현감과 사도 첨사에게 공문을 보냈다. 몸이 매우 불편해 일찍 들어왔다.

당시 이순신은 세계 최초의 철갑선인 거북선을 연구하고, 제작하고 있었습니다. 철갑으로 덮인 상판, 용머리 대포 등 혁신적인 기술을 도입해 바다 위의 요새인 거북선을 구축하고, 거북선의 효과를 극대화하는 작전을 수립해 압도적인 승리를 준비하고 있었죠. 마침내 3월 27일 거북선을 바다에 띄워서 시범사격까지 성공합니다.

난중일기 속으로 1592년 2월 8일. 맑았으나 바람이 세게 붊. 거북선에 쓸 돛베

29필을 받았다.

1592년 3월 27일. 맑고 바람조차 없음. 일찍 아침 식사를 마친 뒤에 배를 타고 소포로 나가서 쇠사슬을 가로질러 매는 것을 감독하고, 하루 종일 기둥 나무를 세우는 것을 바라보았다. 또 거북선에서 대포를 쏘는 것을 시험했다.

조선군의 대포와 화약무기
이미지 출처 : 국립중앙박물관, 전쟁기념관

휘몰아치는 폭풍 속에서

속수무책으로 당하는 조선,
그리고 이순신의 첫 승리

1592년 4월 12일, 이순신은 거북선을 타고 바다에서 기동하고, 지자총통과 현자총통를 쏘는 훈련을 하면서 거북선의 진수식을 대신합니다. 진수식은 '새로 만든 배를 바다에 띄우고 안전을 기원하는 의식'입니다. 공교롭게도 이순신이 완벽한 전투 준비를 마친 다음 날, 일본군이 부산포에 상륙하면서 전쟁이 시작되었습니다.

징비록 속으로 4월 13일, 왜적의 군함이 대마도로부터 새까맣게 바다를 덮으며 몰려와 그 끝이 보이지 않을 정도였다.… 왜적은 이미 부산에 상륙해 사방에서 구름같이 모여들었고 (정발이 지키던 부산진성)은 삽시간에 함락되고 말았다.

15일, 동래성에 도착한 고니시는 모든 성문을 틀어막은 후에, 동래성 부사 송상현에게 '싸우고 싶지 않으니 길을 비켜달라'고 하죠. 송상현은 죽음을 각오하고 비장하게 말합니다.

"싸우다 죽더라도, 길을 비켜 줄 수는 없다."

일본군의 공격이 시작되었고, 송상현은 군사들을 지휘해 끝까지 전투를 벌였지만 전사하고 말았습니다.

징비록 속으로 왜인들은 송상현이 목숨을 걸고 성을 지키려 한 정신을 높이 사 그의 시체를 관에 넣어 성 밖에 묻고는 표지를 세워주었다. 동래성이 무너지자 다른 고을은 소문만 듣고도 무너지기 시작했다.

이후 조선의 장수와 군사들은 싸워 볼 생각조차 하지 못하고 두려움에 떨면서 순식간에 흩어져버렸습니다. 고니시는 아무런 저항도 없이 밀양과 대구를 거쳐서 빠르게 문경까지 올라왔습니다.

4월 17일, 경상 좌수사 박홍이 도망가면서 쓴 〈일본군의 침략과 경상도 함락〉에 관한 장계가 조정에 도착했습니다.

징비록 속으로 박홍이 올린 장계에는 "높은 곳에 올라가 바라보니 붉은 깃발이 성안에 가득했고 그것을 보고 성이 함락된 줄 알았습니다"라고 되어 있었다. 그것은 곧 부산포가 함락되었음을 뜻하는 것이다.

장계를 본 선조는 경악했고, 즉시 류성룡을 전시 사령관인 '체찰사'

로 임명했죠. 선조와 류성룡은 먼저 이일을 경상도로 보내서 방어하기로 결정합니다. 당시 조선의 최고 장군은 신립이었고, 두 번째가 이일이었습니다. 이때만 해도 이순신과 권율은 전투 전이어서, 백성들이 이름조차 모를 때였죠.

조선 최고 장군들의 어이없는 패배

 이일은 한양에서 정예 군사 300명을 거느리고 가려고 했다. 그러나 병조에서 선발한 병사들은 대부분 집에서 살림하던 사람들이거나 유생과 아전뿐이었다. 유생과 아전을 모아 점검을 해보니 유생들은 갓을 쓰고 글 짓는 종이를 들고 있었다. 병사로 뽑히는 것에 불만을 품은 사람들로 뜰이 가득 찼다. 그래서 이일은 명령을 받은 지 사흘이 지나도록 출발하지 못했다.

당시 조선의 국방 수준을 여실히 보여주는 장면입니다. 결국 이일은 군사도 없이 허둥지둥 경상도로 떠났습니다. 류성룡은 신립과 대책을 의논하기 위해 달려갔습니다.

 내가 신립에게 "적이 이미 깊이 쳐들어왔으니 사태가 위급하게 되었소, 장차 어떻게 해야 하겠소?"라고 묻자, 신립은 "이일이 전방에 나가 있으나 그를 지원할 후속 부대가 없습니다. 비록 체찰사류성룡께서 내려가시더라도 직접 싸우는 장수는 아니십니다. 먼저 용맹한 장수를 내려가게 해서 이일을 지원할 계책을 세우는 것이 좋지 않겠습니까?"라고 했다. 가만히 보니, 신립 자신이 가서 이일을 지원하겠다는 것이었다. 내가 임금을 뵙고 보고를 하니, 임금께서는 신립을 도순변사지역의 국방을 책임지는 특사로 삼았다.

신립은 즉시 대궐을 나가서 직접 군인을 모집했지만 그를 따르는 사람이 없었어요. 신립은 실망하여 류성룡을 찾아왔는데, 뜰에 모인 많은 군인을 보고 무척 화가 난 표정이었습니다. 자신이 모집할 때는 오지 않던 군인들이, 류성룡이 모집하니까 모였던 거죠. 평소 신립은 성격이 거친 데다 아랫사람을 잔인하게 다뤄서 부하들이 싫어했습니다.

 나는 신립이 군사들을 모집해도 자신을 따라나서는 사람이 없어 화가 난 것을 알고 웃으면서 "다 같은 나랏일이니 어찌 이것이니 저것이니 따지겠소. 공은 이미 갈 날이 급하니 내가 모아둔 군관들을 먼저 데리고 떠나시오. 나는 따로 모집해서 따라가겠소"라고 말했다.
그러면서 군관 명단을 그에게 내어주니 신립은 뜰 안에 모여 선 군사들을 돌아보면서 "이리 오너라"하고는 이끌고 나가는데, 군사들은 모두 실망에 찬 기색이었다. 신립이 떠나려 하자 임금께서는 보검을 내려주며, "이일 이하의 장수 중에 그대의 명령을 따르지 않는 사람이 있거든 이 칼을 쓰시오"라고 말씀하셨다.

한편, 이일은 문경을 거쳐서 상주에 도착했습니다. 상주목사^{시장}였던 김해는 산속으로 도망가서 없었고, 김해 밑에서 일을 보던 권길이 홀로 남아 고을을 지키고 있었습니다. 이일은 군인들을 집합시켜 두지 않았다는 이유로 권길의 목을 베려고 했습니다.

"제발 살려만 주시면 제가 당장 군인들을 불러 모아 오겠습니다."

권길은 밤새도록 산골짜기를 다니면서 숨어있던 농부들을 달래서 수백 명을 데리고 내려왔어요. 그렇게 수백 명의 군대가 급조되었지만 무기 하나 없는 농부들이었습니다. 그날 저녁에 지역 주민이 이일을 찾아왔습니다.

"장군! 일본군이 마을 근처까지 와 있습니다."

"네 이놈! 가짜 정보를 퍼뜨려서 사람들의 마음을 어지럽히느냐? 당장 너의 목을 치겠다."

"그럼 우선 저를 옥에 가두었다가 내일 아침까지 적군이 오지 않으면, 그때 죽여 주십시오."

이일은 부대 주둔지에서 적의 상황을 미리 정찰하는 척후병을 세우지 않았기 때문에 적의 위치를 파악할 수가 없었어요. 그리고 다음 날, 이일은 아침까지 적이 오지 않았다는 이유로 그의 목을 베어 사람들에게 돌려보게 했습니다.

이일이 목을 베고 잠시 후에 일본군이 총을 쏘면서 대대적으로 몰려왔고, 이일의 부대는 화살을 날려 보았지만 일본군까지 닿지 않았습니다. 처음 들어보는 총소리에 놀라고, 그 총에 속수무책으로 죽어가는 사람을 보면서 급조된 농부 병사들은 도망치기 시작했어요. 그러나 얼마 못 가서 모두 적군에게 살해되었습니다. 이일은 재빠르게 적의 표적이 되는 장군복을 벗어 던지고, 노비처럼 머리까지 풀어 헤치고 알몸으로 달아났습니다. 도망가던 중에 신립의 부대가 충주에 있다는 소식을 듣고 충주로 달려갔죠.

 신립이 이일 등의 장수를 불러 모두 충주로 오도록 했는데, 험준한 조령을 버리고서 지키지 않았을 뿐만 아니라 호령만 번거롭고 요란스러워, 보는 사람들은 그가 반드시 패전할 것이라고 예상했었다.

신립과 평소에 친한 군관이 '적군이 벌써 조령을 넘었다'고 보고했는데, 이 말을 듣고 신립이 갑자기 성 밖으로 뛰쳐나가자 군사들이 매우 술렁대었다. 그는 밤이 깊은 뒤에야 몰래 객사로 돌아와, 다음 날 아침에 군관이 거짓말을 했다 하여 끌어내 목을 베고 임금께 장계를 올리기를 '적군이 아직 상주를 떠나지 않았습니다'라고 했으나 적군은 이미 10리4킬로미터 안에 와 있었다.

신립은 군사를 거느리고 탄금대 앞 두 강물 사이에 나가 진을 쳤는데, 이곳은 주변에 논이 있고 물과 풀이 서로 얽혀 있어 사람이나 말이 달리기에 불편한 곳이었다. … 신립은 어쩔 줄 모르고 말을 채찍질해서 몸소 적진에 돌진하고자 두 번이나 시도했으나, 결국 쳐들어가지 못하고 되돌아와서 강물에 뛰어들어 죽었고, 여러 군사도 모두 강물에 뛰어들었다. 시체가 강물을 덮고 떠내려갔다.

 옛 사람들이 말하기를 "장수가 병법을 알지 못하면 그 나라를 적군에게 내주는 것이다"라고 했다. 지금에 와서 비록 후회한들 무슨 소용이 있으랴마는, 그래도 훗날의 교훈은 될 수 있어 상세히 기록해 두는 것이다.

당시 조선은 왜 이렇게 무기력했을까요?

1592년의 임진왜란은 1392년 조선 개국으로부터 정확히 200년 만에 일어나죠. 그 200년 동안 조선에는 북방의 이민족과 소소한 전투만 있었지 전쟁이 없었어요. 그러니 전투 경험이 있는 군대 지휘관도 거의 없었고, 훈련된 정예병사와 체계적인 전쟁 계획도 없었습니다.

게다가 조선은 전쟁이 나면 농사를 짓던 농부가 병사로 입대해 싸우는 '병농일치제'였어요. 그래서 전투력도 약했고, 무엇보다 전시에 모집이 잘되지 않았습니다.

역사상 한반도의 전쟁은 언제나 중국과 북방 이민족의 침략으로 시작되었는데, 남쪽에서 일본이 침략하리라고는 상상하지 못했죠.

한편, 당시 일본군은 100년 동안 내전을 치르면서 강력한 군대로 거듭났고, 조총을 주력 무기로 사용하여 활과 같은 전통 무기로 싸우는 조선과는 전투력에서 상대가 되지 않았습니다.

신립과 이일은 조선을 대표하는 장군들이었지만, 주둔지에서 척후병을 운영해 적의 정보를 파악하는 등의 기본적인 군사 전술도 몰랐고, 부하를 이끄는 리더십도 없었습니다.

신립과 이일이 패배하면서 조선의 육군은 순식간에 붕괴하고 말았습니다. 이 소식을 들은 선조는 주체할 수 없는 두려움에 휩싸여서 4월 30일, 수도 한양을 버리고 허겁지겁 북쪽으로 달아납니다. 5월 2일, 고니시 부대가 한양에 무혈입성하면서 조선은 전쟁이 일어난 지 19일만에 수도를 빼앗기는 치욕을 당합니다.

조선의 멸망을 바로 앞에 둔 그때, 왜적의 배로 새까맣게 뒤덮인 조선의 바다에 이순신이 은밀히 군함을 띄웁니다.

조선의 바다에 휘몰아치는 폭풍전야

이순신에게 부산이 함락되었다는 충격적인 공문이 날아듭니다.

난중일기 속으로 4월 15일. 맑음. 해가 질 무렵 경상우수사 원균에게서 공문이 왔는데, "왜선 90여 척이 부산 앞 절영도에 정박했습니다"라고 쓰여 있었다. 이와 동시에 경상좌수사 박홍에게서도 공문이 왔는데, "왜적 350여 척이 이미 부산포 건너편에 도착했습니다"라고 쓰여 있었다. 그래서 즉시 장계를 올리고 순찰사 이광, 병마도절제사 최원, 우수사 이억기에게도 공문을 보냈다.

경상 관찰사 김수에게서도 공문이 왔는데 역시 이와 같은 내용이었다.

 4월 18일. 아침에는 흐림. 오후 2시경에 원균의 공문이 왔는데, "동래도 함락되었고, 양산 조영규, 울산 이언함 두 군수도 모두 패했습니다"라고 쓰여 있었다. 정말로 분하고 원통해 말을 할 수가 없다. "또 병마절도사 이각, 수사 박홍이 군사를 이끌고 동래 뒤쪽에 이르렀다가 즉시 회군도망했습니다"라고도 쓰여 있으니 더욱 가슴 아픈 일이다.

5월 1일, 이순신은 전라좌도의 수군들을 모두 집결시키고 본격적인 전투 준비에 들어갑니다.

 5월 1일. 수군이 모두 앞바다에 모였다. 방답 첨사 이순신동명이인, 흥양 현감 배흥립, 녹도 만호 정운 등을 불러들였다. 모두 분노해 목숨을 바치고자 하니 실로 의사들이라 할 만하다.

 5월 2일. 맑음. 송한련이 남해에서 돌아와서, "남해 현령, 미조항 첨사, 상주포 만호, 곡포 만호, 평산포 만호 등이 하나같이 왜적에 관한 소문을 듣고는 벌써 달아나 버렸고, 무기도 많이 버려서 남은 것이 거의 없습니다"라고 했다. 참으로 놀랍고도 놀랄 일이다.
정오에 배를 타고 바다로 나가서 진을 치고 여러 장수와 함께 왜적을 물리치자고 약속했는데, 모두 기꺼이 싸울 뜻을 내비쳤다. 그런데 낙안 군수 신호가 피하려 하는 것 같아 한탄스럽다. 군법이 있는데 피하려 한들 그게 될 법한 일인가. 이날 저녁에 암구호는 '용호'라고 하면, 대답은 '산수'라고 했다.

당시 전라좌수영은 일본과 해상 국경을 맞대고 있는 지역 중에는 관할구역이 가장 작았고, 그에 따라서 군대 규모도 가장 작았습니다. 지금은 경상남도, 경상북도, 전라남도, 전라북도처럼 남북으로 지역을 구분하지만, 조선 시대에는 임금이 한양에서 바라보는 시선대로 맨 왼쪽에는 경상좌도 그리고 오른쪽으로 가면서 경상우도, 전라좌도, 전라우도 순으로 지역 이름을 지었습니다.

이순신이 담당한 전라좌도는 5관5포를 관할하고 있었고, 사령부 역할을 하던 전라좌수영은 여수에 있었어요.

전라우수영은 8관나주목, 영광군, 함평현, 영암군, 해남현, 무안현, 진도군, 장흥도후부, 13포목포, 임치진, 다경포, 법성포, 검모포, 군상포, 가리포, 회령포, 마도, 이진, 어란포, 금갑도, 남도포로 전라좌수영보다 관할구역이 훨씬 컸기 때문에 군사 규모도 컸습니다.

이순신은 주력 군함이었던 판옥선 28척과 작은 전선 몇십 척 밖에 없었기 때문에, 전라우수사 이억기 함대와 함께 출정하려고 기다리고 있었습니다. 그러나 이억기 함대는 결국 오지 않아 단독 출정을 감행합니다.

난중일기 속으로 5월 3일. 가랑비가 오전 내내 내림. 전라우수사 이억기가 수군

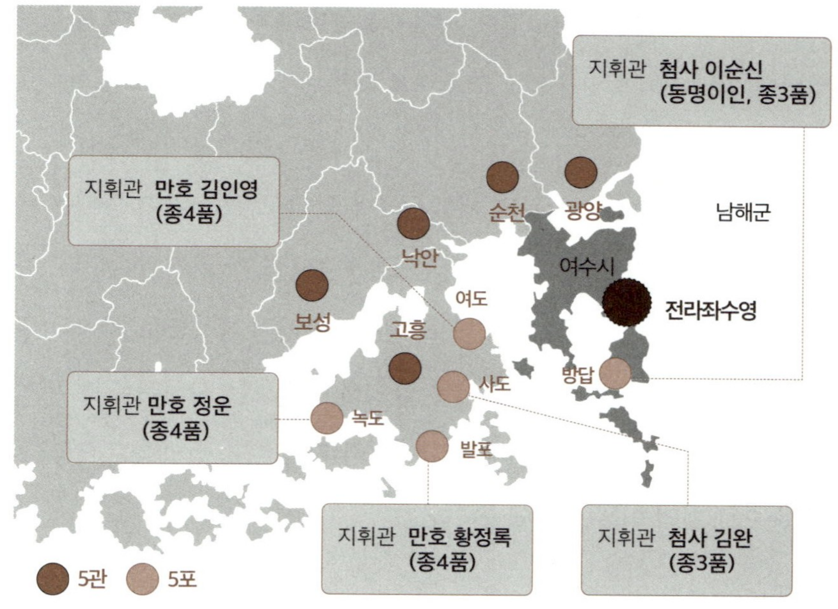

전라좌수사 관할 구역(5관5포)

을 이끌고 와서 합류하기로 약속했다. 방답의 판옥선이 오는 것을 보고 이억기가 오는 것이라고 여기며 기뻐했다. 그러나 그것은 방답의 배여서, 실망을 금치 못했다. 조금 뒤에 녹도 만호 정운이 만나자고 하기에 불러들였다. "우수사는 오지 않고 왜적은 점점 한양 가까이 다가오니 통분한 마음을 이길 길이 없거니와 만약에 기회를 늦추다가는 후회를 해도 소용이 없습니다"라고 했다. 내일 새벽에 떠날 것을 약속하고 곧 임금에게 장계를 썼다.

"원컨대 한번 죽음으로써 나라의 부끄러움을 조금이나마 씻으려 하옵니다. 신은 승전과 패전에 대해서는 미리 생각하지 않고, 용기 있게 출정하겠습니다."

5월 4일, 아직 해가 뜨지 않은 캄캄한 새벽에 이순신은 전라좌수영 전체 병력을 군함에 나눠 태우고, 자신의 관할구역을 넘어서 경상도 앞바다로 출정을 떠났습니다.

난중일기 속으로 5월 4일. 맑음. 어두운 새벽에 출정해 곧바로 미조항남해군 미조리 앞바다에 이르러 부하 장수들에게 지시를 내렸다. 우척후오른쪽 정찰대장 김인영, 우부장오른쪽 부대장 김득광, 중부장중앙 부대장 어영담, 후부장후방 부대장 정운 등은 오른편에서 가이도로 들어가서 왜적을 찾아 치기로 하고 그 나머지 대장선들은 모두 평산포, 곡포, 상주포, 미조항을 지나기로 했다.

이순신은 5월 5일부터 5월 28일까지 전투를 수행했기 때문에 일기를 쓰지 않았습니다. 이순신은 장계를 통해 선조에게 전투 결과를 보고하는데, 그 기록이 모두 남아있기에 이순신의 실제 전투 상황을 자세히 알 수 있습니다.

이순신이 선조에게 보낸 장계에 따르면, 이순신의 함대는 판옥선 24척, 협선 15척, 포작선고기잡이 배 46척으로 총 85척을 거느리고 출정했습니다. 병력은 판옥선 24척에 3,200명, 나머지 배에 400명 승선하여 3,600명 정도로 추정됩니다.

판옥선은 조선 수군의 주력 군함으로 2층 구조에 길이는 약 30미터, 너비는 약 10미터였고 1층은 노 젓는 공간, 2층은 전투 갑판으로 구성되었습니다. 탑승 인원은 평균 130명 정도였고, 지휘관과 포수 10명, 격군 80명, 전투병 40명 정도였어요. 판옥선의 무기는 천자총통과 지자총통 등 10여 문의 화포가 탑재되어 있었습니다.

판옥선에 대응하는 일본 주력 전투함은 안택선아타케부네, 세키부네입니다.

안택선은 길이 35미터의 2층 구조로, 약 200명 정도 탑승했고, 기와집을 한 채 얹어서 바다 위의 성이라고 불렸습니다. 세키부네는 60명 정도 탑승하고 선체가 가벼워 기습 작전에 특화되어 있었습니다.

일본 수군의 기본 전술은 화포를 장착하지 않고, 적의 배에 가까이 댄 다음에 올라타서 백병전으로 승부를 내는 '등선육박술'이었습니다. 그리고 전투함을 가벼운 삼나무로 제작해 빠르게 이동하는 반면에 충돌하면 쉽게 부서지는 단점이 있었습니다. 일본은 명나라와 조선의 해변마을에 상륙해 노략질하고 빠르게 도망치는 데 특화된 배를 만들었던 것이죠.

전쟁의 판세를 뒤집은 이순신의 첫 승전

여수 바다를 떠난 이순신은 몇 시간 만에 남해의 미조항에 도착했는데, 이미 백성들은 모두 피난하여 텅 비어 있었습니다.

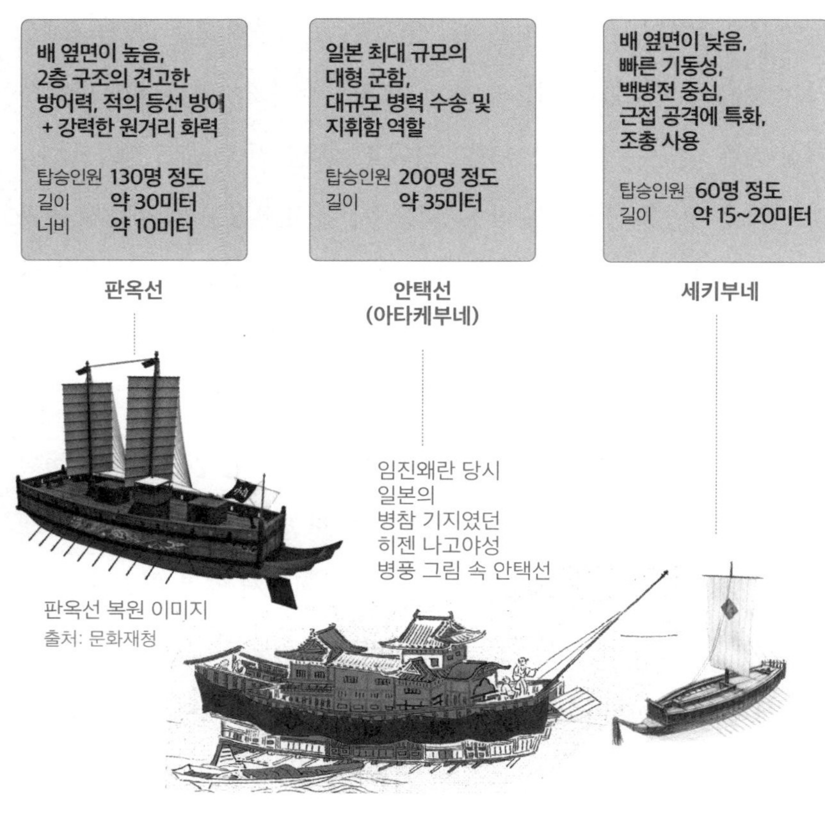

판옥선 vs 안택선과 세키부네

5월 6일, 이순신의 함대는 당포에 도착했습니다. 그곳에서 원균과 합류하기로 약속했지만, 원균은 오지 않았습니다. 이순신은 빠른 포작선을 원균에게 보내서 출정을 재촉했습니다.

이후 원균이 왔는데, 이순신은 큰 충격을 받았습니다. 달랑 판옥선 1척을 몰고 왔기 때문이었죠.

경상우수영의 관할 지역은 8관 16포로, 고대부터 일본과 명나라로 가는 중요한 항로였기 때문에 조선 최대의 수군기지였습니다. 당연히 가장 많은 수군 전력을 보유하고 있었죠. 한 달 전만 해도 전라좌수영과 전라우수영을 합친 것보다 많은 판옥선을 보유하고 있었는데, 원균은 어차피 싸워봐야 질 거라 생각해서 일본군이 활용하지 못하도록 판옥선에 구멍을 내고 모두 바닷속에 가라앉혀 버렸습니다.

이순신 함대가 왔다는 소식이 전해지자 흩어졌던 원균의 부하들이 3척의 배를 타고 합류했습니다. 이로써 총 28척의 판옥선 함대가 꾸려졌습니다. 이순신은 적들이 있는 곳을 찾기 위해서 배가 정박할 수 있는 모든 섬과 항구에 척후병을 보내 치밀하게 정보를 수집했습니다. 척후병들은 포작선이라고 부르는 작고 빠른 고기잡이 배에 타고 빠르게 움직이면서 정보 활동을 펼쳤어요.

마침내 거제도 옥포 앞바다에서 척후병이 적 함대를 발견하고, 신기전세종 때 발명된 로켓무기을 쏘아 올렸습니다. 조선군은 바다에서 적을 발견하면 신기전으로 그 사실을 알렸습니다.

왜적 50여 척은 옥포에 정박하고 거제도에서 무자비한 살인과 약탈을 저지르고 있었죠. 적 함대의 지휘관은 일본에서 수군 전략가로 큰 명성을 떨치던 도도 다카토라였습니다.

이순신은 전全 함대에 '함부로 움직이지 말고 산같이 정중하라'는 명령을 내리고 은밀하게 침투 작전을 시작합니다. 어느새 이순신 함대는 옥포에 정박해 있는 도도 다카토라의 함대를 완전히 에워싸서 포위했습니다. 뒤늦게 이순신 함대를 발견한 도도 다카토라는 신속히 승선해서 전투 준비를 하라는 명령을 내리죠.

전쟁 이후 조선의 군함을 처음 마주한 도도 다카토라는 매우 당황하면서, 병사들에게 조총 사격을 준비시킵니다. 그러나 이순신의 함대는 조총 사거리까지 접근하지 않고, 적 함대를 포위한 채 갑자기 배를 옆으로 돌립니다.

"콰아앙!"

순간 바다를 통째로 뒤흔드는 천둥 같은 포성이 터지고, 곧이어 하늘에 수백 개의 포탄이 일본의 함대를 향해 날아갔습니다. 도도 다카토라는 이 광경을 보고도 믿을 수 없었습니다. 안택선은 박살 나기 시작했고, 일본군의 비명과 울부짖는 소리가 옥포만灣을 가득 메웠죠. 도도 다카토라와 일본 근인들은 처음 보는 조선 함대와 화포 공격에 공황 상태에 빠져서 완전히 혼이 나가 버렸습니다.

일본 수군의 기본 전술은 적 군함이 조총 사거리에 들어오면 집중사격을 가하고, 이후 적 군함에 올라타서 백병전을 펼치는 '등선육박술'이었습니다. 그 때문에 이순신의 전술처럼 조총 사거리에 접근하지 않고, 멀리서 함포로 공격하면 속수무책으로 당할 수밖에 없었습니다.

냉정하게 전장을 지켜보던 이순신이 신호를 내리자 침투에 특화된 작고 빠른 협선 수십 척이 적 군함에 접근하여 동시에 수백 발의 불화살을 날렸습니다. 불꽃놀이를 하듯 일제히 불화살이 날아올라서 일본 군함의 여기저기에 내리꽂혔습니다. 순식간에 불길이 일본 군함을 집어삼키자, 검붉은 연기 속에서 일본 군인들이 뛰쳐나와서 그대로 바다에 몸을 던졌습니다. 불을 피해 뛰어든 바다는 그들의 거대한 무덤이 되어버렸지요.

도도 다카토라는 운 좋게 살아남은 20여 척의 군함을 이끌고 목숨을 건 탈출을 시도해 가까스로 옥포를 빠져나왔습니다.

이순신의 함대는 단 1명의 전사자, 단 1척의 군함도 잃지 않았습니

옥포해전

다. 반면에 도도 다카토라 함대는 26척의 군함이 침몰했고, 무려 4,080명의 전사자가 발생했습니다. 이순신의 완전한 승리이자, 조선 수군의 첫 승리였습니다. 승전의 함성이 바다를 메우고, 이순신의 군관과 병사들은 서로를 끌어안고 만세를 외쳤어요. 그들은 살았다는 안도감과 조선의 바다를 지켜냈다는 벅찬 감격의 눈물을 흘렸습니다.

이순신은 전열을 가다듬고, 휴식을 위해 영등포로 이동하기로 합니다. 먼저 함대의 이동경로에 적이 있는지 파악하기 위해 포작선을 보냈죠. 이순신은 함대를 이끌고 기동할 때 항상 척후병을 먼저 보내서 적 동향을 살폈습니다. 안전하다고 판단할 때 그때 신중하게 움직였어요.

그때, 합포 지역에서 신기전이 올라왔습니다. 신속하게 합포로 출동한 이순신 함대를 발견한 일본군은 함선을 버리고 육지로 도주했습니다. 이순신 함대는 일본 군함 5대를 정조준하여 화포 사격을 가했고, 미처 도망가지 못한 일본군 490여 명은 군함과 함께 바다에 수장되었습니다. 이것이 합포해전입니다.

5월 7일, 이순신은 옥포해전, 합포해전에서 2번의 승전보를 올립니다. 이순신 함대는 남포로 이동해서 꿀맛 같은 휴식을 취하죠. 그리고 새벽에 부하들을 깨워서 고성으로 이동합니다. 이순신은 적에게 발각되지 않으려고 항상 어둠이 바다를 완전히 뒤덮을 때 움직였습니다. 휴식을 취하더라도 해뜨기 전 새벽에 반드시 다른 곳으로 이동해 안전을 확보했어요.

고성 방향으로 향하던 이순신은 적진포에서 일본 군함 11척을 발견합니다. 이순신은 화포 사거리까지 접근한 다음에 조용히 배를 옆으로 돌립니다. 화포가 동시에 불을 뿜자, 11척의 군함은 삽시간에 불길에 휩싸여 바닷속으로 가라앉았습니다. 배에 타고 있던 일본군 2,840명도 같이 사라졌습니다.

이순신은 1차 전투에서 일본 군함 42척을 침몰시키고, 적군 7,410명을 조선의 바다에 수장시켰습니다. 이순신의 함대는 단 1명의 사망자, 단 1척의 군함도 잃지 않은 완벽한 승리를 이뤘습니다.

이순신은 여수로 복귀 후에 선조에게 옥포에서 일본군을 격파한 장계 〈옥포파왜병장〉를 작성해서 보고합니다.

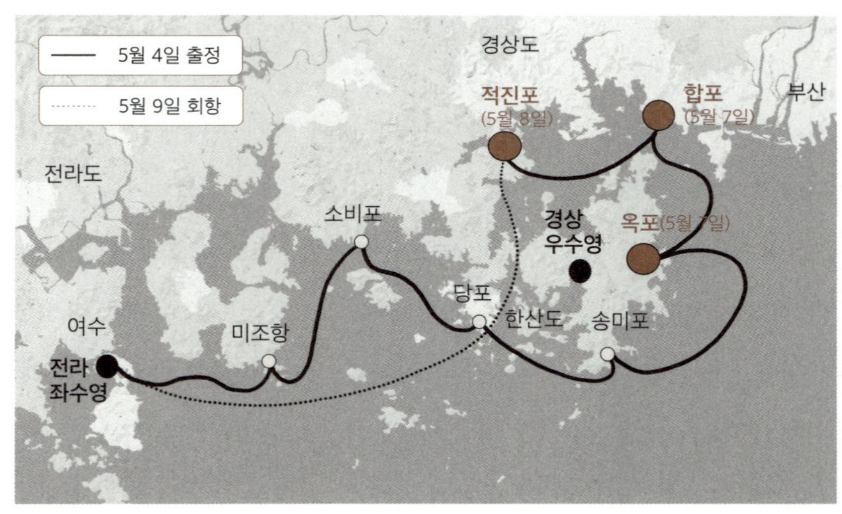

이순신 1차 출정

출처 / 참고 이미지 : 현충사

삼가 적을 무찌른 일로 아뢰나이다.

7일 새벽 옥포 앞바다에 이르니… 왜선 30여 척이 옥포에 나뉘어 정박해 있었습니다.

큰 배는 사방으로 온갖 무늬를 그린 비단휘장을 둘러쳤고, 그 휘장 주변으로는 대나무 막대기를 꽂아 놓았으며, 붉은색과 흰색의 작은 깃발들을 어지럽게 매달아 놓았는데, 깃발 모양은 마치 펄럭이는 천이나 매달린 등燈 모양이었는데 모두 무늬 있는 비단으로 만들었으며, 바람 따라 펄럭거려서 바라보니 눈이 어지러울 지경이었습니다.

신이 거느린 여러 장수는 한마음으로 분발하여 모두 죽을힘을 다하니 또 배 안에 있던 관리와 군사들 또한 그 뜻을 본받아 서로 격려하며 죽음을 각오하고 공을 세우려 했습니다.

그리하여 양쪽으로 에워싸고 대포와 화살을 쏘아대기를 마치 바람처럼 천둥처럼 했습니다. 적들도 조총과 화살을 쏘아대다가 기운이 다 떨어지자 배에 싣고 있던 물건들은 바다에 내던지기에 정신이 없었는데, 화살에 맞은 놈은 부지기수였고, 바닷속으로 뛰어들어 헤엄쳐서 달아나는 놈이 매우 많았습니다.

좌부장인 낙안 군수 신호는 왜적의 큰 배 1척을 쳐부수고… 후부장인 녹도 만호 정운은 왜적의 중간 배 2척을 쳐부수었고, … **부하 16명의 공적과 경상도 수군의 공적이 계속 이어짐**

순천 대장 유섭은 적의 큰 배 1척을 깨부수고 4~5세의 우리나라 여자아이 1명을 구출하고, 보성 군수 김득광도 14세의 우리나라 소녀를 구출했습니다. 순천과 보성 등의 관리에게 특별히 보호하고 보살펴 주라고 당부했습니다. 흉악한 도적의 해독이 이렇게 심하게 되어 이미 많은 사람이 마구 죽임당했고, 또한 납치하고 재물을 빼앗았기에 백성의 씨가 말랐습니다.

모두 합하여 왜적의 배 26척을 총통으로 쏘아 맞혀 깨뜨리고 불태웠는데, 온 바다에서 불꽃과 연기가 하늘을 뒤덮었습니다. [46]

너무 길어서 여기에 전부 인용하지는 못했지만, 이순신은 부하들의 공적을 한 명도 빠짐없이 아주 길게 작성해서 보고했습니다. 이것은 이순신 장계의 특징으로, 말단 병사와 노비의 공적까지도 자세히 보고해서 그들이 포상을 받고 노비에서 해방되도록 도왔습니다. 그래서 이순신의 부하들은 원균의 부하들보다 승진이 빨랐고, 노비에서 풀려나 신분 상승을 한 사람도 많았습니다.

5월 9일, 이순신 함대는 무사히 전라좌수영이 있던 여수로 돌아옵니다. 군인 가족들은 함대가 떠난 5월 4일부터 제대로 먹지도 잠을 자지도 못했습니다. 우리 아빠, 우리 삼촌, 우리 아들, 우리 조카가 '제발 살아서 돌아오길' 간절하게 빌고 또 빌었거든요.

함대가 항구에 정박하고, 단 1명의 전사자도 없단 소식을 전해 들은 가족들은 서로 끌어안고 뜨거운 눈물을 흘렸습니다. 그날의 간절함과 감동이 얼마나 컸으면 지금도 여수에서는 매년 5월 초가 되면 이순신

<h2 align="center">이순신의 1차 전투결과</h2>

구분	전투일	전투결과		
		항목	조선군	일본군
1차 출정	1592년 5월 4일~9일	함대규모	판옥선 28척 (원균 4척 포함), 협선 15척, 포작선 46척	68척
		병력	3,600명(원균 부대 제외)	-
		피해	없음	42척 완파, 7,410명 사망
옥포해전	1592년 5월 7일	지휘관	이순신	도도 다카토라
		함대규모	판옥선 28척	군함 50척
		피해	1명 부상	26척 완파, 4,080명 사망
합포해전	1592년 5월 7일	지휘관	이순신	미상
		함대규모	판옥선 28척	군함 5척
		피해	없음	5척 완파, 490명 사망
적진포해전	1592년 5월 8일	지휘관	이순신	미상
		함대규모	판옥선 28척	군함 13척
		피해	없음	11척 완파, 2,840명 사망

함대의 무사귀환과 승리를 기념하는 '여수 거북선 축제'를 하고 있답니다.

한편, 최강을 자랑하던 일본 함대의 첫 패배는 전쟁을 총지휘하던 도요토미 히데요시에게 그대로 보고가 되었습니다.

'옥포, 합포, 적진포에서 7천 명 이상이 전사하고, 40척 이상이 불에 타거나 파괴되어 바다에 가라앉았습니다.'

도요토미 히데요시는 들고 있던 금부채를 바닥에 던져 버리고 분노했습니다.

"대체 도도 다카토라는 뭐 하는 놈이야? 조선 수군 따위한테 당한다는 게 말이 돼. 적장이 누군지 파악해서 보고하고, 방심하지 말고 수군을 강화하란 말이야!"

그리고 도요토미 히데요시는 한양을 점령하고 있던 우키타 사령관에게 명령을 내립니다.

첫째, 조선왕을 신속하게 사로잡아라

둘째, 전라도를 점령해서 원정군의 식량을 조달하라

셋째, 남해안 일대를 거점화하고 성을 쌓아라

넷째, 남아 있는 조선 수군을 찾아내 철저히 섬멸하라

다섯째, 서해안 돌파를 서둘러라 [47]

이때만 하더라도 도요토미 히데요시와 일본군 지휘관들은 조선 수군에게 패배한 근본적인 원인이었던 이순신의 존재를 몰랐습니다.

참혹한 전쟁

조선군은 목을 베고
일본군은 코를 베고

임진왜란 때 원균은 실제 전투보다는 적의 수급머리을 베는 일에 집중했다는 기록들이 많이 있습니다. 그 이유는 당시 적의 수급을 제출하면 곧 포상받고 승진을 했거든요.

선조는 전쟁 초기 일본의 파죽지세에 너무 놀라서 1592년 5월 28일에 기발한 포상 명령을 내립니다.

'왜적 머리 셋 이상을 벤 자는 무과 급제를 내리고, 노비는 양민으로 신분을 바꿔주겠다.'

노비가 왜적 머리 셋을 베면 양인이 되고, 셋을 더 베면 무과 급제와 똑같은 혜택을 주었으니 정말 파격적인 포상이었죠. 이후 왜적의 머리는 황금보다 더한 취급을 받았습니다.

승진에 눈이 멀었던 원균은 적의 수급에 과도하게 집착합니다. 이순신이 목숨을 걸고 한창 전투 중일 때도 원균은 옆으로 슬쩍 빠져서 물에 빠져 죽은 일본군을 건져내 목을 베고 있었죠. 그걸 본 원균의 부하들도 똑같이 따라 했습니다. 그러다 잠깐 한눈판 사이, 적의 총알에 우리 병사의 목이 먼저 달아나는 경우가 많았습니다.

그래서 이순신은 부하들에게 '내가 너희들의 전투를 다 보고 있고, 너희들의 전공을 자세히 적어서 임금께 보고할 것이니 전투에만 집중하라!'는 명령을 자주 합니다. 하지만 원균은 군대 후배이자, 직급이 같았던 이순신의 말을 무시하죠. 원균이 많은 적의 수급을 자주 올려보내니까 조정에서는 '실제 전투는 원균이 다 했구먼'이라며 이순신보다 전공이 많은 것으로 오해한 신하가 많았다고 해요.

일본은 어땠을까요? 도요토미 히데요시는 "조선인을 모조리 죽여서 나라를 완전히 텅 비울 것이다. 사람의 귀는 두 개지만 코는 하나다. 수급 대신에 코를 인정한다. 조선인을 붙잡으면 코부터 베라"라고 했습니다. 임진왜란 때 의병장으로 활동하다가 포로가 되어 일본으로 건너갔다가 탈출한 강항은 자신의 저서 《간양록》에서 이렇게 밝혔습니다.

"왜적들은 우리나라 사람을 보는 즉시 코를 베어 소금에 절여 도요토미 히데요시에게 보냈다. 히데요시가 직접 확인한 뒤에 북쪽 큰 절 곁에 묻었다. 이때 코만 없어진 채 살아남은 우리나라 사람이 많았다."[48]

현재 일본 교토의 도요토미 히데요시 묘가 있는 도요쿠니 신사 앞에는 특별한 무덤이 있습니다. 바로 조선인의 귀와 코를 모아서 쌓은 '미미즈카', 우리말로는 귀 무덤이죠. 원래 이름은 코 무덤이었는데, 일본 내에서도 너무 야만스럽다고 하여 귀 무덤으로 바꿨다고 해요.

저는 직접 그곳을 방문한 적이 있는데, 일본인들이 사는 마을에 아무 일도 없었다는 듯이 방치되어 있는 우리 조상들의 무덤을 보고는 한참이나 할 말을 잃었습니다. 그 작은 묘 안에 무려 12만 6천 명의 귀와 코가 있다는 말을 듣고 소름이 돋더군요.

그런데 일본인들은 왜 도요토미 히데요시 무덤 앞에다가 조선인의 코 무덤을 만들었을까요? 도요토미 히데요시의 영혼을 달래주는 전리품으로 생각하고 그랬겠지요. 그런데 도요토미 히데요시는 분명히 그곳에 묻힌 조선인 12만 6천 명의 영혼으로부터 영원한 고통을 받고 있을 거예요.

도요토미 히데요시 무덤 옆의 조선인의 귀와 코 무덤

용인전투 : 삼도 연합군의 대패

1592년 4월 30일, 피난길에 오른 선조는 일본군에 잡히지 않기 위해 전력 질주로 도망가고 있었습니다. 임진강에서 울부짖으며 명나라로 망명하겠다는 비겁한 속마음을 보이지만, 류성룡의 강력한 반대에 부딪혀 좌절합니다.

5월 2일, 선조는 류성룡을 영의정에 임명했다가 하루 만에 파직을 시키는 등 순간의 감정에 따라서 중요한 사항을 결정하는 비정상적인 국정 운영을 하고 있었습니다.

징비록 속으로 5월 2일에 대간들이 또 글을 올려 영의정 이산해의 파직을 요청하여 결국 영의정이 파직되고, 내가 영의정으로 승진되었다. … 저녁때 임금께서 나를 나랏일을 그르쳤다는 죄로 영의정에서 파면시켰다.

5월 5일에 임금께서는 안성, 용천, 검수역을 지나 봉산군에 머물렀다. … 6일에는 황주에 가서 머물고, … 7일에는 중화군을 지나 평양으로 들어갔다.

5월 7일, 이순신은 옥포와 합포에서 대승을 거두지만 승전 보고는 한참이 지나서 평양에 도착했습니다. 전라도 순찰사 이광이 일본군의 침략 소식을 듣고 그때까지 온전하게 보존되어 있던 전라도의 4만 병력을 지휘해 용인으로 올라왔습니다. 경상도 순찰사 김수, 충청도 순찰사 윤국형이 남은 군사를 수습해 합류하는 등 전국 각지에서 5만의 대군이 모였죠.

3도에서 대규모 병력이 모여 사기가 드높았습니다. 조선군은 백광언을 선봉장으로 삼고, 당시 광주목사였던 권율을 중위장으로 삼아 공격했지만, 일본은 웬일인지 대응하지 않습니다. 한양에 있던 와키자카 야스하루 병력 1,600명이 올 때까지 기다린 것이었죠.

와키자카는 영화 〈명량〉에 주요 인물로 등장하는데, 실제로 용맹하면서 지략이 있는 장군이었습니다. 조선군이 잠시 휴식을 취하는 사이, 그는 때를 놓치지 않고 급습하여 조선군을 궤멸시킵니다.

징비록 속으로 군 병력이 총 5만이 넘었다. 용인에 이르러 북두문산 위를 바라보자 적군의 작은 보루가 보였다. 백광언 등이 선봉대를 거느리고 산에 올라 적의 보루에서 10여 보밖에 떨어지지 않는 지점까지 다가가서 말에서 내려 활을 쏘았으나 적군은 나오지 않았다. 적군은 해가 저문 후에 백광언 등과 그가 거느린 군사들이 조금 해이해진 것을 보고 칼을 빼 들고 크게 소리 지르면서 뛰쳐나왔다. 백광언 등이 매우 당황하여 허겁지겁 말을 찾아 도망가려고 했으나 미처 달아나지 못하고 모두 적에게 살해되었다. 여러 군사가 이 말을 듣고 놀라고 두려워했다.

당시 순찰사 세 사람은 모두 문인이어서 전쟁에 익숙하지 못했다. 비록 군사의 수는 많았으나 호령이 일관되지 못했고, 또한 험하고 중요한 길목에 웅거하여 방어물을 설치할 줄도 몰랐다. 그야말로 옛사람이 "군사 행동을 봄놀이 하듯 하니 어찌 패전하지 않을 수 있겠는가?"라고 한 말 그대로였다.

이튿날 적군은 우리가 분명히 겁낼 거라 생각하고 몇 사람이 칼을 휘두르며 여유 있게 용기를 자랑하면서 아군 쪽으로 달려 나왔는데, 우리 삼도 군사들은 이것을 바라보고는 산이 무너지는 듯 크게 소리를 지르며 걷잡을 수 없이 도망을 가 버렸다. 수없이 버려진 군수품이 길을 메워 사람이 다닐 수가 없었는데, 적군은 이것을 가져다 모두 불살라 버렸다.

조선군은 오직 권율만이 휘하 부대를 온전히 보존해서 광주로 퇴각했습니다. 큰 기대를 걸었던 조선군 연합부대가 너무나 쉽게 대패하자 조정과 백성은 희망을 잃고 각자도생하는 비참한 신세가 되고 말았습니다.

백성의 생명을 가볍게 여기는 무능한 지휘관들

류성룡은 전쟁터에서 부하와 백성의 목숨을 파리 목숨처럼 여기고 사소한 일에도 처형해 버리는 무능하고 악랄한 지휘관들에 관해《징비록》에서 경고합니다.

징비록 속으로 용궁 현감 우복룡이 마침 고을의 군사를 거느리고 병영으로 가고 있었다. 경북 영천에 이르러 … 하양경산시 하양읍의 군사 수백 명이 그 앞을 지나갔다. 우복룡은 군사들이 말에서 내리지 않은 채 자신의 앞으로 지나가는 것을 괘씸하게 여겼다. 그래서 그들을 붙잡아 반란을 일으키려 한다며 트집을 잡고 꾸짖었다. 이에 하양 군사들이 병마절도사의 공문을 내보이며 자신의 신분을 확인시켜 주었다. 그러나 우복룡은 자신이 거느린 군사를 움직여 그들을 모두 죽였다. 들판은 시체로 가득했다. 그런데 순찰사 김수는 우복룡이 오히려 공을 세운 것이라고 조정에 보고했다. 우복룡은 정3품 통정대부로 승진하고 급기야 안동 부사가 되었다. 그 후 하양 군사들의 가족은 사또가 새로 부임할 때마다 원통한 사정을 호소했다. 그러나 그 당시 명성이 높았던 우복룡의 잘못을 인정하는 사람은 아무도 없었다.

신각은 김명원을 따라가 부원수가 되었으나 한강 싸움에서 패전 후 이양원을 따라 양주로 갔다. … 그때 적이 한양을 나와서 민가에서 노략질하다가 신각과 맞닥뜨렸다. 신각은 적군을 격파했다 … 승리의 소식을 들은 사람들은 모두 뛰면서 좋아했다. 그런데 김명원이 장계를 올려 "신각은 지휘에 복종하지 않고, 제 마음대로 다른 곳으로 떠났습니다"라고 하니, 우의정 유홍은 그가 군율을 어겼다 해서 사형에 처하도록 임금에게 청했다. 임금은 사형을 명령한 후에, 신각이 전쟁에서 이겼다는 보고가 올라오자 재빨리 다시 사람을 뒤쫓아 보내 사형 집행을 중지시키려 했다. 그러나 이미 신각은 죽고 말았다. 신각은 비록 무인이지만 본디 청렴하고 조심성이 있는 사람이었다. 아무런 죄도 없이 죽고 또 90세 되는 늙은 어머니가 살아 있으므로 사람들은 하나같이 신각을 불쌍하고 억울하게 여겼다.

이러한 억울한 죽음은 임진왜란 내내 곳곳에서 벌어집니다. 이일과 신립이 적의 위치 정보를 제공한 사람에게 거짓말을 했다며 처형했듯이, 조선의 무능한 지휘관들은 하나같이 적은 죽이지 못하면서, 부하들과 백성의 목은 너무 쉽게 베고 자신의 권위를 내세웠습니다.

부하들은 그런 지휘관을 믿지 않았고, 전투가 벌어지면 지휘관을 피해 빠르게 도망을 갔습니다. 류성룡은 《징비록》을 통해 전시에 무능한 지휘관은 적보다 더 무섭다는 것을 우리에게 알려줍니다.

평양을 탈출하는 선조

1592년 5월 7일, 평양성에 들어온 선조는 한양이 함락되었다는 소식을 듣자, 평양성을 떠나서 의주로 피난하려고 했습니다. 류성룡은 천혜의 요새인 평양성에서 방어 전략을 펴면서, 그 사이 명나라 원군이 도착하기만 하면 충분히 승산이 있다고 판단하고 있었어요. 그러나 선조의 마음은 벌써 의주로 향하고 있었죠.

선조가 평양성을 떠나면 그곳에 남은 백성들은 일본군에게 몰살당할 것이 뻔했습니다. 선조가 떠난다는 소문을 들은 백성들은 아주 민감하게 반응했어요.

 며칠 전에 임금께서 평양을 떠나 피난하신다는 말을 듣고는 성안 사람들이 제각기 도망가고 흩어져서 마을이 거의 텅 비게 되었다. 그래서 임금께서는 세자에게 명하여 민심을 달래라고 명하셨다. 세자가 대동관의 문에 나가서 백성들을 모아놓고 말했다.

"평양을 끝까지 굳게 지키겠다!"

"믿지 못하겠습니다. 반드시 임금께서 직접 말씀하셔야 믿을 수 있겠습니다."

다음 날 임금께서 대동관의 문에 나가서 승지를 시켜 말하니, 수십 명의 백성이 엎드려 통곡을 하고 명을 받들고 물러났다. 그러자 산골에 숨어있던 노약자와 부녀자, 청년들이 다시 평양성으로 들어와 사람들로 가득 찼다.

적군이 평양성 대동강 가에 나타나자 노직 등이 종묘와 사직의 위패를 모시고, 궁인을 호위해 성문을 먼저 나갔다. 이 모습을 본 백성들이 난을 일으켜 손에 몽둥이와 칼을 빼 들고 길을 막고는 함부로 쳐서 종묘사직의 신주를 길바닥에 떨어뜨린 이후에, 크게 꾸짖었다.

"너희들은 평소에 하는 일도 없이 나라의 녹만 도적질하다가, 이제는 이 모양으로 나랏일을 그르치고 백성들을 속이기를 이같이 한단 말이냐?"

"애초에 성을 버리고 도망칠 작정이었다면 무슨 이유로 우리를 속여 성안으로 들어오게 해서 왜적의 손에 어육생선과 고기을 만들게 한단 말인가?"

폭동이 일어날 조짐이었지만, 신하들은 겁이 나서 아무도 나서는 사람이 없었습니다. 이때, 류성룡이 나서서 백성 중에 우두머리로 보이는 사람을 불렀습니다.

"지금 성을 굳게 지키자고 임금께서도 이미 말씀하셨는데, 너희들은 무슨 까닭으로 이렇게 야단스러운가? 너는 이 뜻을 여러 사람에게 알려서 물러가게 하여라. 그렇지 않으면 너희들은 용서받을 수 없는 큰 죄를 짓게 될 것이다."

백성들은 류성룡을 신뢰하고 있었기 때문에 그 말을 믿고 사람들은 다시 흩어졌고, 사태는 수습되었습니다. 그런데 선조는 이미 평양성을 도망갈 결심을 굳게 하고 있었어요. 선조와 마찬가지로 정철 등 대부분의 신하도 평양성 바로 앞의 일본군이 두려워 날마다 선조에게 피난하자고 조르고 있었습니다.

류성룡은 선조와 다른 신하들에게 간절하게 호소했어요.

"지금은 지난번 한양에 있을 때와는 다릅니다. 한양은 군사와 백성이 모두 무너져 흩어지고 지키려 해도 지킬 수가 없었지만, 평양성 앞은 강물에 막혀 있고 백성들도 굳게 지킬 각오가 되어 있습니다. 또 명나라 땅이 가까우니, 며칠만 더 굳게 지킨다면 명나라 군대가 와서 구원할 것이고, 같이 적군을 물리칠 수 있습니다. 이곳을 떠나면 의주에 이르기까지 더 이상 의지하여 버릴만한 곳이 없으므로 끝내 나라가 망하는 지경에 이르게 될 것입니다."

그러나 선조는 결국 6월 11일에 백성들 몰래 평양을 빠져나왔습니다. 평양성의 백성들은 배신감에 치를 떨면서 여기저기로 피난하며 흩어져버렸습니다. 어이없게도 선조는 6월 12일, 안주에 도착해 자신의 피난길에 참여한 사람들의 포상을 논의하고 있었습니다.

일본군의 북상과 선주의 도주로

 이날 밤에 윤두수와 김명원은 성문을 열고 성안 사람들을 모두 내보냈으며, 병기와 화포를 못 속에 가라앉혔다. … 이튿날 적군이 성 밖에 이르러 모란봉에 올라가 한참 동안을 바라보다가, 성이 텅 비어 사람이 없는 것을 알고 그제야 성 안으로 들어왔다.

난공불락의 평양성은 선조가 도망가자 바로 함락되고 말았습니다. 선조는 조선의 가장 중요한 수도 한양과 평양성을 한 번의 전투도 없이 그냥 내주었습니다.

류성룡의 20가지 전쟁 전략

류성룡은 나라의 존망이 걸린 중대한 시기에 선조에게 전쟁을 긴급하게 수습할 20가지 전략을 보고서로 작성하여 올립니다. 그중에 10가지를 소개합니다.

① **굶주린 백성은 군사로 활용해 포상할 것** "백성 중에 도둑질을 하는 무리를 모두 범죄자라 몰아서 처벌하면 안됩니다. 지금 굶주림에 지쳐서 하는 짓에 불과하기 때문입니다. 이들을 군사로 모집하여 전공을 세우게 하고, 포상을 평등하게 내려서 군사를 튼튼하게 하소서."

② 정보원을 풀어 적의 동태를 탐색할 것 "일본군이 평양에 입성한 지 십여 일이 지났지만, 아무런 움직임이 없으니 정보원을 풀어서 적의 정보를 탐색하고 그에 따른 전략을 세워야 합니다."

③ 간첩을 색출하고 아군 식별법을 마련할 것 "현재 일본은 수많은 간첩을 활용해 여러 정보를 수집하고 있으니 이들을 색출해야 합니다. 우선 표찰이나 암호를 만들어 아군끼리 서로 식별하도록 하소서."

④ 요충지 방비와 명군과의 연합을 준비할 것 "평양의 적병이 의주로 쳐들어오면 여러 길로 분산해서 공격을 할 것입니다. 마찬가지 명나라 군대가 우리 땅으로 들어오면 여러 길로 분산해서 길을 안내해야 위험을 분산할 수 있습니다. 용강에는 산성이 있어 매우 험하고 창고에 식량도 많습니다. 선천, 곽산, 정주에서 정예병을 뽑아서 명군과 합류시켜야 합니다."

⑤ 흩어진 군관을 소환해 전력으로 삼을 것 "신립과 이일 등의 장수들 아래에 있던 군관들이 패전하면서 여기저기 흩어졌으니 이들을 다시 불러모아서 전투에 활용해야 합니다. 끝내 나타나지 않는 자는 군율로 다스려야 하옵니다."

⑥ 병사 가족을 위로하고 전사자에 포상할 것 "북방의 병사들은 본

래 용감하지만, 여러 번 군인으로 징집되어서 불만이 큰 상황입니다. 그들의 아내와 자식을 위로하고 구호하도록 하소서. 어제 있었던 야간 전투에서 용감히 싸운 자와 전사한 자를 빠짐없이 찾아내어, 산 자에게는 은을 내려주고, 전사한 자는 그 가족에게 넉넉히 구휼하여 충혼을 위로하고 민심을 깨우쳐 격려하소서.”

⑦ 무기 재고를 파악·보급하고 화포장들을 복귀시킬 것 “지역의 병사들이 비록 모여도 무기가 없사오니, 지방관청과 여러 진지에서 보관하고 있는 활과 화살의 숫자를 파악해 임시로 보급해주시길 바랍니다. 그리고 화포장이 거의 모두 도망갔으니, 화포장들을 모두 불러 모아 전투를 준비해야 합니다.”

⑧ 도망간 수령들을 기한 내 복귀시켜 업무를 재개할 것 “지방 수령들이 보고도 없이 도망갔으니 기한을 정해 돌아오면 처벌하지 말고, 다시 관청의 업무를 보게 하고 군인을 모집하게 하소서. 만일 기한을 넘겨도 오지 않는 자는 엄격하게 군법을 시행하소서.”

⑨ 곡식을 제공하는 자들에게 공명첩으로 포상할 것 “명나라 군대가 들어오면 식량을 제공해야 하는데, 곡식이 모두 흩어지고 없습니다. 공명첩공적을 기록하는 수첩을 발행해서 곡식을 제공하거나 운반하는데 도움을 주는 백성은 공명첩에 기록해, 관직에 임명하고 포상하소서.”

⑩ 공과 실적에 따라 공정하고 신속히 상벌할 것　"전투에서 공을 세운 것과 시험에서 급제한 것은 하나같이 공평함이 중요하오니, 실적에 따라 신속하게 상을 내려주고, 격려하는 것이 마땅합니다."[49]

류성룡의 전략은 매우 구체적이고 세밀하였으며, 즉시 시행이 필요한 긴급한 내용이었습니다. 선조는 류성룡의 20가지 전시 전략을 읽어보고, 즉시 군사업무를 총괄하는 비변사에 명령을 내렸습니다.

"비변사는 이 전략들을 급히 처리하라."

바다 위 연이은 승전의 시작

이순신의 2차 출정,
사천해전과 당포해전

이순신은 1592년 5월 5일부터 5월 28일까지 일기를 쓰지 않았습니다. 5월 4일에는 옥포로 1차 출정을 떠났고, 승전하여 여수로 복귀한 이후에는 무기 점검, 군함 수리 등 다시 전쟁 태세를 갖추느라 정신이 없었죠.

이순신은 전라우수사 이억기, 원균과 의논해 6월 3일에 전라좌수영_{여수}에 모여 함께 출정하기로 약속했습니다. 그런데 5월 27일, 원균이 이순신에게 "일본 군함 10여 척이 사천으로 근접했다"는 긴급 공문을 보내옵니다. 사천은 여수와 가까웠기 때문에 이순신은 일정을 앞당겨 출정하기로 하고, 이억기에게 급하게 소식을 전합니다. 그러나 이억기는 전투 준비가 되지 않았는지 오지 않습니다.

그날 이순신의 일기가 다시 이어집니다.

난중일기 속으로 1592년 5월 29일 우수사 이억기가 오지 않아 혼자 여러 장수를 거느리고 새벽해 출항해 바로 노량에 이르렀다. 경상 우수사 원균은 미리 약속한 곳에 와 있었다. 원균은 왜적들은 지금 사천에 있다고 했다. 바로 그곳으로 갔더니 왜적들은 벌써 뭍으로 상륙해 봉우리 위에 진을 치고, 배는 그 산 아래에 줄지어 매어 놓아 방어 태세가 매우 견고했다.

이순신은 판옥선 21척에 거북선 2척을 이끌고 사천으로 단독 출정을 감행했습니다. 원균은 군함 3척을 이끌고 노량에서 합류했죠. 사천에 도착하니 하필 조류가 썰물이어서 판옥선이 더 이상 진입할 수가 없었어요.

이순신은 적군을 유인해서 바다로 끌어내기로 작전을 바꿉니다. 이순신 함대가 잠시 물러나자 12척의 배가 접근해 왔습니다. 적장은 구루시마 미치유키였는데, 그는 이미 옥포해전의 소문을 들은 터라 겁이 나서 부하들에게 '가까이 접근하지 마라'고 지시합니다. 한참을 대치하다가 이순신은 명령을 내렸습니다.

"거북선은 돌격하라!"

때마침 조류가 밀물로 바뀌었고, 이순신이 은밀하게 감춰두었던 조선 수군의 최종 병기, 거북선이 나타나 일본 군함으로 거침없이 돌격했습니다. 그야말로 좌충우돌, 눈에 보이는 일본 군함을 마구 처박아서 박살 내고, 용머리를 포함해 4면에서 불을 뿜은 화포를 발사하니 일본군은 순식간에 궤멸되기 시작했습니다.

승기를 잡은 이순신은 "전군! 총공격하라!"는 명령을 내렸고, 적의

전후좌우 4면에서 포격하는 거북선
출처: 영화 〈한산 : 용의 출현〉

군함에 집중포격을 가했습니다.

전투가 한창일 때 이순신을 노리던 적의 저격수가 방아쇠를 당겼고, 총알은 그대로 이순신의 어깨에 박혔습니다. 충격을 받은 이순신은 잠시 정신을 잃었지만, 다시 정신을 차리고 끝까지 전투를 지휘했습니다. 그 결과 일본 군함 12척을 침몰시켰습니다. 이순신은 어쩐 일인지 적함 1척은 남겨둔 채 사천 바다를 떠났습니다.

그리고 몇 시간이 지나서 살아남은 일본군들이 1척의 배에 모두 타고 사천 앞바다를 유유히 빠져나왔죠. 사천 앞바다의 모자랑포에서 군함을 숨기고 적을 기다리던 우리 군은 전속력으로 쫓아가 한방에 적함을 침몰시켜 버렸어요.

이순신은 전투를 치르고 퇴각을 할 때 1척은 꼭 남겨두었습니다. 적함을 모조리 파괴시키면 패잔병들이 육지로 올라가 우리 백성들을 죽이고 노략질을 했기 때문이었죠. 이순신 함대가 퇴각하면 그들은 몇 시간 동안 숨어있다가 남겨진 군함을 타고 부대로 복귀하기 위해 반드시 바다로 나왔습니다. 이후에 일본 군함은 화포 공격을 받고 바로 바닷속으로 수장되었죠.

이로써 이순신은 13척의 적함을 모두 파괴하고, 사천해전에서 완벽한 승리를 거두었습니다.

전투가 끝나고 이순신은 사천 근처 사량도에 함대를 정박시키고 며칠 휴식을 취했습니다. 그러나 병사들은 이순신이 총격을 당했기 때문에 꿀맛 같은 휴식에도 모두 표정이 어두웠습니다. 류성룡은《징비록》에 이순신이 어깨에 박힌 총알을 제거한 모습을 자세히 기록했습니다.

사천해전

 이순신이 한창 전투를 지휘하던 중, 자신의 왼쪽 어깨에 총알이 박혀 피가 발꿈치까지 흘러내렸다. 그러나 이순신은 말하지 않고 있다가 전투가 끝난 후에야 비로소 칼로 살을 도려내고 총알을 뽑아냈다. 총알은 살 속에 두어 치나 깊이 박혀 있었다. 보는 사람들의 얼굴빛이 새파랗게 변했으나, 이순신은 웃으며 이야기하는 것이 평상시와 같이 태연했다.

그러나 이순신의 총상은 빨리 낫지 않았고, 이순신을 계속 괴롭혔습니다. 이순신이 총상을 입고 1년이 지난 1593년에 류성룡에게 보낸 편지에 그 상처가 잘 드러나 있습니다.

"비록 죽을 정도까지 다치지는 않았지만, 그 뒤로도 연일 갑옷을 입고 싸웠기에 철환에 맞은 구멍이 헐고 문드러졌습니다. 고름이 흘러내려 아직도 옷을 입을 수 없습니다. 뽕나무 잿물과 바닷물로 잇따라 낮과 밤으로 목욕하고 씻어내고 있지만 아직 효과를 얻지 못했습니다."

사천해전을 마치고 사량도에서 수술을 마친 이순신은 부대를 점검하고, 붓을 들어 일기를 썼습니다.

 1592년 5월 29일. 나는 여러 장수를 독려하고 명령을 내려 일시에 달려들어 화살을 비 오듯이 쏘고, 여러 가지 화포를 우레와 같이 쏘게 하였다. 왜적들은 물러가고 화살에 맞은 자는 그 수를 헤아릴 수 없었으며, 왜적의 목을 벤 것 또한 셀 수 없었다.

군관 나대용이 왜적의 총탄에 맞았고, 나도 왼쪽 어깨 위에 총탄을 맞았으나 중상은 아니었다. 역시 활을 쏘는 군사들과 노를 젓는 군사 중에 총탄을 맞은 자가 많았다. 적선 13척을 태워 버린 뒤에 머물렀다.

당포해전 : 금부채를 든 적장을 사살하다

6월 2일, 이순신에게 '적이 당포에 정박하고 있다'라는 첩보가 들어옵니다. 2시간 만에 신속하게 당포에 도착한 이순신은 21척의 적 함대를 발견하고는 그대로 돌진합니다. 당포는 수심이 깊어서 썰물에도 판옥선을 운행하는 데 문제가 없었죠.

저 멀리 화려하게 꾸민 대장선대장이 탄 군함에 앉아서 적장이 여유만만하게 금부채를 부치며 이순신의 함대를 노려보고 있었습니다.

그 순간, 이순신은 거북선의 돌격을 명령했습니다. 거북선이 대장선으로 돌진해 오자 적군은 조총을 사격했지만 타격을 줄 수는 없었죠. 거북선은 그대로 대장선의 옆구리를 들이박습니다. 그 충격으로 적장이 갑판으로 떨어졌고, 이때를 놓치지 않고 순천 부사 권준이 활을 쏘아 적장을 죽였습니다.

적장이 죽자 일본군은 공황상태에 빠져, 제각기 도망가느라 전장은 아수라장이 되었습니다. 승기를 잡은 조선군은 오히려 적의 군함에 올라타 두려움에 떠는 일본군의 목을 손쉽게 베었죠. 일본 적장의 목을 베고, 그가 들고 있던 금부채를 노획했습니다.

도요토미 히데요시의 금부채. 부하들에게 선물한 것으로, 동아시아 지도가 그려져 있다. 일본 오사카성 소장

금부채는 도요토미 히데요시가 가메이 고레노이에게 하사한 것이었습니다. 그런데 가메이 고레노이는 임진왜란 이후에도 생존한 것으로 확인되어, 최근 학계는 당포해전에서 전사한 적장이 '구루시마 미치유키'라는 의견이 정설입니다.

이순신은 당포에서 21척의 일본 군함을 모조리 침몰시키고, 고둔포에서 이틀 휴식을 취하면서 전투 준비를 마칩니다. 그날 밤 이순신은 붓을 들어 당포해전에 대한 기록을 남기고 하루를 마무리합니다.

난중일기 속으로 1592년 6월 2일 맑음. 아침에 당포 앞 선창에 이르니 적선 20여 척이 줄지어 정박해 있었다. 이를 포위하고 싸우는데 적선 중에 큰 배 1척은 그 크기가 우리나라 판옥선만 했다. 배 위에 누각이 있는데, 높이가 두 길은 되겠고 그 누각 위에는 왜장이 버티고 앉아서 움직이지 않았다. 이에 편전과 승자총을 비 오듯이 마구 쏘아대니 적장이 화살을 맞고 쓰러졌다. 그러자 모든 왜적은 일시에 놀라 흩어졌다. 우리 장졸이 일제히 활을 쏘아대니, 화살에 맞아 쓰러지는 자가 얼마인지 그 수를 헤아릴 수가 없었다. 이 싸움에서 모조리 섬멸하고 한 놈도 남겨두지 않았다. 이윽고 얼마 뒤에 왜적의 큰 배 20여 척이 부산에서 바다를 덮을 듯 들어오다가 우리 군사들을 보고서는 긴급히 도망쳐 버렸다.

당항포와 율포해전 : 연합함대의 위용

이순신은 수색 작업을 하기 위해 다시 당포로 이동했는데, 멀리서 수십 척의 군함이 새까맣게 몰려오는 것이 보였습니다. 이순신은 긴장하며 전투태세를 갖추었는데, 자세히 보니 일본의 군함이 아니라 조선의 판옥선이었습니다. 전라우수사 이억기가 판옥선 25척을 이끌고 이제야 전장에 도착한 것이었습니다. 이순신 함대의 군관과 병사들의 기분은 어떠했을까요?

난중일기 속으로 1592년 6월 4일 맑음. 우수사 이억기가 오기를 고대하면서 이리저리 머뭇거리며 형세를 바라보며 대책을 결정하지 못하고 있는데, 정오쯤 되자 우수사가 여러 장수를 거느리고 돛을 올리고서 왔다. 온 진중의 장병들이 모두 기뻐서 날뛰지 않는 이가 없었다. 군사를 합치고 약속을 거듭한 뒤에 착량포통영시 추도에서 밤을 보냈다.

이로써 처음으로 전라좌수군 23척거북선 2척 포함, 전라우수군 26척, 경상우수군 3척의 연합함대가 구성되었습니다. 연합함대의 총사령관 역할은 이순신이 자연스럽게 맡게 되었습니다. 원균의 함대는 고작 3척이었고, 이억기는 나이도 어렸고 전투 경험이 부족했거든요.

이순신이 보낸 척후병들이 당항포에서 적을 발견하고 신기전을 쏘아올렸습니다. 이순신의 연합함대는 전속력으로 출격하여 당항포에서 33척의 적함과 마주쳤습니다. 이순신은 유인작전을 펼쳤습니다. 연합함대가 도망갈 듯이 뒤로 물러나자 적이 미끼를 덥석 물고 앞으로 돌진해왔죠. 이순신은 연합함대를 좌우로 나누어 적 군함을 양옆으로 포위하고, 수많은 포탄과 화살을 퍼부었습니다.

난중일기 속으로 1592년 6월 5일. 아침에 출항해 당항포에 이르렀다. 왜적의 배 1개의 크기가 판옥선과 같은데, 배 위에 있는 누각이 높고 그 위에 소위 장수라는 자가 앉아 있었다. 그리고 중선 12척, 소선이 20척이나 되었다. 한꺼번에 쳐서 깨트리고, 화살을 비 오듯 쏘았는데, 화살에 맞아 죽은 자는 그 수를 헤아릴 수 없었다. 적장의 목도 일곱이나 베었다. 나머지 왜적들은 육지로 올라가 바로 달아났지만, 그 수는 많지 않았다. 이때부터 우리의 기세가 크게 올랐다.

적장이 전사하자 일본군은 전투 의지를 잃었습니다. 이순신은 32척을 침몰시키고, 다시 1척을 남겨두었습니다. 그날 새벽, 예상대로 1척의 배에 100여 명의 패잔병이 탑승하고, 바다로 나왔습니다. 이순신의 명령으로 매복해 있던 방답 첨사 이순신동명이인은 화포 사격으로 배를 요격했고, 탈출하려던 20대의 젊은 일본군 장수와 병사들을 모두 사살했습니다.

다수의 기록과 자료에서 당항포해전에 투입된 적함이 26척이라고 하지만, 이순신은 난중일기에 33척으로 기록했습니다. 이순신은 매우 꼼꼼하고 치밀한 지휘관이었기 때문에 이 책에서는 《난중일기》를 따릅니다. 전투 이후 수색 과정에서 당항포에서 패전한 적 함대는 가토 기요마사 소속의 수군임이 밝혀졌고, 대장선에서는 3천 명이 피를 발라 승리를 맹세한 군기 6개도 발견되었습니다.

당항포에서 전열을 정비한 이순신은, 6월 7일 아침에 적이 율포에 있다는 정보를 보고 받습니다. 그날의 전투를 이순신은 자세히 일기에 기록했습니다.

난중일기 속으로 1592년 6월 7일 맑음, 아침에 출항해 영등 앞바다에 이르니 적선이 율포에 있다고 한다. 북병선을 보내 탐색하게 하니 적선 5척이 먼저 우리 군사가 온다는 것을 알고 남쪽 넓은 바다로 달아났다. 우리 함대가 일제히 쫓아가서 사도 첨사 김완이 1척을 완전히 사로잡았고, 우후도 1척을 온전히 사로잡았고, 녹도 만호 정운도 1척을 온전히 사로잡았으니 왜적의 머리는 모두 36개였다.

이순신 2차 출정

 1592년 6월 9일 맑음. 바로 천성, 가덕에 도착했는데 왜적의 배가 한 척도 없었다. 두세 번 수색하고 나서 군사를 돌려 당포로 돌아와 밤을 보냈다. 새벽이 되기 전에 배를 출항해 미조항 앞바다에 이르러 우수사 이억기와 이야기를 나누었다.

이순신은 6월 10일 2차 출정을 마치고, 여수로 복귀합니다.

당포파왜병장 : 선조에게 보낸 2차 전투 결과 보고서

여수로 복귀한 이순신은 1592년 6월 14일 선조에게 2차 전투 출정의 결과를 보고합니다. 이순신은 4번의 전투 중에 당포해전이 가장 치열하고 전공이 컸던 것으로 인식하고, 〈당포파왜병장〉이라는 제목의 장계를 올립니다.

전라 좌도 수군절도사. 신하 이(이순신)
삼가 무찌르고 붙잡은 일을 보고합니다.

처음 약속할 때, 비록 머리를 베지 않았어도 죽을힘을 다해 싸운 사람을 으뜸 공로자로 논하겠다고 했기에, 힘써 싸운 군인을 신이 직접 공로의 등급을 매겨서 문서에 이름을 올렸습니다.
중위장 권준, 전부장 이순신, 중부장 어영담, 후부장 배흥립, 좌부장 신호, 우부장 김득광, 좌척후장 정운, 우척후장 김완, 거북선 돌격장 이기남, 거북선 돌격장 이언량, 좌별도장 이몽구, 우별도장 김인영… 이 외에도 이순신은 수많은 전공자를 기록해 포상을 건의합니다.

그리고 이순신은 전투에 참여하여 전사하거나, 부상을 입은 사람들도 모두 기록하여 포상을 요청했는데, 그중에는 노비도 많았습니다.

순천 1호선 사노비양반의 개인 노비 배귀실, 2호선 사노비 막대, 포작정찰병 사노비 내은석, 보성 1호선 관노비국가 노비 기이, 흥양 1호선 관노비 난성, … 방답 첨사의 집안 노비 언룡

위의 사람들은 죽을 결심을 하고 싸웠기에, 죽은 사람의 시신은 각각 그 장수에게 명령해 별도로 배에 실어 고향에 돌아가게 해 장례를 치르게 했으므로, 그들의 아내와 자식들에게는 다른 구제를 위한 특전을 베풀어 주소서.

적을 무찌를 때, 남해 7~8개의 고을의 노인과 피난민 무리가 적군을 추격하는 아군을 보고 다시 살길을 얻은 듯 여겼습니다. 기뻐하지 않는 사람이 없었고, 적이 가고 머문 정보를 알려주었습니다. 그러나 백성들은 아주 비참하고 불쌍했습니다. 적함에서 노획한 쌀과 베 등의 물건을 백성들에게 공평하게 나누어주고 편안히 지내게 했습니다. 이후 부모를 모시고 가족을 데리고, 그들의 이웃과 친척을 이끌고 전라좌수영여수 성으로 들어오는 것이 연이어 끊이지 않았습니다. 그래서 각자 부지런히 그 생업을 하면서 오래 편안히 살 수 있도록 했습니다.

〈당포파왜병장〉은 30쪽이 넘는 방대한 전투 결과 보고서입니다. 이순신은 선조가 가장 궁금해하는 전투결과 보고는 물론 적의 동향과 특징, 백성들의 실상 등을 세밀하게 보고했습니다.

이 보고서를 통해 이순신의 전략·전술, 부하들의 전공을 꼼꼼히 챙기는 리더십, 백성을 사랑하는 애민 정신을 파악할 수 있습니다. 특히 노비의 전공까지 임금에게 보고하는 그의 인품과 지휘관으로서의 품격이 보고서에 잘 나타나 있죠.

문제는 이때부터 백성들이 이순신이 있는 전라좌수영으로 몰려들면서 선조의 질투가 시작됐다는 겁니다.

거북선 : 세계 최초의 철갑돌격함

거북선은 전후좌우 4면을 모두 화포로 무장하고, 적의 백병전을 무력화한 세계 최초의 '철갑돌격함'이었습니다

류성룡은 징비록에《거북선》의 위용을 자세히 기록하고 있습니다.

징비록 속으로 이순신은 미리부터 거북선을 만들어 두고 있었다. 목판으로 배 위를 둥그렇게 덮으니 그 모양이 가운데가 높아 마치 거북과 같았으며, 싸우는 군사와 노 젓는 사람들은 모두 배 안에 있었고, 배의 좌우와 앞뒤에 화포를 많이 싣게 했다. 가로 세로로 통로를 만들어 마치 베 짜는 북처럼 사람들이 이리저리 마음대로 자유롭게 다닐 수 있게 했다.

이순신은 임진왜란이 일어나기 일 년 전에 전라좌수사에 임명되어 치밀하게 일본과의 전쟁 준비를 해왔습니다. 이순신은 일본 수군의 '등선육박술'을 무력화시키기 위해 거북선을 발명해 냅니다. 아예 일본군이 배에 올라타지 못하도록 상판을 뚜껑으로 덮어버렸고, 그래도 올라타면 위에 있는 칼과 송곳에 찔려서 바다에 자동으로 떨어지도록 설계했습니다.

이순신의 2차 전투결과

구분	전투일	전투결과		
		항목	조선군	일본군
2차 출정	1592년 5월 29일~ 6월 10일	함대규모	판옥선 49척(이순신 21척, 이억기 25척, 원균 3척), 거북선 2척	74척
		병력	13명 전사, 39명 부상	74척 완파, 8,640명 사망
사천해전	1592년 5월 29일	지휘관	이순신, 원균	구루시마 미치유키
		함대규모	판옥선 24척, 거북선2척	군함 13척
		피해	이순신 등 3명 부상	13척 완파, 2,600명 사망
당포해전	1592년 6월 2일	지휘관	이순신, 원균	가메이 고레노리 구루시마 미치유키(사망)
		함대규모	판옥선24척, 거북선2척	군함 21척
		피해	-	21척 완파, 2,820명 사망
당항포해전	1592년 6월 5일	지휘관	이순신, 이억기, 원균	모리 무라하루(사망)
		함대규모	판옥선 49척, 거북선 2척	군함 33척
		피해	-	33척 완파, 2,720명 사망
율포해전	1592년 6월 7일	지휘관	이순신, 이억기, 원균	불명
		함대규모	판옥선 49척, 거북선 2척	군함 7척
		피해	-	7척 완파, 500여 명 사망

임진왜란에 참전하여 이순신을 보좌했던 조카 이분은, 거북선을 만드는 과정은 물론이고 전장에 투입된 거북선의 활약을 직접 목격했습니다. 이분은 《충무공행록》에 거북선의 실제 모습을 기록해 놓았습니다. 거북선의 모습에 대한 가장 정확한 기록이죠.

공이 좌수영여수에 계실 때, 왜적이 틀림없이 쳐들어올 것이라며 거북선을 만들었다. 크기는 판옥선과 같았고, 위에 판자를 덮었다. 판자 위에는 십자 형태의 좁은 길을 내 사람들이 올라가 다닐 수 있게 했다. 그 나머지 부분에는 모두 칼과 송곳을 꽂아 발 디딜 틈이 없게 했다.

• • •

앞에는 용머리를 만들어 붙였는데, 그 입에는 총구멍이 있었다. 뒤는 거북이의 꼬리처럼 만들어 놓았는데, 그 꼬리 밑에도 총구멍이 있었다. 좌우편에도 각각 6개의 구멍이 있었다. 대체로 배의 모양이 거북이 같았기에 거북선이라고 불렀다. 나중에 전쟁이 일어났을 때, 배 위의 칼과 송곳이 보이지 않도록 짚단 같은 것을 덮어놓았다. 거북선이 선봉으로 나아가 싸울 때, 왜적들이 배 위로 올라탔다가 숨겨진 칼과 송곳에 찔려 죽었다. 또 왜적의 배들이 거북선을 포위해 공격해도 거북선의 전후좌우에서 한꺼번에 포를 발사하여, 적선이 비록 바다를 덮고 구름처럼 모여 있어도 이 배가 거리낌 없이 드나들었기에 지나가는 곳마다 패해 흩어져 달아나지 않는 것이 없었다. 그러므로 앞뒤의 크고 작은 싸움에서 이 배로 인해 언제나 승리할 수 있었다.[51]

거북선은 세계 최초로 군함의 전체 면을 밀폐하고, 상판에 철못을 꽂아 적의 승선을 완전히 차단하고, 전후좌우의 모든 면에 전방위 포격 체계를 갖춘 해상전투 전용 돌격함입니다. 오직 돌격과 화포만으로 적함을 궤멸시키는 거북선은 세계 해전사에 빛나는 혁신이었습니다.

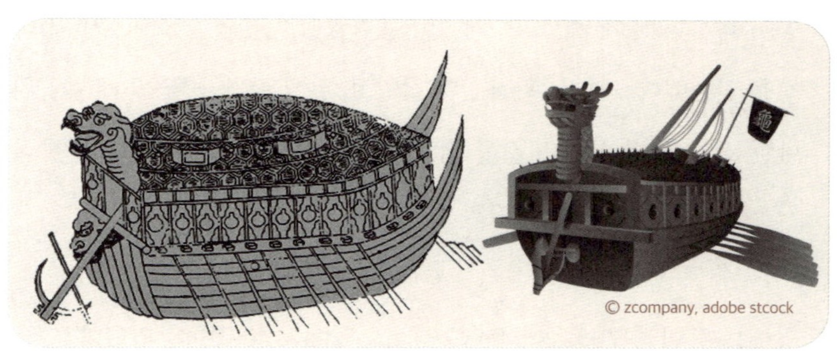

《이충무공전서》 속 거북선과 현대 복원도

이순신은 2차 출정에서 4번의 해전을 승리로 이끌고, 〈당포파왜병장〉이라는 제목의 장계를 올려서 선조에게 거북선의 활약상을 보고합니다.

신이 일찍이 섬나라 오랑캐에 의한 전란을 걱정해 특별히 거북선을 만들었습니다. 앞에는 용머리를 설치해 입에서 대포를 쏘고 등에는 쇠 화살촉을 꽂았고, 안에서는 밖을 잘 살필 수 있으나 밖에서는 안을 살필 수 없습니다. 적선이 비록 수백 척일지라도 안으로 돌격해 들어가 포를 쏠 수 있는데, 이번에 출동할 때 돌격장이 타도록 했습니다.

• • •

거북선에 명령해 적선에 돌진하게 해 부딪히고 총통을 위를 향해 쏘아 그 배의 누각을 깨부쉈습니다. 여러 배가 또한 그 비단 장막과 베돛에 화살을 쏘아 맞혔더니 맹렬한 불길이 활활 일어났고, 누각에 앉아 있던 왜장은 화살에 맞아 떨어졌습니다.

1592년, 이순신이 발명한 거북선은 모든 전투에서 승리하여 나라를 구합니다. 그리고 378년이 지난 1970년, 거북선은 또 한번 나라를 구하게 됩니다. 이 이야기는 제가 펴낸 책《10대를 위한 1세대 창업가 수업》에 잘 나타나 있습니다.

1970년에 현대 창업자 정주영은 대형 선박을 만드는 조선업에 도전합니다. 그러나 당시 한국의 조선업이라고 해 봐야 나무배를 만드는 수준이었기 때문에, 강력한 반대에 부딪힙니다. 생각하면 바로 추진하는 것이 정주영의 가장 큰 장점입니다. 그는 곧바로 회사 안에 조선사업부를 설치하고, 조선소 건설에 필요한 돈을 빌리러 미국과 일본을 찾아갔습니다.

"한국과 같은 후진국에서 어떻게 몇십만 톤의 배를 만들고 조선소를 지을 수 있습니까?"

정주영은 가는 곳마다 거절을 당했습니다. 후진국의 서러움을 톡톡히 경험한 것이죠. 그러나 포기하지 않고 이번에는 영국으로 가서 세계적으로 유명한 조선회사 A&P 애플도어의 찰스 롱바톰 회장을 어렵게 만났습니다. 그러나 롱바톰 회장 역시 비관적이었습니다. 정주영은 그 순간 자기의 바지 주머니에 들어있던 500원짜리 지폐가 생각났어요. 지폐에는 거북선이 그려져 있었죠. 정주영은 거북선 그림의 지폐를 꺼내 테이블 위에 올려놓았습니다.

"이걸 잘 보세요, 회장님. 이건 한국 지폐입니다. 여기 보면 거북선이라는 철로 만든 배가 있지요. 영국의 조선 역사는 1800년대부터이지만, 한국은 영국보다 300년이나 앞선 1500년대에 이 거북선을 만들었습니다. 한국은 이 거북선으로 일본과의 전쟁에서 승리했습니다. 거북선을 보면 한국의 잠재력을 알 수 있지 않겠습니까?"

"정말 1500년대에 한국인이 이 배를 만들어 전쟁에서 사용했다는 말입니까?"

"네, 맞습니다. 이순신 장군이 만든 배입니다. 한국이 지금은 후진국이지만, 오랜 역사와 문화, 두뇌를 가진 나라입니다. 자금만 확보된다면 훌륭한 조선소와 최고의 배를 만들 수 있습니다."

롬바톰 회장은 눈을 감고 한참을 고민한 뒤에 정주영에게 손을 내밀었습니다.

"당신은 정말 훌륭한 조상을 두었군요."

이후 정주영은 마침내 조선소를 완공했습니다. 수십 년이 흐른 지금, 세계 바다를 누비는 대형 선박의 40% 이상이 한국에서 만들어지며 현대중공업은 부동의 세계 1위 조선 기업이 되었습니다. [52]

이순신의 거북선 덕분에 정주영은 세계를 호령하는 산업전사로서 한강의 기적을 만들었습니다. 대한민국 정부는 2025년 7월 8일음력 5월 29일을 제1회 방위산업의 날로 지정했습니다. 거북선이 사천해전에 첫 출정한 날이죠.

조선의 바다를 되찾다

류성룡의 고군분투
그리고 이순신의 한산도대첩

1592년 6월 22일, 선조는 드디어 의주에 도착했습니다. 이제 압록강만 넘으면 명나라였습니다. 더 이상 갈 곳이 없어진 선조는 또다시 명나라에 망명시켜달라고 처절하게 매달립니다.

징비록 속으로 당시 우리나라에서는 요동으로 계속 사신을 보내 구원병을 요청했고, 또 자진해 명나라에 합병하겠다고 빌었다. 적군이 평양을 함락하자… 사정이 위급해 명나라에 합병될 궁리까지 했던 것이다.

이때, 류성룡은 뭘 하고 있었을까요?

징비록 속으로 그때 나는 치질을 앓아 고통이 심해 누워서 일어나지 못하고 있었다. 임금께서 좌의정 윤두수에게 명나라 구원병이 지나는 고을에 나가서 군사들의 식량을 준비하도록 지시하셨다. 나는 글을 올려 "임금이 계신 곳에 현직 대신으로는 윤두수 한 사람만이 있으니… 비록 병든 몸이지만 제가 해보겠습니다"라고 했더니 임금께서 허락하셨다.

　류성룡은 치질 때문에 똑바로 서 있지 못해 문밖에서 선조에게 인사하고 가려 했어요. 그런데 선조가 류성룡의 목소리를 듣고 안으로 들어오라고 해서 엉금엉금 기어서 들어가 인사하고 출발했습니다. 선조는 류성룡에게 치질에 좋은 웅담과 납약을 내려주었습니다.

　당시 류성룡은 내의원의 용운이라는 의관^{의사}에게 치료를 받고 있었습니다. 그는 류성룡의 심각한 고통을 알고 있었지만, 나라가 이 지경이니 어찌할 방법이 없어서 안타까운 마음에 류성룡을 배웅했습니다.

 내의원에 딸린 용운이란 사람은 성문 밖 5리 지점까지 나를 전송하면서 통곡했다. 내가 전문령 고개에 올랐을 때까지 우는 소리가 들렸다.

　류성룡은 치질로 인해 심한 고통을 겪으면서도 군량을 확보하기 위해 길을 떠났습니다. 당시 그는 이미 영의정에서 파직되어 아무런 권한도 없는 '풍원부원군'이라는 명예직만 있었기에, 안전한 곳으로 피난해도 비난할 사람이 없었습니다. 그러나 류성룡은 여러 경로를 통해 명나라 군대가 곧 조선에 들어올 것이라는 정보를 입수했고, 가장 시급한 과제가 바로 그들이 먹을 식량을 확보하는 일이라고 판단했습니다.

　그때부터 류성룡은 제대로 서 있기도 힘든 몸을 이끌고 북방의 여러 고을을 직접 찾아다니며, 처절한 보급 전투를 벌였습니다. 명나라 군대가 온다고 해도 식량이 없다면 일본군과 전쟁을 치를 수 없는 상황이었기 때문입니다. 류성룡은 누구도 선뜻 나서지 않던 이 어려운 일을 묵묵히 맡아, 가장 현실적이고 긴급한 문제부터 해결해 나갔습니다.

대규모로 군량을 모으는 일은 쉽지 않았습니다. 이미 지역의 식량창고들은 피난하던 백성들에게 약탈당했거나, 일본군이 먹지 못하도록 스스로 불 태우고 떠난 경우가 대부분이었습니다. 설령 운이 좋아 식량이 남아 있더라도, 이를 운반할 말과 사람이 턱없이 부족했기에 군량을 확보하는 일은 그야말로 고난의 연속이었죠.

류성룡은 《징비록》에 그때의 일을 기록해 두었습니다.

징비록 속으로 이날 저녁에 내가 소관역에 도착하니, 역의 아전들과 군졸들은 모두 도주해 흩어져서 사람의 그림자도 볼 수 없었다. 군관들을 시켜 촌락을 수색하니 몇 사람을 데리고 왔다. 내가 타이르기를 "나라에서 평소에 너희들을 보살핀 것은 오늘날처럼 전쟁이 오면 쓰고자 한 것인데, 어찌 도망칠 수가 있는가. 더구나 명나라 군사가 지금 오고 있고, 나랏일이 급하니 지금이야말로 너희들이 힘을 다하여 공을 세워야 할 시기다"라고 말하고, 공책 한 권을 꺼내어 그곳에 와 있는 사람의 이름을 먼저 써서 그들에게 보이면서 "훗날 이것으로 공로의 등급을 정하여 임금께 아뢰어 상을 줄 것인데, 만일 이 기록에 기재되지 않은 사람은 난리가 평정한 뒤에 일일이 조사해서 벌을 줄 것이니 한 사람도 그 죄를 면하지 못할 것이다"라고 했다.

조금 후에 사람들이 모여서 "소인들은 볼일이 있어서 잠시 나간 것이오니 어찌 감히 맡은 일을 피하겠습니까? 그 책에 이름을 기재하여 주시기 바라옵니다"라고 했다. 나는 이와 같은 방법으로 공을 기록하는 장부를 만들어 각자의 공로가 많고 적은 것을 기록했다가 후일 보고하여 상벌을 주는 데에 증빙 자료가 되게 하라고 했다. 그제야 이 명령을 들은 사람들이 앞다투어 나와 땔나무와 풀을 운반하고 집도 건설하며 가마솥도 설치해 며칠 동안에 모든 일이 점차 이루어졌다. 나는 가뜩이나 전쟁에 시달리는 백성들을 야단치거나 처벌하면서 부려서는 안 된다고 생각했다. 오로지 성심껏 타이르며 한 사람도 매질하지 않았다.

나는 말을 세우고 종사관 홍종록을 불러 "길가에 있는 창고가 모두 텅 비었으니 비록 명나라 구원병이 오더라도 무엇으로 식량을 공급하겠는가? 이 지방 부근에서는 다만 구성 한 고을만이 비축해 둔 곡식이 자못 넉넉한 모양이나, 그곳도 또한 백성들이 모두 흩어져 도주했다고 하니 운반할 방법이 없다. 그러나 그대는 오랫동안 구성에 있었으니 그곳 사람들이 그대가 왔다는 소식을 들으면 반드시 와서 적군의 소식을 들으려 할 것이다. 그때 '적군은 평양에 입성했지만 아직 나오지 않고 있다. 지금 명나라 구원병이 곧 몰려올 것이고 그러면 나라를 곧 되찾을 것인데, 다만 걱정되는 일은 명나라 군대가 먹을 군량이 부족한 것뿐이다. 모두 힘을 합쳐 군량을 운반하면, 훗날 조정에서 반드시 후한 상이 있을 것이다'라고 하여라. 이와 같이 한다면 군량을 정주와 가산까지 운반해 일을 성공시킬 수 있을 것이다"라고 했다. 홍종록은 비장한 표정으로 수락하고 나와 헤어져 구성으로 떠났고, 나는 용천을 향해 떠났다.

류성룡은 백성들의 노고를 기록해 포상하는 '당근 전략'을 펼쳐, 평안도 곳곳에서 남아 있는 군량을 조금씩 확보하는 데 성공합니다. 그의 지시에 따라 홍종록 역시 구성 지역의 군량을 지켜내지만, 그것조차 대규모 군대가 하루면 소진할 정도의 적은 양이었습니다.

류성룡은 군량 확보의 절박함을 거듭 선조에게 보고하며, 임금이 이 문제에 깊은 관심을 갖고 적극적으로 나서도록 힘썼습니다.

지금 마련한 군량이 하루 이틀 지나면 다 떨어질 것입니다. … 지방의 군량이 모두 떨어져서 다시 확보할 수 없으니 답답하고 절박함은 이루 말할 수가 없습니다. … 장차 명군이 얼마나 올지 아무도 모릅니다. 만약 명군이 많이 와서 우리 힘으로 군량을 다 조달할 수 없다 해도, 명군이 요구하면 어쩔 수 없이 군량을 보급해야 합니다. 명군에게 군량을 제때 공급하지 못하면, 우리가 맞이할 낭패는 글과 말로 이루 다 표현할 수 없을 것입니다.

1592년 7월, 명나라 1차 원정군 사령관 조승훈이 군사 5천 명을 이끌고 조선에 도착했습니다. 조승훈은 곧바로 평양성으로 진격했습니다.

 조승훈은 술잔을 들고 하늘을 쳐다보며 빌기를 "적군이 아직 그대로 있다 하니 이것은 반드시 하늘이 나에게 큰 공을 세우도록 한 것이다"라고 했다. … 7월 19일, 조승훈은 평양성을 공격했다. 왜적이 험준한 곳에 의지해서 조총을 난사하자 유격장군 사유가 총탄에 맞아 전사했고, 많은 군사와 말이 죽음을 당해 조승훈은 결국 부대를 후퇴시켰다. … 조승훈은 전투에 패배하자 몹시 겁이 나서 왜적의 추격을 막으려 서둘러서 두 강청천강과 대정강을 건너갔다. 나는 종사관 신경진을 보내 조승훈을 위로하고 또 군량을 실어 보냈다.

류성룡이 선조에게 보낸 보고서를 보면 당시 군량 조달의 어려움이 잘 드러나 있습니다.

전하! 명나라 5천 명의 군인과 말에 공급한 식량도 동쪽 것을 쪼개서 서쪽에 보내고, 저쪽 것을 옮겨서 이쪽으로 가져와 겨우 군량이라는 모양을 갖추었습니다. 진실로 온 마음 온 정성 온 힘을 있는 대로 다 쏟았습니다.

류성룡은 어렵게 군량을 모아서 명나라 군대로 운반했습니다. 이후 류성룡은 1598년 전쟁이 끝날 때까지 무려 7년 동안 군량 조달을 위한 보급 전투를 이어갑니다. 군량은 늘 부족했지만, 다행히 군량 때문에 전쟁을 치르지 못하는 최악의 상황은 막았습니다.

문제는 명나라 군인들이 잠을 잘 숙소가 없었다는 것입니다. 조승훈은 긴급하게 원정을 오느라 중요한 군용천막을 가져오지 않았습니다. 마침 세찬 비가 이틀 동안 내려서 명나라 군대는 비를 그대로 맞으면서 병사들끼리 서로 베개 삼아 누워 이틀을 보냈습니다.

명나라 병사들의 분노는 조승훈을 향했습니다. 조승훈은 더 이상 버티지 못하고 명나라로 되돌아 가버렸습니다.

류성룡이 군량을 보급하기 위해 동분서주할 때 급보가 전해집니다. 함경도로 군인을 모집하러 떠났던 두 왕자 임해군과 순화군이 가토 기요마사에게 포로로 잡혔다는 소식이었습니다.

 적군이 왕자들을 끝까지 추적해서 쫓아갔는데, 회령의 아전 국경인이 반역하여 왕자와 따라온 신하들을 묶어 놓고 적장을 맞이했다. 적의 장수 가토 기요마사는 두 왕자를 풀어주고 포로로 삼았다.

국경인이 임해군과 순화군을 잡아다가 가토에게 바친 이유가 뭘까요? 임해군은 선조의 장남으로, 도승지임금의 비서실장의 첩을 빼앗기 위해 살인을 저지르는 등 권력을 앞세워 온갖 악행을 일삼은 인물이었습니다. 임진왜란이 터진 뒤 함경도로 피난했을 때조차 군사를 모으기는커녕, 백성들을 상대로 온갖 횡포를 부렸습니다.

이제 국경인의 행동이 이해되시나요? 이후 임해군과 순화군은 가토 기요마사에게 오랫동안 끌려다니다가, 포로 협상 과정에서 풀려나게 됩니다.

한산도대첩, 전설의 시작

1592년 6월 23일, 도요토미 히데요시의 명령서가 일본 지휘관들에게 전달됩니다.

"와키자카 야스하루, 도도 다카토라, 구키 요시타카, 가토 요시아키 등은 신속히 남해로 출정하여 이순신 함대를 전멸시켜라!"

7월 6일, 이순신은 좌수영에서 이억기 함대와 만나서 3차 출정을 떠납니다. 원균은 예전에 파손된 판옥선을 수리해 7척을 거느리고 노량에서 합류했습니다.

그런데 이날 연합함대의 전력에 대한 정확한 자료는 남아 있지 않습니다. 20세기 초에 일본 참모 본부에서 펴낸 《일본전사조선역》에 따르면 한산도대첩 당시 조선 수군의 전력이 대선 59척, 소선 50여 척이라고 되어 있습니다. 이를 근거로 추산해 보면, 이순신과 이억기의 판옥선 49척, 거북선 3척, 원균 판옥선 7척, 협선과 포작선 50여 척으로 대략적인 추정이 가능합니다. [53]

7월 7일, 거센 바람이 불어서 항해하기가 무척 힘들었고, 이순신은 당포에 정박하기로 결정을 내리죠. 이때 당포의 미륵산 정상에서 가족을 데리고 피난해 있던 김천손이 허겁지겁 뛰어 내려왔습니다.

"장군!, 제가 미륵산 꼭대기에서 적함 70여 척을 발견하고, 그들의 이동 경로를 계속 지켜보았습니다. 현재 일본군은 거제와 고성 사이의 견내량에 모여 있습니다."

적은 와키자카 야스하루 함대였고, 안택선 36척, 세키부네 24척, 소선 13척 등 73척 규모였습니다.

미륵산은 한려수도 전체를 조망할 수 있는 해발 461미터의 아름다운 산입니다. 김천손은 미륵산 정상에 숨어서 북동쪽에 일본 함대가 정박한 것을 보았고, 곧이어 그 반대편에 조선 함대가 도착한 것을 보고 이순신에게 적 위치를 전달하기 위해 산에서 뛰어 내려온 것이었습니다. 이순신은 척후병을 보내 적의 위치를 다시 한번 확인합니다.

한산도의 풍경

적의 위치를 확인한 이순신은 즉시 연합함대 장수들을 소집해 작전 계획을 세웁니다. 이순신의 작전은 좁은 해협인 견내량 너머에 있는 적을 넓은 바다로 유인한 후, 학익진학이 날개를 펴듯 부채꼴 모양으로 원을 그려 적을 둘러싸는 진형을 펼쳐 화포로 집중 사격하여 전멸시키는 것이었습니다. 적이 넓은 바다로 나오지 않고, 육지에 상륙해서 도망가 버리면 잡을 방법이 없었죠. 특히 일본군은 조총으로 무장해 육지전투에서는 아주 강했기 때문에 이순신은 최대한 바다에서 승부를 보려 했습니다.

이순신의 연합함대가 견내량에 도착해서 보니 일본군은 여전히 좁은 견내량 너머에 정박하고 있었습니다. 그런데 일본 함대의 규모가 예상보다 상당히 커서 조선 수군은 무척 긴장했습니다. 선봉에는 73척을 거느린 와키자카 야스하루 함대가 자리 잡았고, 바로 뒤에는 일본 수군의 최고 사령관인 구키 요시타카가 70여 척으로 버티고 있었습니다.

그런데 이때, 돌발 상황이 벌어집니다. 용인 전투에서 1,600명의 작은 병력으로, 5만 명의 조선군을 격파해 기세가 등등하던 와키자카가 조선군을 얕보고 구키와 상의도 없이, 이순신 함대로 거침없이 돌진해 온 것입니다.

원균이 흥분해 이순신에게 소리쳤습니다.

"뭐하는 거요? 적을 기다리지 말고, 빨리 돌진합시다!"

이후 전투 상황은 《징비록》에 자세히 드러나 있습니다.

 원균의 말을 들은 이순신은 "공원균은 병법을 알지 못하니 이같이 대응하면 반드시 패전할 것이오. 견내량은 바다가 좁고 물이 얕아서 화포 사격을 위해 배를 돌리기가 어려우니 우리가 거짓으로 물러가는 척하며 적을 유인하고 넓은 바다로 나가서 싸우는 것이 좋습니다"라고 말했다.

이순신은 깃발의 신호로 지휘하여 자신이 끌고 온 군함들을 모두 물러가게 했다. 그러자 적군들은 '도망간다!'며 크게 기뻐하고 앞다투어 따라왔는데, 좁은 견내량을 통과할 때쯤 이순신이 북소리를 한 번 크게 울렸다. 그러자 여러 군함이 동시에 노를 돌려 곧장 바다 가운데 열을 지어 학익진으로 늘어섰다. 정면으로 적함과 마주하니, 그 거리는 수십 보밖에 떨어지지 않았다.

이순신은 2차 출정을 마친 6월 11일부터 8월 23일까지는 일기를 쓰지 않았지만, 선조에게 〈견내량파왜병장〉이란 제목으로 장계를 올려 한산도대첩의 전투를 세밀하게 보고했습니다.

우리 배들은 거짓으로 후퇴했습니다. 적들이 멈추지 않고 뒤쫓아 바다 가운데까지 나왔기에 다시 장수들에게 명령해 학익진으로 한꺼번에 일제히 나아가 각각 지자, 현자, 승자와 각종 화포를 쏘았습니다. 먼저 그들의 적함 2~3척을 깨부수었더니 왜적은 사기를 잃고 숨으려 했습니다. 여러 장수와 병사들이 승기를 잡고 기뻐서 펄쩍펄쩍 뛰면서 돌격해 화살과 화포를 교대로 발사하니 그 형세가 천둥 같았습니다. 배

한산도대첩의 학익진을 재현한 모습
출처: 영화 〈한산 : 용의 출현〉

를 불태우고 적을 죽이기를 한꺼번에 거의 다 했습니다.

그날 전투에 직접 참전했던 이순신 조카 이분은 당시 전투를 어떻게 기억하고 있을까요?

바다가 아주 넓었고 적선이 모두 모여 있었다. 우리는 배를 멈추기 위해 돛을 내렸고 바로 화포와 불화살을 천둥처럼 쏘았다. 연기와 불꽃이 하늘에 가득 찼고, 눈 깜짝할 사이에 바다가 피비린내와 함께 붉어졌다. 적선 73척은 모두 파괴되고, 바닷속으로 가라앉았다. … 이후에 일본군에게 포로로 잡혀있던 제만춘이 한산도대첩에 관한 일본군의 공문을 봤는데 "일본과 조선의 수군이 전투를 벌였고, 일본 전사자가 9천여 명이다"라고 쓰여 있었다.[54]

견내량 너머에서 전투를 관망하던 구키는 패배가 확실시되자 배를 돌려 신속하게 달아납니다. 선봉장이었던 와키자카는 가까스로 살아남아 패잔병 400여 명을 이끌고 견내량 옆에 있던 한산도로 기어올라 겨우 도망치죠.

그런데 와키자카는 한산도가 무인도라는 것을 꿈에도 몰랐습니다. 한산도에는 먹을 식량이 없었고, 이순신이 두려워 섬 밖으로 나오지 못한 와키자카는 부하들과 바닷가에 있는 해초만 뜯어 먹고 10일을 버팁니다. 배고픔과 패배의 치욕을 견디지 못한 일본군 장수 마나베 사마노조는 할복 자살을 해 버립니다.

이순신은 한산도를 관할 하던 원균에게 '와키자카가 한산도에서 굶어 죽도록 섬을 포위해서 탈출하지 못하도록 하라'고 의견을 전달했습니다. 원균은 자신의 부대가 책임지고 경비하겠다고 했으나, 며칠 뒤 어이없게 경비를 풀어버려 와키자카는 탈출하고 말았습니다.

얼마 전에 와키자카의 후손이 KBS 인터뷰에서 이렇게 밝혔습니다.

"와키자카 장군이 전투에 져서 무인도에 올라가 해초만 먹었다고 합니다. 그날이 아마 7월 8일인가 생각됩니다만, 저는 어렸을 때부터 그날은 집안의 전통대로 해초만 먹고 있습니다."

한산도대첩으로 이순신은 남해와 서해를 완전히 장악했습니다.

일본군의 원래 작전은 수륙병진작전水陸竝進作戰, 즉 수군과 육군이 동시에 각기 다른 경로로 진격하여 전쟁의 속도와 충격을 극대화하는 전략이었습니다. 고니시, 가토 등의 육군은 부산에 상륙한 다음에 육로로 한양, 평양, 함경도로 진격해 점령했고, 수군은 도도 다카토라, 구루지마 미치유키 등이 부산 ⇨ 남해바다 ⇨ 서해바다 ⇨ 인천 ⇨ 한양으로 군함을 타고 들어와 육군과 합류하려고 했습니다. 특히 곡창지대인 전라도를 점령해 일본군의 식량 기지로 쓰려고 했는데, 한산도대첩으로 그 모든 작전 계획이 어그러졌습니다.

이순신은 한산도대첩으로 남해와 서해를 완전히 장악하는 것은 물론 한반도의 식량 기지라고 할 수 있는 전라도를 지켜냅니다. 한산도대첩으로 인해 최소한 나라가 망할 일은 없어진 거죠. 류성룡은《징비록》

한산도대첩 김형구 作, 1975, 전쟁기념관 소장

에 한산도대첩의 중요성을 이렇게 기록합니다.

 한산도대첩이 있기 전에 적의 장수 고니시는 평양에서 편지로 "일본의 수군 10여만 명이 또 서쪽 바다로 오게 될 것인데 그렇게 되면 선조는 이제 어디로 도망가시렵니까?"라고 조롱을 했다.

적군은 본래 수군과 육군이 합세하여 서쪽으로 내려오려 했다. 하지만 이순신이 이 한 번의 전투를 통해 적군의 한쪽 세력을 궤멸시켰기에, 고니시는 비록 평양을 점령했으나 그곳에 고립되어 감히 더 진군하지 못했다.

또한 이 승리로 우리나라에서는 전라도, 충청도, 황해도, 평안도 지역까지 연결되는 해안선을 확보할 수 있게 되었다. 그 덕분에 군량을 보급하는 것이 순조롭게 이루어지고 조정의 명령이 전달되어 나라가 다시 일어설 수 있었다. 그리고 명나라 요동지역의 금주, 복주, 해주, 개주, 천진 등이 전쟁에 휘말리지 않게 되어서 명나라 구원병이 육로로 나와 구원하여 적군을 물리치게 된 것이다.

이 모든 일이 이순신이 단 한 번의 싸움에서 이긴 공이니 아아! 이것이 어찌 하늘의 도움이 아니겠는가!
이순신은 이를 계기로 3도의 수군을 거느리고 한산도에서 주둔하여 적군이 서쪽으로 내려오는 길을 막았다.

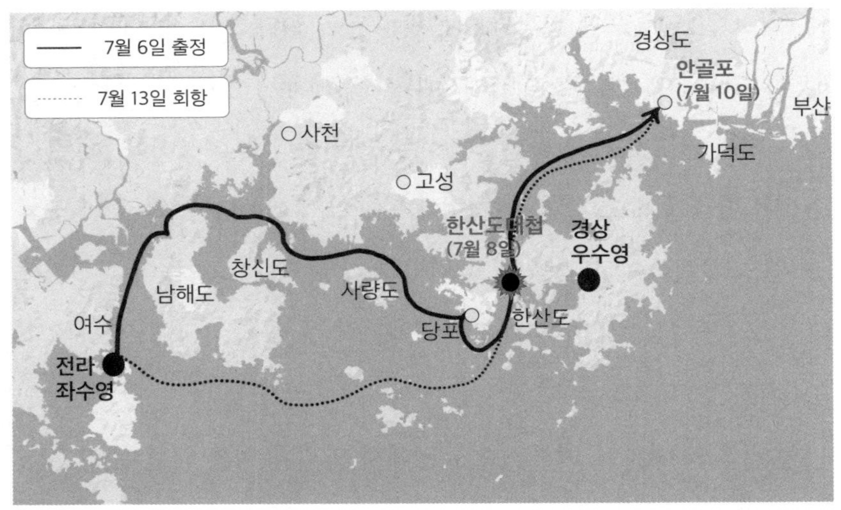

이순신 3차 출정

이날의 승리를 우리는 한산도대첩이라고 부릅니다. 한산도대첩은 진주대첩, 행주대첩과 함께 임진왜란의 3대 대첩으로, 일본군의 수륙병진전략을 한방에 무너뜨린 결정적인 승리였습니다.

전투를 마친 이순신의 연합함대는 견내량 인근에서 잠시 휴식을 취하고, 다음 날 척후병에게 '도망간 구키 함대가 안골포에 정박해 있습니다'라는 보고를 받고 안골포로 출동합니다. 그러나 바람이 거세게 불어서 이순신은 거제도 옆의 온천도에 정박하고 하루 쉬면서 바람이 잔잔해지기를 기다립니다. 안골포는 좁고 긴 만이라서 학익진처럼 배를 좌우로 펼칠 수가 없었기에, 이순신은 밤새 새로운 안골포 작전 계획을 세우죠.

7월 10일, 안골포에 도착한 이순신은 구키 함대를 발견하고 우선 유인합니다. 그러나 한산도대첩에서 유인 작전에 말려 대패한 경험이 있던 구키는 나오지 않고 군함을 정박하고 버팁니다. 예상이나 한 듯 이순신은 함대를 좁고 긴 항만 지형에 맞게 좌우가 아닌 상하로 진을 치고, 앞의 군함들이 포격을 하고 뒤로 빠지면 다음 군함들이 전진하여 다시 포격을 하는 형태로 계속 교대하면서 쉴 새 없이 집중 포격을 퍼붓습니다.

일본 측의 기록에 의하면 안골포에서 파괴된 일본 군함이 약 21척 정도였다고 합니다.

이순신의 3차 전투결과

구분	전투일	항목	전투결과	
			조선군	일본군
3차 출정	1592년 7월 6일~ 7월 13일	함대규모	판옥선 56척(이순신 21척·이억기 28척, 원균 7척), 거북선 3척	115척
		3차 출정	19명 전사, 116명 부상	79척, 12,960명 전사
한산도 대첩	1592년 7월 8일	지휘관	이순신, 이억기, 원균	와키자카 야스하루 와키자카 사헤에(전사) 마나베 사모노조(할복)
		함대규모	판옥선 56척, 거북선 3척	군함 73척
		피해	?	59척 완파, 9천여 명 전사
안골포해전	1592년 7월 10일	지휘관	이순신, 원균	구키 요시타카 가토 요시아키
		함대규모	판옥선56, 거북선3척	군함 42척
		피해	?	20여 척 완파, 3960명 전사

또다시 일본 수군의 일방적인 패전을 보고 받은 도요토미는 전략을 완전히 바꾸고 새로운 명령을 내립니다.

"이순신 함대와 전투를 금지하라! 바다에서 만나면 도망을 가라. 남해안 장악을 통한 서해안 진출이 막혔으니, 이미 점령한 해안 지역에 왜성을 쌓고 주둔하라."

7월 13일, 이순신은 3차 출정을 마무리하고 여수로 복귀합니다. 이순신은 한산도대첩 이후 정2품의 정헌대부로 승진해서, 이때부터 원균의 상관이 됩니다.

일본군이 전혀 예상하지 못한 의병 봉기

일본군 지휘부는 조선에서 일어난 의병의 등장을 보고 경악했습니다. 전쟁이 터지자 조선의 임금은 수도 한양을 버리고 전속력으로 도망쳐 의주까지 도주했는데, 백성들은 오히려 분연히 떨쳐 일어나 의병을 조직해 일본군에 맞서 싸웠기 때문입니다. 이 의병들은 평소 글만 읽던 선비, 밭을 일구던 농부, 수행을 하던 스님, 심지어 주인에게 학대받던 노비들까지 포함되어 있었습니다.

일본군은 백성들의 자발적인 의병 봉기를 도무지 이해할 수 없었습니다. 그 이유는 조선과 일본의 정치체제가 근본적으로 달랐기 때문입니다.

조선은 국왕을 중심으로 한 강력한 중앙집권체제였습니다. 모든 백성은 한 사람의 임금을 섬겼고, 임금이 임명한 지방 수령은 1~2년마다 계속 바뀌어서 지방 권력이 발붙일 틈조차 없었습니다. 가끔 지방 권력이 생겨나면 임금은 역모로 몰아서 빠르게 제거했습니다. 역모를 하면 9촌까지 완전히 멸족시켰기 때문에 가족들을 위해서라도 역모는 꿈꿀 수 없었죠.

반면, 일본은 달랐습니다. 도요토미 히데요시가 전국을 통일했다고는 하나, 아직은 통일 초기였고 각 지역에는 독자적인 영토와 군대를 거느린 다이묘^{지방영주}가 여전히 존재하고 있었습니다. 일본 백성들에게는 아직 국가라는 개념이 없었고, 지방의 권력자인 다이묘에 충성했기 때문에 나라를 지키기 위한 의병 같은 현상은 나올 수 없었습니다. 그러니 전국 곳곳에서 일어난 의병에 경악할 수밖에요.

의병은 지역을 중심으로 일어났기 때문에 그 지역의 지형, 정보, 군량 확보와 보급에서도 관군보다 큰 이점을 가졌습니다. 관군은 조총 소리만 듣고도 도망가는 경우가 많았지만, 의병은 스스로 나라와 지역을 지키겠다는 강한 신념으로 뭉쳐 전투 의지가 충만했습니다. 게다가 전투를 거듭할수록 경험치가 쌓여 강력한 전투력을 갖추게 되었습니다.

선조는 의병이 변심하여 쿠데타를 일으키지는 않을까 두려워했지만, 류성룡은 전국 각지에서 일어난 의병을 활용하면 전쟁 승리의 원동력이 되리라 판단하고, 전국에 공문을 보내 의병 봉기를 간절하게 호소했습니다.

 내가 사방에 공문을 보내 각기 의병을 일으켜 적에 맞서 싸우라고 격려했는데, 이 공문이 금강산에 이르자 승려 유정이 이것을 불탁 위에 펴 놓고 여러 승려를 불러 모아 읽으면서 눈물을 흘렸다고 한다. 유정은 마침내 승군을 일으켜 적과 싸우기 위해 평양으로 달려왔다.

그러나 지방에서는 무기를 지원해달라는 의병들의 요청을 지방 수령과 관군이 거부하는 등 갈등이 깊었습니다. 승전을 거듭하는 의병을 관군들이 질투하는 일도 많았습니다. 거기다 의병 중에는 스님과 노비도 많았기 때문에 양반들은 천한 신분이었던 의병들을 대놓고 무시하기도 했죠.

그럼에도 의병들은 나라와 가족을 지키기 위해 목숨을 걸고 전쟁터로 달려갔습니다. 선비, 농부, 스님, 노비들은 점점 더 강력한 전사로 변하고 있었습니다. 그들의 눈부신 활약을 《징비록》에서 살펴보겠습니다.

 권응수는 영천 사람인데 힘이 세고 담력과 용맹이 있었다. 그는 정대임과 함께 군사 1천여 명을 거느리고 영천을 수복하려 했는데, 군사들이 왜적을 두려워해 앞으로 나아가지 못했다. 그때, 권응수가 적군 몇 사람을 베어 죽이자, 군사들은 사기를 얻고 성을 타 넘고 들어가 적과 좁은 거리에서 싸웠다. 적군은 전세가 불리해지자 창고 속으로 몰래 도망쳐 들어갔는데, 우리 의병들이 불을 질러 적군은 모두 불에 타서 죽었고 그 냄새가 몇 리까지 풍겼다. 남은 적군은 경주로 달아났다. 이때부터 안동, 의성, 의흥, 신녕 등 경상좌도의 여러 고을이 보전되었다. 이는 영천에서 의병이 한 번 싸워 이긴 덕분이다.

경상도 의병장으로는 의령의 곽재우, 고령의 김면, 합천의 정인홍, 예안의 김해·유종개, 초계의 이대기, 군위 장사진 등이 일어났다. 곽재우는 군사전략이 뛰어났는데, 여러 번 적군과 싸워 이겨서 적군은 그를 두려워했다.

붉은 전투복을 입고 신출귀몰한 작전으로 수많은 전투를 승전으로 이끈 '홍의장군' 곽재우는 백성들에게 가장 인기가 많은 의병장이었습니다. 특히 임진왜란의 3대 대첩으로 꼽히는 진주대첩에서 퉁소를 불며 심리전을 펼치고, 여러 기만술로 적을 속여 승전에 크게 기여했습니다.

1592년 10월 4일부터 10월 10일까지 벌어진 진주대첩은 김시민이 이끄는 관군과 곽재우가 이끄는 의병이 힘을 모아 이룬 값진 승리로, 전라도로 진격하려던 일본군의 계획을 좌절시킨 전략적 대승이었습니다.

 장사진은 여러 전투에서 승리해 적군을 많이 죽여서 적군은 그를 '장 장군'으로 부르면서 감히 군위 근처는 얼씬거리지도 못했다. 어느 날 적군이 유인 작전을 펼쳤는데, 장사진은 그 사실을 모르고 적을 끝까지 추격하다가 미리 숨어 있던 적병에게 포위되었다. 하지만 그는 오히려 크게 고함을 외치며 힘껏 싸웠다. 그에게 화살이 다 떨어지자 적병은 장사진의 한쪽 팔을 쳐서 잘랐다. 그런데도 장사진은 멈추지 않고 남은 한쪽 팔로 끝까지 싸우다가 장렬히 전사했다.

전라도에서 활약한 의병으로 김천일, 고경명, 최경희가 있다. 김천일은 전라도에서 가장 먼저 의병을 일으켜 군사를 이끌고 경기도로 진격했다. 조정에서는 이를 가상히 여겨 그 군대에 '창의군'이란 칭호를 내렸다.

고경명은 글쓰기 재주가 있었는데, 자신의 고장에서 모집한 군사를 거느리고 금산 전투에 아들 둘과 참전하여 적군과 싸우다가 전사했다. 그의 아들 고종후는 살아남아 부대 이름을 '복수군'이라고 짓고, 전사한 아버지와 동생을 대신하여 그 군사를 이끌었다.

충청도 의병으로 승려 영규, 조헌, 김홍민, 이산겸, 박춘무, 조덕공, 조웅, 이봉 등이 일어났다. 영규는 힘도 세고 전투에 능하여 조헌과 함께 청주를 수복하는 공을 세웠다. 그러나 이후 금산 전투에서 패전하여 영규와 조헌은 전사하고 말았다. 조웅은 가장 용감하여 능히 말 위에서 서서 달리며 적군을 많이 죽였으나 결국 전사했다.

경기도에는 우성전, 정숙하, 최흘, 이로·이산휘, 남언경, 김탁, 유대진, 이일, 홍계남, 왕옥 등이 일어났다. 홍계남이 그중에서도 가장 사납고 용맹스러웠다. 북방에서 활약한 의병장은 정문부와 고경민이 공로가 가장 컸다.

　　이처럼 의병은 전국 각지에서 들불처럼 일어나 일본군을 집어삼키고 있었습니다. 이순신은 사회적으로 가장 천대받았던 스님들을 전투에 적극적으로 활용했습니다.

난중일기 속으로　1593년 2월 22일. 새벽부터 구름이 검더니 동풍이 세게 붊. 적을 무찌르는 일이 급하므로 출정해 사화랑에 이르러 바람이 잠잠해지기를 기다렸다. 이윽고 바람이 멎는 듯했으므로 재촉해 웅천에 이르렀다. 삼혜와 의능 두 승장스님 출신 의병장, 의병 성응지를 진해로 보내 곧 상륙하는 척하게 했다. 또 우도에 있는 여러 장수의 배 중에서 튼튼하지 않은 배를 골라 동쪽으로 보냈다. 그들 또한 상륙하는 척하게 했더니 왜적들이 당황해 갈팡질팡했다. 이 틈을 타서 모든 배를 몰아 일시에 뚫고 들어가 적을 거의 섬멸했다.

　　이처럼 육지와 바다를 가리지 않고 전국 각지에서 의병들이 눈부신 활약을 했지만, 선조는 의병을 경계하고 그 공을 폄하한 경우가 많았습니다. 선조는 자신의 통제 밖에 있는 의병이 역적으로 돌변해 쿠데타를 일으키진 않을까 의심했던 것입니다.

　　그런데 마침 선조의 의심을 확신으로 바꾸는 사건이 일어납니다.

　　전쟁이 터지고 선조의 무능함을 목격한 백성들은 조선왕조 타도를 내걸고 몇 차례 봉기했습니다. 그 대표적인 사건이 1596년에 일어난 '이몽학의 난'입니다.

　　이몽학은 '도탄에 빠진 백성을 구하고, 자신이 왕이 되겠다'며 수천 명의 반란군을 빠르게 결성하고 지방 수령들을 공격해 세력을 급속도로 확장했습니다.

그는 거짓 선동에도 능했습니다.

"전라도 의병장 김덕령과 경상도 홍계남 등이 우리와 뜻을 같이하고 있으며, 곧 합세해 한양으로 진격할 것이다."

선조는 사태의 심각성을 깨닫고 신속히 충청도로 군대를 파견했습니다. 결국 거사는 실패로 끝났고, 이몽학의 부하들은 그

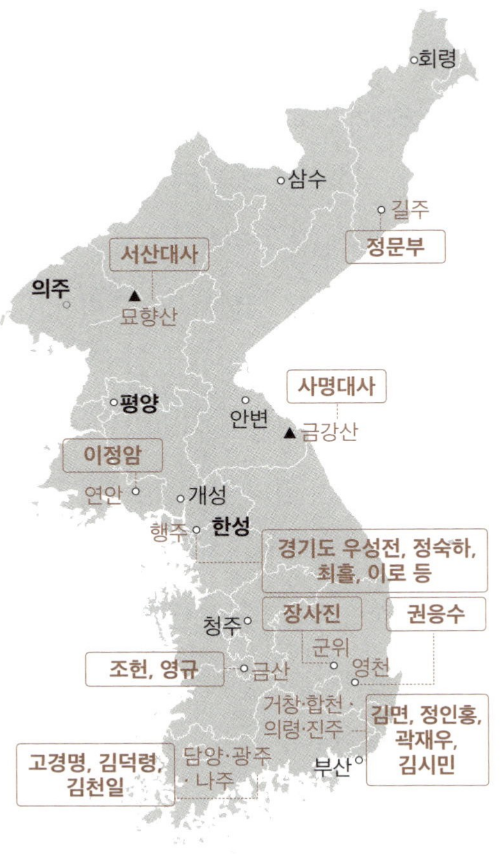

전국의 의병장 활동

의 목을 베어 바쳤습니다. 이로써 이몽학의 난은 종결되었습니다.

그러나 선조의 분노는 쉽게 가라앉지 않았습니다. 그는 이몽학의 머리를 한양 길가에 내걸었을 뿐 아니라, 지방 곳곳을 돌며 전시하도록 명령했습니다. 이후 이몽학의 집을 파헤쳐 그 자리에 연못을 만들어 버렸고, 수백 명을 처형하며 잔혹하게 마무리했습니다.

당시 김덕령은 권율에게서 이몽학의 난을 진압하라는 명령을 받고 출동했다가 오히려 체포되어 한양으로 압송되었습니다. 류성룡이 선조에게 "이몽학의 죄는 분명하지만, 반란수괴들이 모두 한양에 압송된 다음에 김덕령을 신중하게 조사해야 합니다"라고 건의를 했습니다. 그러나 선조의 답은 정해져 있었습니다. 선조에게 김덕령의 반란 가담 사실은 별로 중요하지 않았고, 의병장을 역적으로 죽여서 본보기를 보이려 했습니다. 의병들이 두려워서라도 반란을 못 하게 하고 싶었죠.

선조는 직접 김덕령의 죄를 추궁하면서 압슬형을 가했고, 김덕령은 정강이뼈가 모두 부서져서 죽었습니다. 이 소식을 들은 남도 백성들의 분노는 상당했습니다. 훗날 선조가 죽고 광해군을 거쳐 인조가 즉위하자 사관은 〈선조수정실록〉에 김덕령의 억울함과 당시 백성들의 분노를 기록했습니다.

남도의 군민들은 항상 그에게 기대고 그를 소중하게 생각했는데, 억울하게 죽자 소문을 들은 사람 모두가 원통하게 여기고 가슴 아파했다. 그때부터 남쪽 백성들은 김덕령의 일을 경계하여 용기 있는 자는 모두 숨어버리고 다시는 의병을 일으키지 않았다.[55]

김덕령의 억울한 죽음 이후 의병들의 사기는 땅에 떨어졌고, 의병 활동은 큰 타격을 받았습니다.

전쟁의 흐름을 바꾼 부산포해전

1592년 8월 1일부터 전라우수사 이억기의 함대는 전라좌수영에 합류해 연합훈련을 실시하며, 언제든 출동할 수 있는 전투태세를 갖추었습니다. 이순신은 판옥선 22여 척을 추가로 건조해 수군 전력을 대폭 강화했습니다.

한산도대첩 이후 이순신은 부산부터 남해 일대까지 광범위하게 척후병을 배치해 일본군의 위치, 병력 규모, 활동 상황을 지속적으로 보고받았습니다. 이순신은 적의 정보를 면밀히 분석하며, 추가 군함 건조가 완료되자 마침내 일본군 총사령부인 부산포를 직접 공격하기로 결심합니다.

이번 부산포 출정은 일본군 수군사령부와 핵심 보급기지를 정면으로 타격해 전쟁의 흐름을 뒤집고, 해상 주도권을 완전히 장악하려는 전략적 결단이었습니다.

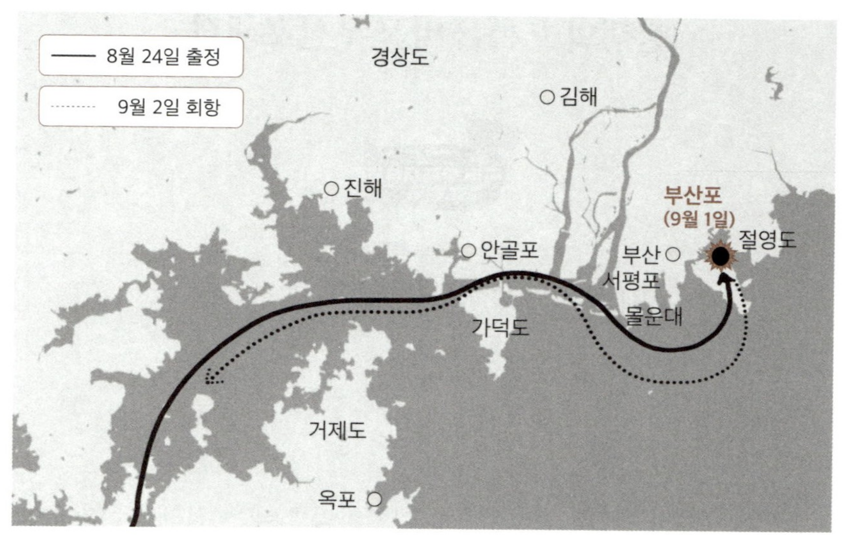

이순신 4차 출정

1592년 8월 24일, 이순신은 71척의 판옥선과 거북선 3척을 이끌고, 부산포로 4차 출정을 떠납니다. 다음 날 원균이 합류하여 연합함대는 총 80척이 되었습니다. 연합함대는 부산포로 이동하며 장림포해전, 화준구미해전, 다대포해전, 서평포해전, 절영도해전, 초량목해전을 치렀고 그때마다 승전을 거듭했습니다.

9월 1일, 이순신은 신중하게 조금씩 전진하면서 휘하 장수들과 작전 계획을 짜고 있었는데, 척후병의 급보가 날아듭니다.

"부산포의 동쪽 산 아래 500여 척의 일본 군함이 정박하고 있고, 지금 안택선 4척이 초량으로 나오고 있습니다."

이순신은 즉시 명령을 내립니다.

"녹도만호 정운과 거북선 돌격장 이언량이 선봉을 맡아서, 안택선 4척을 공격하라."

조선 수군 중에 가장 용감한 장수였던 정운과 이언량이 안택선을 추적하다가 화포의 사정거리에 안택선이 들어오자마자 포격하여 순식간에 침몰시켰습니다. 이 광경을 지켜보던 이순신은 전 함대에 부산포 진격을 명령합니다.

부산포 앞은 장관이었습니다. 형형색색의 깃발과 문양으로 장식된 500척의 군함이 자로 잰 듯이 정박되어 있었으니까요. 이순신의 연합 함대가 접근하자 일본군의 파상공격이 시작되었습니다. 일본군은 조선군의 화포와 화살을 쏘고 있었죠.

어떻게 일본인이 조선인만 다룰 수 있는 화포와 화살로 공격을 했을까요? 일본군에 자발적으로 귀화하거나 포로로 잡힌 순왜順倭, 임진왜란 당시 왜군에 협력한 조선인들 때문이었습니다.

일본군의 파상 공격에 이순신은 작전상 후퇴를 명령하고, 뒤로 물러서 휘하 장수들과 참모들을 긴급하게 소집합니다. 이억기, 원균, 정걸 등 주요 장수들은 '오늘은 그만 철수하고 내일 전열을 정비하여 다시 공격하자'는 의견을 내놓습니다. 그때, 정운이 "지금 철수하면 적의 사기가 올라서 역공당할 수 있습니다. 지금 공격해야 합니다"라고 강하게 주장했습니다.

이제 이순신의 시간이었습니다. 연합함대 사령관으로 결단을 내려야 했죠.

이순신은 정운의 말이 맞다고 생각하고 '500척을 하나의 학익진으로 상대할 수 없으니, 6개의 학익진으로 구역을 나눠 공격하라'는 명령을 내립니다. 그리고 거북선을 선봉대로 앞세우고, 돌격을 감행합니다.

적 함대가 화포 사거리화약의 힘으로 포탄을 쏘아 보낼 수 있는 최대 거리에 들어오자 거북선 용머리에서 먼저 불을 뿜어 포탄을 날렸습니다. 첫 포탄을 신호로, 뒤에 따라오던 판옥선들이 각자의 구역으로 일사불란하게 흩어져 6개의 학익진 구성을 마쳤습니다.

이순신이 대장선에서 깃발로 신호를 주자 일제히 배를 옆으로 돌리고 집중 포격이 시작되었습니다.

부산포해전

'쾅! 쾅! 콰아앙!'

천지를 흔드는 포성과 함께 수백 발의 포탄이 적의 군함으로 일제히 날아들자 적들은 기겁하고 바다로 뛰어들었습니다. 조선 수군들은 헤엄을 쳐서 육지로 도망가는 적군들을 정조준하여 등에 화살을 꽂기 시작했습니다. 포탄으로 군함이 박살 나고, 불에 타오르면서 적의 사기가 한순간에 꺾여 버렸습니다.

거북선은 돌격하여 적함을 직접 들이받아 파괴하는 '충파 전술'을 좌충우돌 펼치고, 4면에서 화포 사격을 가해 적군을 경악시켰습니다. 전장에서 가장 피해야 하는 '두려움'이 급속도로 일본군에 전염되었고, 얼마 후에는 일본군 전체가 집단공황 상태에 빠져 버렸습니다.

일본군은 반격할 의지를 잃어버렸고, 이후에는 조선군의 무차별적인 일방 공격이 진행되었습니다. 아침부터 시작한 전투는 장장 10시간에 걸쳐 계속되어 어둠이 내리고 나서야 끝이 났습니다.

이순신의 연합함대는 일본 군함 128척을 부산 앞바다에 수장시키고, 적군 3,834명을 죽였습니다. 부산포의 일본군 총사령관은 도요토미 히데카츠라는 인물로, 그는 도요토미 히데요시의 양자였습니다. 전투가 끝나고 처참한 패배의 전장을 직접 둘러본 도요토미 히데카츠는 화병으로 며칠 뒤 죽고 말았습니다. 그로부터 388년 뒤 부산시는 부산포해전에서 승리한 9월 1일을 양력으로 환산해 10월 5일을 '부산시민의 날'로 선포하고 매년 기념하고 있습니다.

<h2 align="center">이순신의 4차 전투결과</h2>

구분	전투일	전투결과		
		항목	조선군	일본군
4차 출정	1592년 8월 24일~ 9월 2일	지휘관	이순신, 이억기, 원균	도요토미 히데카츠 구키 오시타카 도도 다카토라 와키자카 야스하루
		함대규모	판옥선 71척, 거북선 3척, 협선 92척	504척
		피해	7명 전사, 25명 부상	162척 완파, 7,984명 전사, 1,200명 부상
장림포해전 화준구미해전 다대포해전 서평포해전 절영도해전 초량목해전	1592년 9월 1일	지휘관	이순신, 이억기, 원균	모름
		함대규모	판옥선 71척, 거북선3 척, 협선 92척	34척
		피해	없음	34척 완파, 4,150명 전사
부산포해전	1592년 9월 1일	지휘관	이순신, 이억기, 원균	도요토미 히데카츠 구키 오시타카 도도 다카토라 와키자카 야스하루
		함대규모	판옥선 71척, 거북선3 척, 협선 92척	군함 470척
		피해	7명 전사, 25명 부상	128척 완파, 3,834명 전사, 1,200명 부상

완전한 대승에 웃으며 부하들을 격려하고 퇴각하던 이순신에게 비보가 날아듭니다.

'정운 전사.'

이순신은 가장 아끼던 부하를 잃고 통곡했습니다. 그날 밤, 이순신은 잠들지 못하고, 정운을 그리워하며 시를 쓰고, 장례식에 제문으로 올립니다.

아! 인생이란 반드시 죽음이 있고

죽고 삶에는 반드시 천명이 있나니

사람으로서 한 번 죽는 것은 진실로 아까울 게 없건마는

오직 그대 죽음에 마음 아픈 까닭은…

죽음을 무릅쓰고 앞장서 나아가서

왜적들 수백 명이 한꺼번에 피 흘렸다…

4번이나 이긴 싸움 그 누구 공로인가…

여기까지 쓰고 나니 살을 에듯 아프구나.

나라 위해 던진 그 몸 죽어도 살았도다.

슬프다 이 세상에 누가 내 속 알아주리.

극진한 정성으로 한잔 술을 바치노라.

아! 슬프도다.

1592년 9월 11일, 이순신은 선조에게 정운을 녹도에 있는 이대원 사당에 함께 배향해 주기를 요청하는 장계를 올립니다.

정운 장군의 늠름한 기상과 충성스러운 정신이 아무 흔적 없이 사라

진다면, 훗날 사람들이 그의 공을 알지 못하게 되어 참으로 안타깝고 슬픈 일입니다. 정운이 관할 하던 녹도에는 이대원의 사당이 있으니, 두 분을 함께 모시는 제단을 만들어 제사를 지내게 해주십시오. 그렇게 하면 정운 장군의 혼을 위로할 수 있을 뿐 아니라, 백성들에게도 큰 깨달음을 줄 수 있을 것입니다.

선조는 이순신의 요청을 승인했습니다. 현재 정운은 전남 고흥군 쌍충사에 이대원과 함께 제향되어 있습니다. 이순신은 부산포해전의 승리를 통해 남해를 장악하고, 1593년 7월 여수에 있던 전라좌수영을 한산도로 옮깁니다.

한산도는 일본 수군사령부가 있던 부산과 가까운 곳으로 최전방과 같은 곳이었습니다. 한산도 주변의 육지는 모두 일본군에 점령된 상태였죠. 따라서 한산도에 좌수영을 설치한다는 것은 적진 한가운데 뛰어드는 것처럼 위험한 일이었습니다.

그러나 이순신은 타고난 군사 전략가로 한산도의 지리적 중요성을 인식하고 좌수영을 전진 배치시켜서, 일본 수군의 남해 진출을 원천 차단해 버렸습니다.

1593년 8월, 이순신은 삼도수군통제사로 임명을 받아 조선 수군을 총괄하는 지휘관이 됩니다. 지금의 해군참모총장이죠.

전환의 서막 : 평양에서 행주까지

명나라 참전과 평양성 수복,
그리고 행주대첩

1592년 8월, 선조는 2차례의 전투를 통해 평양성에 주둔한 고니시 부대의 전투력이 약해졌다고 판단해, 이원익을 내세워 평양성 수복을 명령합니다.

 이원익과 이빈은 군사 수천 명을 거느리고… 평양성 북쪽에서 진군해 가다가 적군의 선봉을 만나 적병 20여 명을 쏘아 죽였다. 그러나 조금 후에 적병이 크게 몰려와 우리 군사는 놀라 무너지고 말았다. 압록강 연안 출신의 용맹스러운 군사들이 많이 죽고 다쳤다. 그래서 순안으로 퇴각을 했다.

《징비록》에 기록되어 있듯이 평양성 3차 전투는 허무하게 끝나버렸습니다. 곧이어 명나라 병부상서^{국방부장관} 석성이 일본 사정을 잘 아는 심유경을 유격장군으로 임명하고, 일본과의 강화 협상을 주도합니다. 심유경은 평양성에서 고니시와 만나서 비밀회담을 진행하죠. 심유경은 조선을 강화 협상에서 배제했고, 회담 내용도 알려주지 않고 명나라로 되돌아갔습니다. 심유경은 정통 외교관이 아니었고 거짓말을 아주 능숙하게 하는 사기꾼 같은 사람이었습니다. 나중에는 일본과의 협상 내용을 명나라 황제한테 속이다 발각되어 처형을 당합니다.

1592년 12월, 명나라가 2차 원정군을 파병합니다.

징비록 속으로 병부우시랑국방부차관보 송응창을 경략책임자으로 임명하고,… 요동 제독 이여송을 대장으로 각각 임명했다. 이들은 이여백, 장세작, 야원과 남방 장수 낙상지, 오유충, 왕필적을 거느리고 압록강을 건너왔는데 군사는 총 4만여 명이 넘었다.

류성룡은 명나라 군대가 오기 직전에 평양성 인근에 깔려 있던 간첩을 일망타진해서 일본군의 정보망을 궤멸시켜 버립니다. 그로 인해 일본군의 정보는 완전히 차단되어 버렸죠. 간첩은 놀랍게도 조선의 군인들이었습니다.

류성룡은 휘하 군관이었던 성남에게 전령전쟁 중에 보내는 문서을 전달하라는 지시를 내렸는데, 기한이 지나서도 전달이 되지 않았습니다. 류성룡이 성남을 불러 이유를 추궁했더니 "벌써 김순량에게 시켰습니다"라고 말해서, 김순량을 불러 "왜 전령을 전달 안 했느냐?"라고 물었는데, 그는 엉뚱한 답변을 내놓았고 고문 끝에 간첩으로 판명되었습니다.

 군관 성남이 "김순량이 전령을 가지고 나간 며칠 뒤에 부대로 복귀했는데, 소 한 마리를 끌고 와서 여러 사람과 잡아먹기에 사람들이 이 소를 어디서 끌고 왔느냐고 물었더니, 김순량은 '원래 내 소인데 친척 집에 맡겨둔 것을 도로 찾아온 것이다'라고 대답을 했습니다. 아무리 생각해도 이상합니다"라고 나에게 보고했다. 김순량을 잡아서 고문했더니 "저는 적군의 간첩 노릇을 했습니다. 제가 성남에게 전령을 받아서 적에게 주었더니, 저에게 소 한 마리를 대가로 주었고, 같이 간첩이 된 서한룡은 명주 다섯 필을 상으로 주었습니다. 지금 저와 같은 간첩이 40명이나 됩니다"라고 밝혔다. 나는 크게 놀라서 이 사실을 조정에 보고했다. 그리고 간첩의 이름을 파악하고, 여러 부대에 통보해서 그들을 체포하도록 했다. 김순량을 성 밖에서 목을 베어 죽였다.

이후 명나라 군대가 들어왔는데 적군은 그 정보를 알지 못했다. 이것은 그 간첩의 무리가 없어졌기 때문이다. 하늘의 도움이 아닐 수 없다.

이때 류성룡은 평안도 도체찰사에 임명되어, 명나라 외교관과 장수들을 응대하고 차질 없이 군량을 보급하는 막중한 임무를 수행하고 있었습니다.

 나는 제독 이여송과 만나 평양성 수복을 논의했다. … 나는 평양 지도를 꺼내놓고 지형과 군사가 들어갈 수 있는 길을 가르쳐 주었다. 제독은 내가 가리키는 곳마다 붉은색으로 지도에 표시했다. 내가 물러 나오자 제독은 부채 앞면에 시 한 편을 써서 나에게 보내왔다.

삼한의 국사가 불안하기에
군병을 이끌고 밤길도 쉼 없이 강을 건너왔다오.
황제는 날마다 승전의 소식 기다리시고,
하찮은 이 신하는 술잔도 그만두었다오. …
꿈속에도 항상 싸움터로 말을 달린다오.

1593년 1월 6일, 조선과 명나라는 조명연합군을 결성하고 평양성으로 진격했습니다. 연합군의 사령관은 이여송이었습니다. 그는 명나라 군인 43,000명을 거느리고 참전했습니다. 조선의 병력은 12,000명이었고, 그중에 사명대사 유정이 이끄는 승병군인이 된 스님 2,200명이 포함되어 있었습니다.

전투는 1월 6일부터 1월 9일까지 나흘 동안 격렬하게 벌어졌습니다. 명나라는 남쪽 절강성 지역에서 온 낙상지와 오유충 장군의 활약이 뛰어났고, 조선은 유정의 승병들이 용맹하게 싸웠습니다.

징비록 속으로 낙상지 등은 부하 군사를 거느리고 개미처럼 성벽에 붙어 기어오르기 시작했다. 앞선 군사가 떨어지면 뒤따르는 군사가 또 올라 물러나는 군사가 없었다. 적병의 성첩에 칼과 창이 고슴도치 털처럼 빽빽이 드리우고 대항했으나, 명나라 군사는 더욱 힘차게 공격하여 싸웠다. 마침내 적이 버티지 못하고 성안으로 후퇴를 했다. 제독은 궁지에 빠진 적병이 죽기로 작정하고 대항할까 봐, 군사들을 일단 성 밖으로 후퇴시켜 적군이 달아날 길을 열어주었다. 그날 밤에 적군은 대동강에 떠 있는 얼음을 건너 도주했다.

마침내 조명연합군은 평양성을 탈환하고, 한양으로 도망간 일본군을 추격하기 시작했습니다. 부지런히 말을 달려 임진강에 도착했지만, 날씨가 따뜻해지면서 얼음이 다 녹아버려 건널 수가 없었습니다.

아무도 대안을 제시하지 못하고 우왕좌왕하자 류성룡이 나섰습니다. 그는 고을 사람 수백 명에게 칡을 모아서 가져오라고 지시하고, 군인들과 함께 칡을 꼬아서 튼튼한 동아줄을 만들었습니다. 동아줄의 길이는 강을 건널 만큼 길게 하여, 열다섯 줄을 만들었습니다. 그리고 강의 양 끝에 서로 마주 보는 큰 나무 기둥을 세우고, 흔들리지 않도록 고정한 다음에 동아줄을 묶었습니다.

그러나 강폭이 커서 동아줄은 강물에 푹 잠겨 버렸죠. 류성룡은 통나무에다 동아줄을 감아서 여러 번 돌렸는데 그제야 동아줄이 팽팽해졌고, 그 위에다 버드나무, 싸리, 갈대를 섞어서 펴고 흙을 덮었습니다. 명나라 군인들은 감탄하며 다리 위로 말을 달려 지나갔고, 화포와 군량도 모두 다리로 운반했습니다. 훗날 미국의 사학자 헐버트는 한국의 4대 발명품으로 금속활자, 한글, 거북선, 마지막으로 류성룡이 만든 임진강 현수교를 꼽았습니다.

임진강 현수교를 제작하고 있는 모습
출처 : 〈하퍼스 매거진〉 1899년 6월

조명 연합군은 임진강을 건너 벽제에서 일본군과 전투를 벌였지만 패배하고 말았습니다.

징비록 속으로 명나라 이여송 제독이 파주로 진군하여 적군과 벽제관 남쪽에서 싸웠으나 전세가 불리하여 이기지 못했고, 개성으로 돌아와 주둔했다.

벽제에서 패한 이여송은 두려움에 사로잡혀 여러 핑계를 대며 일본 군과의 전투를 철저히 회피했습니다. 류성룡은 날마다 그를 찾아가 출병을 재촉했으나, 이여송은 겉으로만 "당연히 진격할 것이오"라며 말 끝을 흐릴 뿐, 실제로는 전투 의지가 전혀 없었습니다. 그는 더 이상 조선 땅에서 자신의 군사를 희생시키고 싶지 않았고, 하루라도 빨리 고향으로 돌아가기를 바라고 있었습니다.

명나라 군대의 식량 보급을 책임진 류성룡의 속은 타들어 갔습니다. 수만 명에 이르는 병사와 수천 필의 말이 하루에 소비하는 식량과 마초는 상상을 초월할 정도였습니다. 겨울이라 식량을 구하고 운반하는 것조차 쉽지 않았고, 말에게 먹일 풀이 없어 사람도 먹지 못할 귀한 곡식을 말에게 먹이고 있는 실정이었습니다. 조선의 백성들은 먹을 것이 없어 하루에도 수천 명씩 굶어 죽어가고 있었습니다.

절박한 심정에 류성룡은 다시 이여송을 찾아가 거듭 전투를 독촉했습니다.

징비록 속으로 제독은 무척 화를 내면서 나와 호조판서 이성중, 경기좌감사 이정형을 불러 뜰 아래에 꿇어앉히고 큰 소리로 꾸짖으면서 군법을 시행^{처형}하려 했다. 나는 제독의 화가 풀릴 때까지 계속 사과했다. 그러면서 나랏일이 이 지경에 이른 것을 생각하자 나도 모르게 눈물이 흘러내렸다.

결국 이여송은 끝내 전투에 나서지 않은 채 평양으로 돌아가 버렸습니다. 이후 명나라는 점차 본색을 드러내기 시작했습니다. 일본과 은밀히 강화 협상을 벌이며, 지긋지긋한 전쟁을 하루빨리 끝내려 한 것입니다. 이 과정에서 조선은 아예 협상에서 배제되었죠.

행주대첩과 조선은 빠진 전쟁 협상

1593년 2월 12일, 도원수 권율과 부원수 선거이가 행주산성에 진을 치고 있었습니다. 원래 계획은 명나라 제독 이여송과 연합해 한양을 탈환하려고 했는데, 이여송이 평양으로 철군하는 바람에 행주산성에 고립되어 버렸습니다.

행주산성으로 진군해 오는 일본군 장수들은 화려한 전투 경력을 쌓은 백전노장들이었습니다. 일본군의 대장은 한양 점령 사령관이었던 우키다 히데이에였는데, 그는 도요토미 히데요시의 사위였습니다. 그리고 이시다 미쓰나리는 도요토미 히데요시에게 전략을 제공하던 책사였고, 고니시 유키나가는 쟁쟁한 경쟁자를 물리치고 임진왜란의 선봉장을 따낸 능력자였습니다. 우키다 히데이에는 3만 명의 대군을 이끌고 행주산성에 도착했습니다.

권율은 관군과 의병을 합쳐 약 1만여 명의 병력을 이끌고 행주산성에서 죽겠다는 비장한 각오로 일본군을 기다렸습니다. 특히 행주산성은 높이 120미터의 낮은 언덕이어서 방어에 굉장히 불리했습니다. 류성룡은 임진왜란 전에 군인 경력이 아예 없던 권율을 장수로 추천했는데, 탁월한 선택이었음을 행주대첩에서 증명합니다. 《징비록》의 기록을 보시죠.

 적군이 한양에서 많은 군사를 앞세워 공격해 왔다. 사람들은 두려워하여 사방으로 흩어져 달아나고자 했지만, 강물이 뒤에 있어 도주할 수가 없었다. 이후 사람들은 도로 성안으로 들어와서 힘껏 싸웠다. 적군이 3개의 진으로 나누어 번갈아 공격했지만, 우리 군사들이 화포와 화살을 비처럼 퍼부어서 모두 승리했다. 때마침 날이 저물어 적군은 한양으로 돌아갔다. 권율은 군사들을 시켜 적병의 시체를 가져와서 사지를 찢은 후 여기저기 나뭇가지에다 걸게 하여 분풀이를 했다.

행주대첩에서 권율은 새롭게 개발한 비격진천뢰^{수류탄}와 신기전 같은 최신 무기들을 활용했고, 선거이는 이순신에게서 지원받은 천자총통

행주대첩도 오승우 作, 1975, 독립기념관 소장

등의 각종 화포로 적을 막았습니다. 나중에 포탄과 화살이 떨어지자 백병전을 하면서 돌과 끓는 물까지도 퍼부어 7차례에 걸친 적의 총공격을 방어하는 데 성공했습니다.

오늘날 행주대첩이라고 하면 권율만 떠올리지만, 이순신과 매우 친한 친구였던 명장 선거이와 처영을 포함한 승병들 그리고 이름 없는 백성들의 활약도 함께 기억해야 하겠습니다.

적장 우키타는 중상을 입고 죽을 위기에 몰렸으나 부하가 그를 업고 도망쳐서 겨우 살았습니다. 명나라와 일본은 다시 강화 협상을 추진했습니다. 심유경이 한양에 들어가서 우키다와 고니시를 비밀리에 만나고, 서로에게 도움이 되는 방향으로 협상을 이끌고 있었죠.

류성룡은 조선이 빠진 상태에서 진행되는 강화 협상을 무척 우려하고 있었습니다. 그러던 찰나, 사건이 터집니다.

명나라 이여송 제독이 유격장군 주홍모에게 한양으로 가서 강화 협상을 하라고 지시를 내립니다. 주홍모는 기패를 들고 있었습니다. 기패는 군대에서 황제의 명령 전달을 상징하는 깃발입니다. 기패는 곧 황제의 명령과 같았기 때문에, 기패를 보면 조선의 신하들은 모두 절을 하고 정중하게 예를 갖추어야 했죠. 그런데 류성룡이 기패에 절을 하지 않자, 주홍모가 분노하면서 절을 하라고 외칩니다. 하지만 류성룡은 끝까지 기패에 절을 하지 않습니다.

 내가 "이것은 왜적의 진영으로 들어가는 기패인데, 우리가 무엇 때문에 절해야 한단 말이오? 또 송응창 시랑이 왜적을 죽이지 말라고 한 문서를 갖고 협상한다고 하니 더욱 그 뜻을 받아 들일 수가 없소"라고 항의했다. 주홍모가 세 번, 네 번 강요했으나 나는 아예 상대하여 듣지 않고 말을 타고 떠나 버렸다.

주홍모가 이여송에게 이 사건을 보고하자, 이여송은 화를 참지 못하고 길길이 날뛰며 류성룡을 군법으로 처형하겠다고 말했습니다. 다음 날 류성룡은 이여송을 찾아가 "왜적을 공격하지 마라는 명령은 도저히 받아들일 수 없어서 그랬습니다"라고 당당하게 말하니, 이여송은 오히려 부끄러워하며 문제 삼지 않았습니다.

일 년 만에 되찾은 한양의 처참한 몰골

1593년 4월 20일, 조명연합군은 한양을 수복했습니다. 명나라와 협상한 일본군은 한양에서 남해안으로 철수했습니다. 이후 일본군은 울산, 김해, 순천 등지에 왜성을 쌓고 주둔을 시작했습니다. 이때부터 1597년까지 4년 이상 강화 협상이 진행되면서 임진왜란은 사실상 휴전 상태로 들어갔습니다.

일 년 만에 다시 찾은 한양의 모습은 처참했습니다.

징비록 속으로 나는 명나라 군사를 따라 성 안으로 들어갔다. 성 안에 남아 있는 백성을 보니 백 명 중에 한 명이 겨우 살아남은 정도였다. 살아남은 사람도 모두 굶주리고 병들어 얼굴빛이 귀신과 같았다. 날씨는 매우 더웠는데 성 안은 죽은 사람과 말의 사체가 곳곳에 그대로 드러나 있어, 썩은 냄새와 더러움으로 가득 찼기 때문에 사람들은 코를 막고 지나갔다.

징비록 속으로 명나라 사대수 총병이 길가에서 어린애가 기어가서 죽은 어미의 젖을 빨고 있는 것을 보고 불쌍히 여겨 이를 거두어 군중에서 길렀다.

징비록 속으로 한양과 지방의 백성들이 몹시 굶주렸고 또 군량을 운반하는 데 지쳐서 늙은이와 어린이는 도랑과 골짜기에 쓰러져 있었다. 건장한 사람은 도적이 되었고 전염병까지 겹쳐서 백성들이 거의 다 죽어가는 판국이었다. 심지어 아버지와 자식이, 부부가 서로 잡아먹었는데 해골만 곳곳에 잡초처럼 드러나 있었다.

류성룡은 한양을 수복하고 3일 뒤에 쓰러졌습니다. 몸이 떨리고 춥게 느껴지는 오한과 고열을 동반한 증상으로 생명까지 위독했어요. 증상을 보면 말라리아에 감염된 것으로 추정되는데, 2개월 동안 투병하다가 가까스로 회복했습니다. 류성룡 연보에는 당시 명나라 장수들의 병문안 기록이 있습니다.

증세가 한열 종류로 매우 위중하여, 명나라 장수들이 보고 모두 걱정하는 안색으로 "가련하다, 가련하다"하면서, 연달아 위문했다.

1592년 4월에 임진왜란이 터지고 그해에 농사를 짓지 못하면서, 1593년 이후에는 전국적으로 굶어 죽거나 전염병으로 죽는 백성들이 속출했습니다. 이순신의《난중일기》를 보겠습니다.

난중일기 속으로 1594년 1월 21일. 맑음. 녹도만호 송여종이 와서 "병들어 죽은 시체 214구를 거두어 묻었습니다."라고 보고했다.

난중일기 속으로 1594년 2월 9일. 맑음. 백성들이 굶어서 서로 잡아먹는다고 하니 어찌하면 좋을 것인지 물었다.

대학살과 음모

피로 물든 진주성과
흔들리는 왕좌

도요토미 히데요시는 명나라와 강화 협상을 유리하게 이끌기 위한 전략적인 이유에서, 그리고 지난해 진주성 패배를 복수하기 위해 진주성 공격을 명령합니다.

1593년 6월 21일, 일본군 1진 가토 기요마사, 2진 고니시 유키나가, 3진 우키타 히데이에 등이 9만 명의 대규모 병력을 이끌고 진주성을 공격했습니다. 조선에 주둔하던 일본의 거의 모든 병력이 투입된 전투였습니다.

반면에 진주성은 의병장 출신 경상우병사 최경회가 이끄는 관군 6,000명과 김천일을 포함한 의병 2,800명밖에 없었고, 직접적인 전투에 참여하지 않는 수만 명의 백성만이 있었습니다. 명나라 군대는 진주성을 지키는 것이 불가능하다고 판단해 지원군도 보내지 않습니다.

9일 동안 25번의 처절한 전투가 벌어졌습니다. 그날의 참혹함을 류성룡은 《징비록》에 기록했습니다.

 진주성을 포위한 지 8일 만에 성은 완전히 함락되었다. 진주목사 서예원, 판관 성수경, 의병장 김천일, 경상우병사 최경회, 충청 병사 황진, 의병장 고종후 등이 모두 전사했다. 또 군사와 백성 중에 죽은 사람이 6만여 명이나 되었으며, 심지어 소, 말, 닭, 개까지도 살아남은 것이 없을 정도였다. 적군은 성을 남김없이 무너뜨리고 참호와 우물을 메우고 나무를 베어 없애서 지난해 패전의 분풀이를 마음껏 했는데, 때는 1593년 6월 28일이었다.

황진이 동쪽 성을 굳게 지키고 싸운 지 며칠 만에 총탄에 맞아 죽었다. 군인들의 사기는 꺾였고 구원병은 오지 않았다. 비가 내려 성의 한 모퉁이가 무너지자 적병이 개미 떼처럼 성에 달라붙어서 기어올라 들어왔다.

김천일은 촉석루에 있다가 최경회와 함께 손을 잡고 통곡하다가 남강에 몸을 던져 죽었으며, 군사와 백성 중에 살아서 빠져나온 사람은 몇몇뿐이었다. 전쟁이 터진 이후로 이렇게 많은 사람이 죽은 것은 처음이다.

이순신은 진주성 함락 소식을 듣고 애통해하며 일기를 씁니다.

 1593년 7월 2일. 맑음. 해 질 무렵에 김득룡이 와서 진주가 함락되었다고 전했다. 놀람과 염려를 이길 길이 없다. 그러나 절대로 그럴 리가 없다. 이건 반드시 어떤 미친 사람이 잘못 전달한 말일 것이다.

명나라의 식민지 야욕 : 조선을 쪼개려 한 음모

1593년 11월, 류성룡은 영의정, 즉 전시 수상에 임명됩니다. 당시 조선에 파견된 명나라 최고위 관료인 경략 송응창은 선조를 무능하다고 판단하고, 류성룡마저 간신으로 여겼습니다. 대신 그는 광해군과 윤두수·윤근수 형제를 새로운 지도층으로 염두에 두었습니다.[56]

송응창은 명나라 병부시랑^{국방부차관}으로서, 병부를 통해 황제의 칙서에 다음과 같은 내용을 넣도록 요청합니다.

"선조를 질책하고, 윤두수·윤근수 형제를 중용하라."

그리고 명나라의 급사중 위학증은 황제에게 '분할역치', 즉 '조선을 분할하고 임금을 바꾸자'는 내용을 담아서 글을 올립니다. 급사중이란 직책은 6부를 감찰하는 자리로 정치적 영향력이 매우 큰 직책이었습니다.

"조선이 왜적을 막지 못해서 우리 명나라에 근심을 끼치고 있습니다. 그러니 마땅히 조선을 나누어서 2~3개 지역으로 만들고, 왜적을 능히 막아낼 수 있는 사람에게 통치를 맡겨야 합니다."

황제는 '위학증의 의견을 반영해 칙서를 작성하고, 조선에 보내라'는 명령을 내립니다.

"임금이 오락을 좋아하고, 소인을 신임하고, 백성을 구휼하지 않고, 군비를 소홀히 하여 도적을 부른 것이다. 뉘우치고 반성하라. 짐은 조선을 구해 줄 책임이 없다.”

황제는 조선의 임금을 하인처럼 야단칩니다. 칙서를 보면 황제가 선조를 얼마나 하찮게 여겼는지 알 수 있죠. 문제는 '짐은 조선을 구해 줄 책임이 없다'는 말입니다. 이 말은 "네가 계속 임금이라면 나는 더 이상 조선을 돕지 않겠다"는 뜻으로 해석이 가능합니다. 즉, 임금을 바꿀 의도가 있다는 말이 숨겨져 있는 것입니다.

류성룡의 연보는 당시 상황을 이렇게 설명하고 있습니다.

위학증이 우리나라 처리에 관한 글을 황제에게 올렸는데, 분할역치라는 말이 나오는 데까지 이르렀다. … 사헌을 보내 칙서를 전달하고 우리나라의 국정 전반을 살펴보게 했다.

명나라 외교관 사헌이 황제의 칙서를 들고 조선에 도착합니다. 그는 임금보다 더 높은 자리에 앉아서 거만하게 칙서를 선포했습니다. 황제의 질책이 담긴 칙서의 내용을 들은 선조는 하늘이 무너지는 것 같은 큰 충격을 받았습니다. 그리고 그날 밤 류성룡을 부릅니다.

"이런 일이 있을 것으로 예상했는데, 일찍 자리를 물러나지 못한 것이 한스럽소. 내일 사헌을 만나서 왕위를 사퇴하고자 하오. 내가 경을 만나는 것도 오늘이 마지막이오. 비록 밤이 깊었으나 경의 얼굴을 보고 이별하려고 불렀소."

선조는 류성룡에게 술을 한 잔 따라주며 다시 강조했습니다.

"이 술 한잔을 마시고 경과 이별하겠소. 내일 나는 곧바로 사헌 앞에 왕위를 내놓겠소. 오직 그것만이 내가 할 일이오."

류성룡은 눈물을 흘리며 이렇게 말했습니다.

"전하께서는 마음을 굳건하게 하소서. 내일 사헌 앞에서 절대로 양위한다는 말을 해서는 아니 되옵니다. 신이 감히 죽기를 각오하고 청하옵니다."

선조는 왜 류성룡을 불러서 왕위를 내려놓겠다고 했을까요?

황제의 질책에 충격과 모욕을 느끼고 정말 왕위에서 내려오고 싶은 마음도 조금은 있었을 거예요. 그러나 그동안 선조의 비굴한 행동을 고려할 때, 정치력이 뛰어난 류성룡이 자신에게 닥친 최대의 위기를 어떡하든 해결해 주길 원하는 구원 요청으로 보는 것이 더 합리적이라는 생각이 듭니다.

다음 날, 선조는 사헌에게 "임금 자리에서 물러나고, 세자에게 양위하겠다"고 쓴 문서를 직접 전달했습니다. 즉, 조선의 임금이 명나라 사신에게 '임금 사직서'를 제출한 것입니다. 이 모습을 지켜본 류성룡은 절망했습니다. 사헌은 "마땅히 황제의 조치를 기다려야 할 것이오!"라고 말하죠.

그날 밤 류성룡은 당시 조선에 파견된 인물 중에서 가장 최고위직이었던 유격장군 척금을 찾아가 필담을 나눕니다. 먼저 척금이 단호하게 글을 썼습니다.

"임금은 빨리 양위해야 합니다."

"신하로서 차마 들을 수 없는 말입니다. 그대도 만 권의 책을 읽었을 터인데 어찌 이런 말을 하십니까? 지금 조선은 지극히 위태롭습니다. 나라를 위기에서 구함에 있어 양위 때문에 부자선조와 광해군 간 갈등이라도 생긴다면 재앙이 가중될 것입니다."

이 글을 읽은 척금은 류성룡의 눈을 한참 동안 빤히 바라보다가 조용히 이렇게 적었습니다.

"옳은 말입니다."

두 사람은 편지를 불태운 다음, 말없이 눈인사를 하고 헤어졌습니다.

류성룡이 마지막으로 설득할 사람은 사헌이었습니다. 날이 밝자마자 류성룡은 궁궐에 있는 모든 신하를 집결시키고, 상황을 설명한 후에 함께 사헌을 찾아갑니다. 백관의 신하들이 모두 임금의 양위를 강력히 반대한다는 일치된 의견을 보여주러 간 것이죠. 일종의 시위였습니다.

류성룡은 사헌을 만나 준비된 발언을 시작했습니다.

"왜가 처음에 침범하려고 했던 나라는 조선이 아니라 명나라입니다. 조선의 불행은 왜의 의견을 반대하고 따르지 않았기 때문에 생긴 것입니다. 그것은 오로지 명나라에 대한 충성이고 의리였습니다. 특히 우리 임금께서는 왕위에 오른 이후 지성으로 황제를 섬기고, 정성을 다해왔습니다."

그날 밤 척금이 류성룡에게 "사헌의 마음이 완전히 바뀌었습니다. 이제 걱정하지 않아도 됩니다"라고 귀띔해 주었습니다.

류성룡의 종사관^{비서관} 한준겸은 국가 존립의 위기로 이어질 뻔한 사건을 처음부터 끝까지 지켜보았습니다. 그리고 훗날 이렇게 기록을 남겼습니다.

공^{류성룡}이 피나는 정성을 다하여 명나라 사신을 감동시켰고, 그리하여 임금의 자리도 안정되었다. 나라가 다시 살아났으니, 이것은 누구의 공인가? 공은 얼굴빛도 변하지 않고 소리도 하나 내지 않으면서 나라의 기반을 태산같이 튼튼하게 만들었다. 이 모든 일이 다 끝난 후에도 공은 입을 굳게 다물고 일체 당시 일을 말하지 않았다.[57]

류성룡은 한준겸의 말처럼, 이 중대한 사건이 훗날 자신의 자랑이 될까 경계하고, 《징비록》에는 단 한 줄만 담담하게 기록했습니다. 그 한 줄 속에 모든 진실과 침묵, 그의 고뇌가 담겨 있습니다.

징비록 속으로 1593년 12월에 명나라 사신 사헌이 우리나라에 왔다.

나라를 다시 만드는 류성룡

재조산하(再造山河),
무너진 강산을 다시 세우기 위하여

합리적 사고를 중시했던 사헌은 류성룡과의 대화를 통해 위학증과 송응창의 판단이 잘못되었음을 깨닫고, 전쟁의 위기를 넘길 수 있는 유일한 인물이 바로 류성룡임을 인정합니다. 사헌은 명나라로 돌아가서 선조에게 공문을 보내왔습니다.

"임금께서 모든 국정을 류성룡에게 맡기신다면, 그는 반드시 임금을 위해 충심을 다해 일할 것이며, 전란을 극복하고 나라를 안정시킬 것입니다. 류성룡이라면 반드시 '재조산하'의 큰 뜻을 이룰 것입니다."

재조산하再造山河란 말 그대로 '산과 바다를 다시 만든다'라는 뜻으로, 사헌은 선조에게 '류성룡이 전쟁을 극복하고 나라를 다시 만들 적임자'라고 말한 것입니다.

전란의 혼돈 속에서 류성룡은 전시 수상으로서 '재조산하'를 넘어, 조선의 운명을 뒤바꾸는 혁신적인 정책들을 전광석화처럼 밀어붙였습니다. 그는 전쟁 극복을 명분으로 삼아, 양반에게만 유리했던 조선의 세금·병역·노비·농업·상업 제도를 과감히 혁신하여 '백성이 잘 사는 나라', '국방이 튼튼한 나라'를 실현하고자 했습니다. 그의 개혁 의지와 실천 결과는 《징비록》, 《근폭집》, 《진사록》, 《군문등록》, 《잡저》 등의 책에 모두 549건이 기록되어 있습니다.[58]

그의 전시 정책은 수없이 많았지만, 그중에서도 조선을 구한 5가지 핵심 전략을 소개합니다. 특히 그가 시행한 정책들은 전쟁 극복의 큰 동력이 되었고, 조선 후기에 실학을 탄생시키는 산파 역할을 했습니다.

국방 혁신 : 훈련도감 설치를 통한 자주국방

류성룡은 군인을 체계적으로 훈련 시키고, 정예군 1만 명을 양성하는 전문 조직의 필요성을 절감해, 선조에게 훈련도감 설치를 요청합니다. 그는 전쟁이 발생하면 병사를 모집하는 예비군 체제에서, 항상 1만 명의 직업군인을 보유하는 상비군 체제로 국방 개혁을 시도했습니다.

조선은 개국 이후 200년 동안 평화가 유지되었던 까닭에 대규모의 상비군도 없었고, 군인을 양성하는 군사훈련기관도 없었습니다. 류성룡은 훈련도감을 지금의 '사관학교, 부사관학교'처럼 직업군인을 양성하는 기관으로 계획하고, 빠르게 설치를 추진합니다.

이에 선조는 류성룡을 훈련도감을 설치하고 운영하는 도제조책임자로 명령하죠.

훈련도감을 설치하여 군사를 훈련시키라고 명하시고, 나를 도제조로 삼았다. 나는 다시 이렇게 요청했다.

"쌀 1천 석을 풀어서 양식으로 삼아 사람을 모집하되, 하루에 한 사람에게 2되를 준다고 군인을 모집하면 응모하는 자가 사방에서 모여들 것입니다.[59]

한양에서 날쌔고 용감한 군사를 모집할 때, 신분에 상관없이 사족양반, 서얼양반 아버지와 첩 사이에 태어난 자식, 공노비국가 노비, 사노비양반의 개인 노비까지 지원자격을 주고 용기와 담력이 있는 사람만을 뽑아서 1만 명을 육성하면 좋겠습니다.

이후 1만 명을 2천 명씩 5개 부대로 나누는 '5군영'을 설치하면, 한양 안에서만 1만 명의 정예병이 상주해 지방을 통솔하고 지원하는 데 유리할 것입니다. 그리고 둔전군대가 직접 농사를 짓는 땅을 설치하여 거기서 생산되는 쌀의 반을 군인들이 먹게 하고, 반은 세금으로 내게 하면 군량도 해결하고 국고도 튼튼해져 구름처럼 지원자가 몰릴 것입니다."[60]

류성룡의 예상대로 훈련도감에 많은 사람이 지원했을까요?

훈련도감 응모자가 구름처럼 모여 오래지 않아 튼튼한 청년 수천 명을 얻어 조총과 검술을 가르쳤다. 초관중대장과 파총대대장을 임명해 군사들을 지휘하게 하고, 돌아가며 당직과 숙직을 서게 했다. 또 임금이 외출할 때마다 이들이 호위를 맡게 하니, 백성들의 마음이 점점 안정을 되찾기 시작했다.[61]

훈련도감은 지원자가 많아서 시험을 보고 우수한 성적을 거둬야 합격할 수 있었습니다. 여기서 주목할 점은 류성룡이 정책을 펴는 방법입니다. 전쟁 중이니 강제로 시행할 수도 있지만, 그는 항상 정책을 펼 때 백성들에게 이익을 제공해 자발적으로 정책에 참여하도록 설계했습니다. 그래서 류성룡이 펴는 정책은 백성에게 인기가 많았고, 성공할 수밖에 없었죠.

선조가 무능하기는 해도 사람을 보는 눈은 정확했습니다. 임진왜란을 극복하고 임금의 자리를 지키려면 류성룡이 반드시 필요하다고 생각했죠. 그래서 류성룡을 전쟁 초기인 1593년에 영의정에 임명해서, 1598년 전쟁이 끝날 때까지 지휘를 맡겼던 겁니다.

훈련도감의 탄생과 운영에 명나라 장수 낙상지의 역할이 컸습니다. 낙상지는 흔히 남병이라 일컫는 용맹한 절강성 사람으로 진심을 다해 도와주었고, 특히 류성룡과 깊은 우정을 나눈 명나라 장수였습니다. 류성룡은 낙상지와 훈련도감에 대한 운영을 상의하고 선조에게 이렇게 보고했습니다.

낙상지는 "명군이 돌아가고 적이 다시 침입한다면 조선은 앞으로 어떻게 일본을 막겠습니까? 우리가 돌아가기 전에 서둘러 화포, 창, 칼, 조총 등 병기의 사용법을 세밀하게 익혀야 합니다. 그리고 1명이 10명을, 10명이 100명을, 100명이 1000명을 잇따라 가르쳐야 합니다. 그러면 수년 뒤에는 우수한 병졸이 몇만 명은 될 것입니다"라고 말했습니다. 그는 말끝마다 우리나라를 깊이 걱정해 신은 감격의 눈물을 흘렸습니다. 이후 낙상지는 훈련도감에서 검술, 포술을 가르쳤고, 심지어 명나라로 돌아갈 때 조선에서 총검술, 화약 만드는 법을 가르쳐 달라고 하자 부하를 남겨 가르치게 했습니다.

훈련도감은 군인의 주특기를 포수_{총과 대포 쏘는 병사}, 살수_{창칼로 싸우는 병사}, 사수_{활 쏘는 병사}의 삼수군으로 편성하고, 주특기에 특화된 훈련을 시켜 조선을 강군으로 변모시켰습니다. 류성룡은 훈련도감의 훈련 규칙을 만들어서 매일 부대를 검열해 훈련 상황을 점검하고, 검열이 끝나면 합격 여부에 따라 상벌을 시행해 부대 지휘관과 병사들이 밤낮으로 훈련하도록 체계를 만들었습니다.

류성룡이 만든 훈련도감은 조선의 전투력을 획기적으로 끌어올려 자주국방의 기틀을 마련했습니다. 그리고 훈련도감은 임진왜란 이후에도 국방의 근간이 되는 군사기구가 되었습니다.

노비 혁명 : 노비를 해방시켜 인재로 활용하다

조선은 노비사회였습니다. 임진왜란 시기 전체 인구의 40% 이상이 노비였죠. 그런데 노비는 군인이 될 수 없었습니다. 노비는 관노비와 사노비로 나뉘는데, 대부분 양반이 개인적으로 소유한 사노비였죠. 세종대왕의 아들이었던 영응대군 등은 1만 명 이상의 노비를 소유하기도 했습니다. 한양에 사는 하급 관리도 보통 몇십 명의 노비를 소유했어요.

국가 통치세력인 양반들은 사노비를 자신의 개인재산으로 여기고, 군인으로 징집되는 것을 제도적으로 막았습니다. 문제는 임진왜란이 터지자 전쟁터에서 싸울 군인이 턱없이 부족하다는 것이었습니다. 그런데 양반, 천민백정 등, 노비, 유생성균관, 서원, 향교에서 공부하는 학생은 징집대상이 아니었습니다. 그래서 군대에 가지 않은 양반, 천민, 노비, 유생, 승려가 의병 중에 유독 많았던 것입니다. 조선은 일반 백성인 '양인'만 국방의 의무를 지는 불합리한 사회였습니다.

오죽했으면 명나라 장수였던 낙상지조차 이렇게 말했습니다.

"조선에서 법적으로 노비 신분에 묶인 이들은, 벼슬길이 영원히 막히니 노비들의 불만이 크다. 이런 이유로 노비들은 왜적에게 스스로 투항하고 다시 조선으로 돌아오려 하지 않으니, 노비법의 폐단이 심각하다!"

류성룡은 전체 인구의 40%를 넘는 노비를 군인으로 모집하지 못하면 전쟁을 극복할 수 없다고 판단했습니다. 류성룡은 노비가 전공을 세우면 신분을 해방시키고, 고위직으로 승진까지 가능한 '노비면천법'을 선조에게 강력하게 요청하고 실행에 옮깁니다. 조정 대신들과 전국에 있는 양반들의 반대는 실로 엄청났습니다.

마키아벨리는《군주론》에서 이렇게 말하죠.

"자신의 부모를 해친 사람은 잊어도, 자신의 재산을 강탈해 간 사람은 절대 잊지 못한다."

류성룡은 양반들의 강력한 반대를 알았지만, 국가와 백성을 위해 밀어붙였습니다. 훈련도감에서 능력이 있는 노비를 장교로 선발하기까지 했죠. 전쟁이 끝난 뒤 류성룡이 파직된 이유 중 하나는, 그가 노비를 해방시켜 양반들의 이익에 정면 도전을 했고, 신분 질서를 무너뜨려 큰 반발을 샀기 때문입니다. 선조에게 여기저기서 상소가 올라왔는데, 그중 형조참의를 지냈던 유조인은 임금에게 이렇게 호소합니다.

"양반들의 재산인 사노비까지 병사로 뽑는 것은 실책이고, 절대 시행해서는 안 되는 정책입니다."

유조인의 상소에 대해 류성룡이 반박하는 글을 써서 선조에게 올립니다.

어째서 노비만은 유독 국민이 아닙니까? 우리나라는 안 그래도 작은 나라인데, 귀한 신분과 천한 신분으로 구분이 있으니 이른바 노비가 날마다 불어나고 번성하여 천만의 무리를 이루었습니다. 노비는 한 사람도 군대에 종사하는 자가 없습니다. 반면에 양민들은 각종 부역이 너무 많아 살기 힘들어, 결국 양반의 집으로 들어가서 노비가 되는 사람이 늘고 있습니다.

그리고 선조에게 '적을 사살하면 노비에서 해방시켜 주고, 관직에 임명하자'는 파격적인 제안을 합니다.

양민은 적의 머리를 1개 이상, 서얼은 2개 이상, 노비와 천인은 3개를 가져오면 과거 합격으로 인정하는 제도를 시행하소서. 우리나라에는 노비가 너무 많은데, 양민은 날로 줄어들고 군사의 숫자도 많지 않으니, 지금 바로 변경하여 시행해 주길 요청합니다.[62]

류성룡의 제안은 군인의 공적을 포상하는 군공청국가보훈처의 검토를 거쳐 법으로 시행되었습니다.

군공청이 임금에게 아뢰었다.
"노비가 적의 머리를 1개 가져오면 양인으로 신분을 해방하고, 2개면 우림위를 시키고, 3개면 허통을 시키고, 4급이면 수문장에 제수하는 것으로 규정에 반영했습니다. 그리고 이미 신분이 올라가서 관직까지 받았다면, 마땅히 양반과 동등한 대우를 해야 합니다."[63]

류성룡은 제도의 정착을 위해 노비의 활약상을 선조에게 자주 보고했습니다.

노비에서 해방된 노송은 요즘 적병을 잡아 머리를 벤 것이 매우 많아서 그 수급이 10개에 이르고, 활로 쏘아서 죽인 것이 24명입니다. 그리고 포로로 잡은 것이 1명이고, 적의 깃발을 5개나 빼앗았습니다. 최근에는 군사 100명을 거느리고 한양의 안팎에서 싸울 때마다 가장 먼저 적군의 성벽에 올라가서 용맹과 담력이 다른 사람보다 뛰어나, 신이 종8품의 봉사의 공명첩을 만들어 주었습니다. 노송은 천한 신분이었지만, 전공에 걸맞은 상을 주었더니 그 뒤에도 계속 전공을 세우고 있습니다. 조정에서도 노송에게 상을 내려준다면 이런 사례가 더욱 많아질 것입니다.[64]

류성룡은 우수한 역량을 지닌 노비를 직접 발탁해서 선조에게 건의해 중요한 임무를 맡겼습니다.

오늘날 형세는 조령을 굳게 지키는 계책이 가장 긴급합니다. 충주는 서울의 상류에 있는 지역으로 나라의 문호가 되니 충주를 지키지 못하면 한강을 연한 수백 리가 모두 적의 공격을 받게 됩니다. 지난날 신립의 패전으로 그 사실이 분명해졌습니다. 지금 수문장 신충원이란 자는 바로 충주 사람인데 조령의 형세를 소상히 알고 있습니다. 그를 시험 삼아 맡겨볼 만합니다. 신충원을 내려보내 그가 원하는 대로 요충지를 가로막는 계책을 쓰게 해주십시오.

신충원은 노비 출신으로 의병에 참여해 공을 세워 양인이 되었고, 이후에도 계속 전공을 세워서 마침내 성을 지키는 수문장까지 오른 입지전적인 인물이었습니다.

신충원은 류성룡의 추천으로 군사요충지 조령을 방어하는 막중한 임무까지 수행하게 되었습니다. 그러나 임무를 수행하기 위해 많은 노비를 충원했고, 양반들의 강한 저항에 부딪혀 끝내 화를 입었습니다. 류성룡은 "그가 미천한 노비 출신이라서 사람들이 모두 얕보기 때문"이라며 선조에게 안타까움을 토로했습니다. 이후 자신의 문집《잡저》에 상황을 설명하고, 신충원의 공적을 기록해 두었습니다.

신충원이 모집한 이들 중에 노비가 많았는데 노비를 잃은 주인들의 비방이 자자했다. 그로 인해 신충원과 갈등이 있었다.… 그러나 정유년1597년에 왜적이 다시 쳐들어왔을 때 조령에 새로운 성이 축성되었고, 군사가 지키고 있어 일본군이 조령을 넘지 못했다. 전라도와 충청도의 피난민들이 신충원을 찾아가 의지하면서 산중에 사람이 꽉 찼었다. 사람들은 '신충원이 성을 설치한 공 때문'이라고 말했다.[65]

신충원이 조령에 새롭게 축성한 성이, 현재 문경새재 2관문의 '조곡관'입니다. 류성룡과 이순신의 공통점은 신분에 상관없이 노비를 인재로 활용하고, 그들이 공을 세우면 공정하게 대우했다는 것입니다. 류성룡과 이순신이 임금에게 보고한 장계를 보면, 노비의 공적을 자세히 알리고 포상을 추천하는 기록이 많습니다. 이순신도 류성룡처럼 전쟁 중에 노비와 천인을 적극적으로 활용했고, 적군을 죽이거나 무기 제작에 공을 세우면 신분을 해방시켜 주었습니다.

난중일기 속으로 1595년 1월 14일. 흐리며 바람이 세게 붊. 승장 의능승려에게 천민의 신분을 면해 준다는 공문을 써서 올렸다.

1594년 2월 3일. 맑음. 원식이 쇠붙이를 바치고, 노비의 신분을 면하게 해주는 공문 1장을 받아갔다.

1594년 2월 14일. 맑음. 장언춘을 노비의 신분에서 면하게 하는 공문을 만들어 주었다.

1597년 8월 8일. 절에 있는 승려 혜희가 와서 알현하므로 그에게 의병장의 사령장을 주었다.

세금 혁명 : 백성의 부담을 덜고, 나라의 곳간을 채우다

당시 조선의 불합리한 세금 제도 때문에 백성들은 큰 고통에 시달렸습니다. 그 이유는 크게 2가지였습니다.

첫째, 소득이 많은 양반과 소득이 적은 백성이 내는 세금이 똑같았습니다. 대규모 농사를 짓는 양반이 내는 세금이나, 작은 땅에 겨우 농사를 짓는 백성이 내는 세금이나 차이가 없었던 것입니다. 세금은 '많이 벌면 많이 내고, 적게 벌면 적게 내야 한다'는 공평의 원칙이 적용되어야 하지만, 조선의 세금 제도는 모든 것이 양반들의 이익을 중심으로 설계되어 매우 불공평했습니다.

둘째, 방납 제도로 인해 백성들은 큰 고통을 겪어야 했습니다. 방납이란 지방의 특산물, 이를테면 전복, 베, 종이 같은 물품을 세금으로 내는 제도였습니다. 그런데 이상하게도, 백성들이 직접 특산물을 가져다 바치면 관청에서는 이를 받지 않았습니다. 예를 들어, 전라도 해남의 백성이 바다에서 직접 잡은 전복을 세금으로 내려고 해도 거부당했던 것입니다. 왜냐하면, 특산물은 반드시 '방납인'이라는 상인을 통해 구매해서 바쳐야만 세금으로 인정되었기 때문입니다.

이 방납인들은 대부분 양반이나 관리들과 결탁한 자들이었습니다. 방납의 항목은 수백 가지에 이르렀고, 백성들은 심지어 다른 지역 특산물까지 돈을 주고 사서 바쳐야 했습니다. 이러한 방납 제도는 힘 있는 양반과 관리들이 돈을 벌기 위해 의도적으로 만든 것이었고, 관리들은 이미 방납인과 한통속이 되어 있었습니다. 결국 백성들은 두 번, 세 번 돈을 들여 세금을 내야 하는 가혹한 현실에 놓여 있었습니다.

류성룡은 불합리한 세금으로 고통받는 백성을 구하고, 일부 양반과 방납인의 배만 불리는 세금 제도를 개혁하기 위해 '공물작미법' 시행을 선조에게 건의합니다.

세금이 논밭의 크기에 따라 달라야 하는데, 1평을 소유한 사람이 쌀 1말을 내는 자도 있고, 10말을 내는 사람도 있습니다. 이처럼 백성의 세금이 공평하지 못합니다. 간사한 아전들은 시세를 조종하고, 운반비까지 덧붙여 실제로는 백 배나 더 받습니다. 그러나 국고로 들어오는 것은 겨우 10분의 2밖에 안 되고, 나머지는 모두 특정 무리의 이익으로 돌아갑니다.

신은 항상 생각건대, 토지의 소유면적에 따라서 세금을 내야 한다고 생각합니다. 그리고 모든 세금은 쌀 하나로 통일해서 납부하면 백성의 고통이 사라질 것입니다. 지금 백성은 이미 극도로 궁핍하고, 그 고통은 매우 큽니다. 신의 건의가 시행된다면 백성은 세금의 부담을 덜고, 국고는 풍족해질 것입니다.[66]

선조는 전쟁을 극복하고 백성의 고통을 줄이기 위해, 류성룡의 건의를 받아들여 직미법 시행을 명령했습니다. 이후 수백 가지의 특산물 세금은 사라졌고, 백성은 쌀 하나로 세금을 납부하면 되었죠. 백성의 고혈을 빨아먹던 방납인은 한순간에 사라졌습니다.

토지의 소유면적에 따라서 세금이 부과되어 백성들의 부담은 크게 줄었지만, 양반들의 부담은 크게 늘어났습니다. 당연히 지방 수령, 양반, 아전들은 강력하게 반발하며 선조에게 반대 상소를 계속 올립니다. 그리고 관리들은 임금의 명령을 백성에게 제때 알리지 않고, 예전대로 방납을 받는 경우가 많았습니다.

류성룡이 제안한 공물작미법은 임진왜란 동안 시행되다가, 류성룡이 파직을 당하자 곧바로 폐지되고 말았습니다. 류성룡은 선조에게 올렸던 〈공물작미의〉라는 제목의 보고서 뒤에 이렇게 기록했습니다.

지난날에 탐욕을 추구하는 방납의 무리들이 온갖 수단을 써서 공물작미법을 방해했고, 양반 중에서도 생각 없는 자들이 그 말을 믿고 따르는 바람에 결국 그 법이 폐지되었다.

그러나 류성룡의 공물작미법은 1708년에 숙종이 '대동법'으로 이름을 바꿔서 전국에 시행되며 부활했습니다. 훗날 정약용은 자신이 저술한 《경세유표》에서 이렇게 말합니다.

"류성룡이 말한 공물작미법이 곧 대동법이다. 그렇다면 대동법은 류성룡에서 시작된 것이 아닌가?"

군사 혁신 : 현실에 맞는 군사전략 '진관제'를 시행하다

류성룡은 비현실적인 제승방략제를 폐지하고, 현실에 맞는 진관제로 바꿔 줄 것을 선조에게 요청해 시행했습니다. 제승방략제는 전쟁이 나면 지역의 군인들이 약속된 장소에 집결해서, 한양에서 장수가 올 때까지 기다린 후에 지휘를 받는 비현실적인 군사제도였습니다. 이일이 상주에서 패배한 것이 제승방략제도의 모순을 여실히 보여주었죠. 상주 지역의 병사들은 언제 올지도 모르는 이일을 들판에서 노숙하며 기다렸는데, 세찬 비가 오고 일본군이 온다는 소식을 듣자 이일이 오기 전에 금방 흩어져버렸습니다.

제승방략의 더 큰 문제는 한양의 장수들이 지역의 지리, 군량 상황 등을 몰랐기 때문에 지역작전을 계획하기도 어려웠고, 전투에 승리하기는 더 어려웠습니다.

반면에 진관제는 각 지역에 상설 군영을 설치하고, 그 지역에 있는 장수들이 병사를 지휘해서 지역 방어를 전담하는 군사전략입니다. 전쟁이 일어나면 각 지역에서 독자적으로 방어선을 구축하고, 중앙에서 명령이 내려오지 않아도 상황에 맞게 즉시 전투에 나설 수 있는 장점이 있었죠.

류성룡은 임진왜란을 준비할 때부터 제승방략제를 진관제로 변경하자고 주장했지만, 받아들여지지 않았습니다.

 나는 예전에 시행했던 진관법을 되살려서 군사를 배치하자고 임금에게 아뢰었다.

"제승방략은 전쟁이 나면 군사들이 장수도 없이 들판 가운데 모여 천 리 밖에서 장수가 오기만을 기다립니다. 만약 장수가 제때에 오지 않고 적군이 먼저 닥친다면 군사들은 패전할 수밖에 없습니다. 진관제는 평소에 지역 장수와 군사들이 모여서 훈련을 하기가 쉽고 일이 생겼을 때는 즉시 병사를 모집할 수가 있으며, 또 가까이 있는 지역이 서로 힘이 되어 도울 수 있어서 갑자기 무너지는 일이 없습니다."

진관제 시행을 경상도에 내려보내자 경상도 감사 김수는 "제승방략을 시행해온 지 오래되었으니 갑자기 바꿀 수는 없습니다"라고 했다. 결국 나의 건의는 폐기되고 말았다.

1593년, 류성룡은 선조에게 진관제를 다시 건의했고, 전쟁이 터지고 제승방략의 문제점을 목격한 선조는 허락했습니다.

상업 진흥 : 국제무역으로 상업을 활성화 시키다

그 외에도 류성룡은 선조에게 조선의 상업 금지 정책을 폐지하고, 상업을 활성화하는 정책으로 바꿀 것을 건의했습니다. 이후 압록강 중강진 지역에 국제무역 시장을 열었고, 대성공을 거두었죠. 이는 백성을 부유하게 하고 국가의 재정을 풍요롭게 하는 혁신적인 발상이었습니다.

당시 조선에서 면포무명 1필 값을 국내에서 팔면 쌀 1말도 못 받았지만, 중강진에서 명나라 사람들에게 팔면 쌀 20말을 받을 수 있었습니다. 철, 구리, 은을 무역하면 10배의 이익을 얻었죠.

압록강 중강진에 시장을 열었다. 그때 흉년이 날로 심하여 굶어 죽은 시체가 가득했다. 나는 중강진에 국제시장을 열어 무역을 활성화하자고 건의했다. 명나라도 우리나라의 기근이 심한 것을 알고 황제에게 아뢰어 승인을 받았다. 이에 요동의 쌀이 우리나라로 들어왔고, 한양의 백성들까지 뱃길로 서로 사고팔도록 허가했더니, 수년 사이에 완전히 활기를 되찾은 자가 헤아릴 수가 없을 정도였다.[67]

이순신의 또다른 모습

이순신의 고뇌와 노력을 보여주는
《난중일기》 속 메모들

이순신은 일기 뒷면에 많은 메모를 남겼습니다. 류성룡에게 보내는 편지의 초안이 있기도 하고, 책을 읽은 후의 느낌을 적은 글 등 자유롭게 작성한 메모들입니다. 마치 레오나르도 다빈치의 메모처럼 말이죠.

이순신의 메모는 《난중일기》 책에는 수록되지 않아 잘 알려지지 않았습니다. 그러나 이는 이순신을 이해하는 데 매우 중요한 징표 중 하나입니다. 특히 1593년에 전쟁은 사실상 휴전 상태에 들어갔고, 류성룡은 국가를 재건하기 위한 여러 정책을 펼치고 있었어요. 메모들은 '그렇다면 이순신은 휴전기에 무엇을 했을까?'라는 궁금증을 해결해 줍니다.

칼에 새긴 글귀 1593년 9월 15일 일기 뒤의 메모

이순신은 전쟁 중에도 여유가 생기면 책을 읽으면서 전략에 대한 아이디어를 얻고, 수군 최고 지휘관으로서 마음을 다잡았습니다.

이순신은 최고 지휘관으로서 느끼는 무거운 책임감, 부대 지휘의 어려움, 군량 보급과 전투 준비, 자신을 끊임없이 괴롭히는 원균과 같은 사람들 때문에 큰 스트레스를 받았고 많이 괴로워했어요. 그래서 자주 아팠지요. 그때 책을 읽으며 지친 마음을 다스리고 위로받았습니다. 그 책 중의 하나가 중국의 최고 명장 '악비'의 전기를 번역한 《정충록》입니다.

《정충록》은 조선에서 1585년에 번역해서 간행했고, 류성룡이 발문 책의 끝 부분에 쓰는 메시지을 쓴 책입니다. 이순신이 10년 전에 발간된 정충록을 전쟁 중에 구해서 읽기는 어려웠을 테니, 아마도 류성룡이 이순신에게 책을 보내주었을 거예요. 이순신은 정충록을 읽고 1593년 9월 15일의 일기 뒤편에 이렇게 메모했습니다.

한 자 칼로 하늘에 맹세하니, 산과 바다가 떤다

이 글은 류성룡이 《정충록》 발문에 쓴 글입니다. 이순신은 이 글이 마음에 들었는지, 일기 뒤에 메모했습니다. 그리고 1594년 4월에 자신의 칼을 제작하면서 류성룡의 글을 뼈대로 삼아서 새겨 넣습니다. 이 칼이 지금 현충사에 있는 보물 326호 '충무공 장검'입니다.

칼은 두 자루인데, 한 칼은 196.8센티미터이고 다른 한 칼은 197.2센티미터로 어른 키보다 길죠. 이순신은 휴전 상태에서 류성룡의 글귀를 칼에 새겼습니다. 그리고 칼을 마주할 때마다 자신의 마음에 그 글귀를

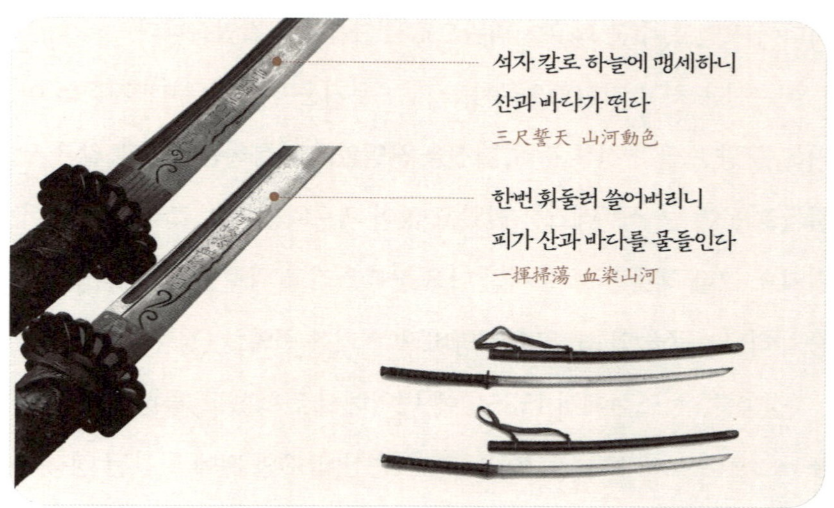

보물326호 이순신장검에 새겨진 글귀

이미지 출처 : 국가유산청, 국가유산포털

새기며, 느슨해진 전투 의지를 다졌을 것입니다.

명나라 장군에게 준 선물들 1594년 11월 28일 일기 뒤 메모

이순신의 메모에는 놀라운 내용이 담겨 있습니다. 이순신은 전쟁 중에 장인을 모아서 부채, 주머니칼, 우산, 쇠 부싯돌 등의 선물용 물건을 만들어서 권력자와 명나라 장수에게 선물했습니다.

별선부채 453자루 중에서 7월 10일에 순변사에게 15자루를 보냈다. 기름 먹인 부채 590자루 중에서 7월 10일에 순변사에게 10자루를 보냈다. 옻칠한 부채 58자루 중에서 5자루는 순변사에게 보냈다. 일반 부채 50자루 중에서 10자루는 순변사에게 보냈다.

갈모우산는 40개다. 주머니칼은 323자루다. 여섯 겹으로 붙인 종이는 2부다. 들기름 먹인 종이 5권, 기름 먹인 종이 5권은 좌수영에서 온 것이다. 쇠 부싯돌은 70이다. 이 물건들은 명나라 장수에게 선물로 주려 한다.

왜 이순신은 전쟁 중에 선물을 제작해서 권력자와 명나라 장수에게 주었을까요?

조선 후기 실학자 이익은 《성호사설》에서 이순신의 이런 행동을 중국 진나라의 장군이었던 두예와 비교해서 이렇게 말했습니다.

두예는 군영에 있을 때 자주 조정에 있는 권력자들에게 선물을 보냈다. 사람들이 그 까닭을 물으니, '나의 일을 방해할까 두렵기 때문이지, 이익을 얻으려는 것이 아니다'라고 했다. 이순신은 임진왜란 때 수군을 지휘하면서도 틈만 나면 장인을 모아놓고 부채 등을 만들어 높은 사람들에게 선물해 끝내 중흥의 공을 이뤘다. 이는 오랫동안 뜻있는 사람들에게 눈물을 흘리게 만드는 것이다.

이순신은 독보적인 전공을 세워서 권력자들의 시기와 질투를 한 몸에 받고 있었습니다. 원균과 같은 사악한 사람들이 이순신을 모함하는 가짜 뉴스를 만들어 퍼트리면서, 이순신의 지휘권은 견제와 간섭을 받기 시작했습니다. 이순신은 이런 불합리한 상황을 정면 돌파해서 부딪히기보다는 슬기롭게 문제를 해결하고자 했습니다. 그래서 권력자와 명나라 장수들에게 뇌물이 아닌, 정성으로 만든 선물을 주었던 것입니다. 그 선물을 통해 그들의 마음을 사고, 지휘권을 보장받아 현명하게 전투를 수행할 수 있었죠.

이순신의 전장은 바다만이 아니었습니다. 그는 자신을 질투하는 조정 대신들, 그리고 교활한 명나라 장수들과 보이지 않는 싸움을 하면서, 칼이 아니라 선물을 활용해 부드럽게 지휘권을 지켜내고 승리를 얻었던 것입니다. 이순신은 강함과 부드러움을 동시에 지녔고, 현실과 이상을 조화시킨 장군이었기에 반만년 한국 역사상 최고의 전쟁영웅이 되었습니다.

백성들과 함께 둔전을 운영 1594년 11월 28일 일기 뒤 메모

휴전 상태에서 이순신은 부지런히 군함을 추가 건조해서 전투력을 끌어올렸습니다. 이 메모에만 27척의 군함을 새롭게 건조했다고 기록하고 있습니다.

전라좌수영 군함 7척 중에 새로 건조한 군함은 5척이다. 예전에 건조한 것은 2척인데, 그중 1척은 의병, 1척은 개조한 것이다. 순천 10척 중에 새로 건조한 것은 3척, 전에 건조한 것은 1척, 영선 1척, 방답5척이 있다. 낙안은 3척 중에 새로 건조한 것은 1척, 전에 건조한 것은 1척, 영선 1척이 있다.… 녹도 3척 중에 새로 건조한 것은 3척이다.

백성에게 땅을 제공하고 농사를 짓게 한 뒤, 생산된 농작물을 관청과 반반씩 나눈 것은 13섬 14말 8되이고, 콩은 1섬 7말이다.

이순신은 굶주린 백성을 살리고, 안정적인 군량을 확보하기 위해 군대가 직접 농사를 관리하는 '둔전'을 운영했습니다. 농사에 참여한 백성들에게는 수확의 절반을 나누어주는 파격적인 조건을 제시했기에, 백성들은 기꺼이 땀을 쏟으며 정성을 다해 밭을 일구었고, 그 결실 또한 풍성했습니다.

명량으로 오라!

1593년 2차 진주성 전투 이후 명나라와 일본은 전쟁을 끝내기 위한 강화 협상을 하고 있었습니다. 이때 명나라 군대는 거의 다 철군하고 약 3천 명 정도만 주둔하고 있었어요.

경략 송응창을 대신해 부임한 고양겸은 조선에 들어오지 않고, 요동에서 공문을 보냈습니다.

"황제께서 왜의 침략에 크게 노하시어 군대를 일으켜 국토 2천 리의 땅을 되찾아 주었다. 우리가 쓴 전쟁 비용은 헤아릴 수 없이 많고, 군사와 말이 죽은 것 또한 상당하다. 이제는 군량도 더 이상 운반할 수 없고, 군대도 다시 출동시킬 수 없다 … 너희가 명나라 조정에 도요토미 히데요시를 제후로 봉하고 해마다 명나라에 공물을 바칠 수 있도록 요청하여라. 만약 황제께서 그 청을 허락하면, 왜적은 반드시 조선에 감동하여 군사를 거두어 돌아갈 것이다."

공문을 보고 류성룡은 깊은 고민에 빠졌습니다.

 나는 이때 병으로 휴가 중이었지만, 글을 올려 내 생각을 임금에게 아뢰었다.

"왜적을 위해 제후로 봉해 주도록 명나라에 요청하는 것은 진실로 옳지 못하오니, 최근의 사정을 상세히 기록해 명나라에 알려서 명나라 조정의 결정에 따르는 것이 타당할 것입니다."

명나라 황제는 고니시 유키나가의 부하로 외교관 업무를 수행하던 고니시 하다노카미를 북경으로 불러 이렇게 명령했습니다.

"첫째, 제후를 봉하는 일만 요구하고 조공을 바치게 해달라는 요구는 하지 말 것. 둘째, 왜병은 한 사람도 부산에 머물지 말 것. 셋째, 앞으로 영원히 조선을 침범하지 말 것. 이 3가지 약속을 지킨다면 바로 제후로 책봉할 것이고, 약속하지 않으면 강화를 허락할 수 없다."

여기서 평양성 함락 때 파견되어 온 명나라 사람 심유경이 다시 등장합니다. 그는 고니시 히다노카미를 데리고 왜적의 진영으로 들어가 황제의 뜻을 알렸습니다.

이윽고 일본 오사카성에서 심유경을 만난 도요토미 히데요시는 4가지 요구사항을 말했습니다.

첫째, 명나라 공주를 나의 부인으로 줄 것
둘째, 외교와 무역을 정상화할 것

셋째, 조선의 8도 중에 4도경상도, 전라도, 충청도, 경기도를 나에게 줄 것

넷째, 조선 왕자와 대신 12명을 인질로 삼을 것

심유경은 이 내용을 그대로 황제에게 보고하면 분명히 자신의 목이 달아날 거라 생각했습니다. 그는 명나라 황제와 도요토미 히데요시를 동시에 속이기로 하고, 고니시 유키나가와 계략을 꾸몄습니다.

 심유경은 도요토미 히데요시가 항복하겠다는 거짓 문서를 가지고 명나라로 돌아갔는데, 명나라 조정은 고니시가 문서를 조작한 것으로 의심했다.

당시에는 외교관이 가짜 문서를 만들고 거짓 보고를 하여도 사실을 확인하는 데 상당한 시간이 걸렸습니다. 덕분에 심유경과 고니시의 계략은 잠깐 통했습니다. 그러나 거짓말로 잠깐을 속일 수는 있어도 영원히 속일 수는 없는 법이죠.

1596년 6월, 명나라 황제는 도요토미 히데요시를 '일본 국왕으로 책봉한다'는 황제 칙서를 내립니다. 심유경이 일본으로 건너가 도요토미 히데요시에게 황제 칙서를 읽어주자 자신이 요청한 '공주 요청, 무역 정상화, 조선 4도 할지, 조선 왕자 인질'의 4가지 사항이 없다며 불같이 화를 냈습니다. 협상은 완전히 결렬되었죠. 심유경은 명나라 황제를 속인

것이 드러나 일본으로 망명하다가 붙잡혀서 '황제를 기만한 죄'로 처형 되었습니다. 이 일로 가토 기요마사 등의 강경파들은 조선 재침략을 주 장하기 시작했습니다.

1597년 1월, 도요토미 히데요시는 조선을 다시 짓밟으라는 명령을 내 렸습니다. 2월에 14만 대군이 또다시 부산 앞바다를 새까맣게 덮었습니 다. 다시 피의 전쟁이 시작되었죠. 정유년에 다시 일어난 전쟁, 역사는 그것을 '정유재란'이라 부릅니다.

신에게는 아직 12척의 배가 있습니다

1597년 2월, 일본의 14만 대군이 부산에 상륙할 때 선조는 이순신을 체포했습니다. 선조는 고니시가 꾸민 이중간첩 계략에 속아서 '이순신 이 자신의 출동 명령을 어겼다'며 분노했고, 류성룡과 이순신을 한 번에 제거할 절호의 기회를 잡은 원균, 서인, 북인은 힘을 합쳐서 이순신을 파 직시켜 버립니다.

원균은 그토록 간절히 원했던 삼도수군통제사에 임명되었고, 한산도 통제영에서 매일 첩을 끼고 술판을 벌입니다. 이순신이 사라지자 조선 수군이 장악했던 남해의 주도권이 급속도로 일본에 넘어갔습니다.

선조는 이순신을 고문하고 죽이려 했으나 류성룡, 정탁, 이원익의 간절한 구원으로 1597년 4월 1일 간신히 풀려나 백의종군을 시작합니다. 류성룡은 선조의 행동에 환멸을 느끼고 사직서를 계속 제출하지만 선조는 거부했습니다. 전쟁을 마무리할 사람은 류성룡밖에 없었으니까요.

당시 이순신의 어머니는 아들이 감옥에 갇혀 고문받고 있다는 소식을 듣고, 아들을 보기 위해 조그만 나룻배를 타고 여수에서 한양으로 올라오다가 배 안에서 병으로 사망하죠.

그때 상황을 류성룡은《징비록》에 기록하고 있습니다.

징비록 속으로 이순신은 감옥에서 풀려나 권율이 있는 전선으로 갔다. 어머니의 장례도 제대로 못 치르고 겨우 상복만 입고는, 바로 권율의 부대로 가서 백의종군하자 사람들이 그 소식을 듣고 슬퍼했다.

당시 이순신은 견딜 수 없는 슬픔과 괴로움을 일기에 썼습니다.

난중일기 속으로 1597년 8월 19일. 맑음. 어머니 영전에서 울며 하직했으나 어찌하겠는가. 하늘 아래 어찌 나 같은 사람이 있겠는가. 일찍 죽는 것보다 못하다.

1597년 4월 21일. 맑음. 아침에 일찍 떠나서 논산에 도착했다. 저녁에 익산군 여산에 도착해 노비의 집에서 잠을 잤다. 한밤에 혼자 앉아 있으니 비통한 마음을 견딜 수가 없다.

1597년 5월 4일. 비가 내림. 오늘은 어머니의 생신날이다. 애통함을 어찌 참을 수 있겠는가. 닭이 울 무렵에 일어나 앉아서 눈물만 흘릴 뿐이다.

1597년 5월 5일. 맑음. 저녁에 충청 우후 원유남이 한산도를 다녀와서 원균의 못된 짓을 많이 말하고, 또 진중의 장병들이 탈영해 반역질을 하고 있어 이 일을 어찌하면 좋을지 한탄했다.

1597년 5월 7일. 맑음. 아침에 승려 덕수가 와서 짚신 한 켤레를 바쳤다. 거절하고 받지 않으니, 간절히 받으라고 해서 값을 쳐 주었다. 짚신은 곧 정명원에게 주었다.

1597년 5월 8일. 맑음. 이경신이 한산도에 다녀와서 원균의 흉악한 행동에 대해 비난을 했다. 원균은 자신이 한산도로 데리고 온 부하에게 곡식을 사 오라는 구실로 육지로 보낸 다음에 그의 아내를 강간하려 했다고 한다. 그러나 여자는 밖으로 뛰쳐나와서 고래고래 소리를 쳤다고 했다. 원균의 뇌물이 한양으로 줄을 잇고 있으며, 나를 헐뜯는 것이 날이 갈수록 심해지니 그저 때를 잘못 만난 것을 한탄할 따름이다.

1597년 5월 20일. 맑음. 체찰사 이원익은 내가 구례에 머물고 있다는 소식을 듣고 찾아왔다. 그는 "원균이 하는 짓에 음흉함이 매우 많지만 하늘이 이를 살피지 못하니 나랏일을 어찌하겠는가"라고 했다.

1597년 5월 23일. 한산도에서 정사립, 이사순이 와서 만났다. 체찰사 이원익을 만나서 조용히 일을 의논했다. 그릇된 일에 많이 분개하고 있었다. 나는 다만 죽을 날만을 기다린다고 말했다.

1597년 5월 26일. 종일 많은 비가 내림. 엎어지고 넘어지며 간신히 경남 하동군의 이정란의 집에 이르렀으나 문을 열어주지 않았다. 나는 아들 열을 시켜서 집주인에게 간청하고 겨우 들어가서 잤다. 짐이 모두 젖었다.

1597년 6월 2일. 비가 내리다가 갬. 저녁에 삼가경남 합천에 도착했다. 고을 사람들이 밥을 지어 먹으라고 쌀을 주었는데 나는 종들에게 이것을 먹지 말라고 타일렀다.

1597년 6월 3일. 비가 내림. 아침에 종들이 고을 사람들에게 밥을 얻어먹었다는 말을 들었다. 그래서 종들을 매질하고 쌀을 도로 갚아 주었다.

1597년 6월 4일. 맑음. 10리4킬로미터쯤을 가니 초계에 있는 도원수 권율의 사령부가 보였다. 이렇게 험한 곳에 군영을 만들고 지킨다면 1만 명의 군사라도 지나가지 못할 것이다.

1597년 6월 8일. 맑음. 점심을 먹은 후에 도원수 권율을 만나 이야기를 나누었다.

1597년 6월 19일. 맑음. 권율은 원균에 대해 "통제사 원균이 하는 일이 말이 아닙니다. 그 흉물이 조정에 요청한 대로 육군이 적을 모조리 무찌른 뒤에 수군이 나아가 토벌해야 한다고 하니 이게 무슨 뜻이겠소. 이것은 질질 끌고 나아가지 않으려는 뜻입니다."라고 말했다.

1597년 7월 7일. 맑음. 꿈에 원균과 함께 있었다. 내가 원균의 윗자리에 앉아서 음식상을 받을 때 원균이 기쁜 얼굴을 보이는 것 같았다. 무슨 징조인가?

1597년 7월 10일. 맑음. 새벽에 아들 열과 변존서를 보내려고 앉아서 날이 밝기를 기다렸다. 아침에 일찍 식사를 하는데 품고 있었던 감정을 스스로 억누르지 못해서 통곡하며 떠나보냈다. 내가 무슨 죄를 지었기에 이 지경에까지 이르렀는가. 밤새도록 뒤척거렸다.

1597년 7월 14일. 맑음. 새벽꿈에 내가 체찰사 이원익과 함께 어느 곳에 가보니 시체들이 즐비했다. 발로 밟기도 하고 혹은 목을 베기도 했다. 정인서가 김억의 편지를 보여주었는데, "7일에 왜선 5백여 척이 부산에서 나왔고, 9일에는 왜선 1천 척이 합세해서 우리 수군과 절영도_{부산 영도} 앞바다에서 싸웠습니다. 우리 배 5척이 표류해 기장에 닿았고, 또 7척은 어디 갔는지 알 수가 없습니다"라고 쓰여 있었다. 그 말을 듣고는 분함과 억울함을 이기지 못했다.

이순신에게 충격적인 소식이 전해졌습니다. 7월 16일, 칠천량해전에서 통제사 원균을 비롯해 전라우수사 이억기, 충청수사 최호 등 삼도 수군의 지휘관이 모두 전사하고 수천 명의 병사가 전사했다는 참담한 보고였습니다.

조선 수군이 보유했던 판옥선 124척 중 112척과 거북선 3척이 침몰하며, 수군은 사실상 궤멸되고 말았습니다. 그나마 다행이라면, 경상우수사 배설이 판옥선 12척을 이끌고 전장을 이탈해 그나마 판옥선 12척이 보존되었다는 사실뿐이었습니다.

난중일기 속으로 1597년 7월 18일. 맑음. 새벽에 이덕필과 변홍달이 달려와서 "16일 새벽에 수군이 야습을 받아 통제사 원균, 전라 우수사 이억기, 충청 수사 최호, 또 여러 장수와 많은 군사가 전사하고 피해를 입었습니다"라고 전했다. 듣자니 통곡이 터져서 견딜 수가 없었다. 얼마 후에 도원수 권율이 와서 "일이 이 지경까지 이르렀으니 어찌할 수가 없다"라고 했다. 오전 10시까지 이야기를 나누었으나 별다른 대책을 세우지 못했다. 내가 원수에게 "제가 직접 남해안 지방으로 가서 방책을 정하겠습니다"라고 하자 크게 기뻐하며 승낙했다. 이에 나는 송대립, 유황, 윤선각, 방응원, 현응진, 임영립, 이원룡, 이희남, 홍우공 등과 함께 길을 떠나 삼가현에 이르렀다.

선조는 칠천량 대패를 보고 받고 이순신을 다시 삼도수군통제사로 임명했습니다. 1597년 8월 3일, 이순신은 선조의 편지와 함께 임명장을 받았습니다.

임금은 말하노라!

생각하건데 그대의 명성은 일찍이 수사로 임명되던 그 날부터 드러났다. 그대의 공로와 업적은 임진년의 승리로 크게 떨쳐 변방의 군사들은 마음속으로 그대를 만리장성처럼 든든하게 믿어왔었다. 내가 지난번에 그대를 파직하고, 백의종군을 시킨 것은 잘못한 판단이었다. 그 결과 오늘의 이런 패전의 욕됨을 만나게 된 것이니, 더 이상 무슨 말을 하리오! 더 이상 무슨 말을 하리오!

이순신은 삼도수군통제사로 임명을 받은 즉시 조선 수군을 재건하기 위해 길을 떠났습니다. 7월 18일에 초계에서 출발해, 진주 ⇨ 곤양 ⇨ 노량 ⇨ 선천 ⇨ 광양 ⇨ 하동 ⇨ 구례 ⇨ 곡성 ⇨ 순천 ⇨ 낙안 ⇨ 보성 ⇨ 장흥 ⇨ 회령포에 도착했습니다.

7월 21일, 이순신은 노량에서 거제 현령 안위 등을 만났고, 보성에서 상당한 규모의 군량미를 확보했습니다. 이순신은 패전으로 흩어진 군사를 모으고, 군량미를 확보하는데 총력을 기울였습니다. 그리고 배설이 가져간 12척의 배를 추적하고, 척후병을 보내 적의 정보를 수집하면서 치밀하게 전투 준비를 시작했습니다.

 1597년 7월 21일. 맑음. 낮에 점심을 먹은 뒤에 노량에 이르니 거제 현령 안위 등 10여 명이 와서 통곡했다. 또 살아남은 군사와 백성들도 모두 울부짖지 않는 이가 없었다. 사람들이 모두 울면서 "원균이 적을 보자마자 육지로 도망갔고, 여러 장수도 모두 원균을 따라 육지로 가서 패전했습니다. 원균의 살점이라도 씹어서 먹고 싶습니다"고 말했다. 안위와 배에서 자면서 새벽 3시가 지나도록 눈을 붙이지 못했다. 그 바람에 눈병이 생겼다.

선조에게 다시 명령이 내려왔습니다.

'수군은 재건하기 어려우니 권율의 육군과 합류해 전쟁에 임하라.'

수군의 재건을 위해 총력을 기울이고 있던 이순신은 '수군을 포기하라'는 선조의 명령에 가슴이 무너지는 듯한 충격을 받았습니다. 일본 수군은 남해를 거쳐 서해를 통해 한양으로 들어가려는 계획이었는데, 수군이 이를 바다에서 방어하지 못하면 순식간에 한양은 재점령 당하기 때문이었죠. 이순신은 선조에게 간절한 장계를 올렸습니다.

신에게는 아직 12척의 전선이 있습니다.

전선의 수는 비록 적으나 미천한 신이 죽지 않았으므로 적들이 감히 우리를 업신여기지 못할 것입니다.

명량으로 오라! 죽고자 하면 살 것이다

배설은 이순신에게 판옥선을 숨기고, 순순히 내주지 않았습니다.

 1597년 8월 17일. 맑음. 경상우수사 배설은 내가 탈 배를 보내지 않았다. 배설이 약속을 어긴 것이 매우 괘씸했다.

 1597년 8월 18일. 맑음. 배설은 뱃멀미를 핑계로 나오지 않았다.

이순신은 8월 19일에야 배설에게 판옥선 12척을 인수받았습니다. 그리고 전라우수사 김억추가 판옥선 1척을 이끌고 합류해 13척이 되었습니다. 이게 조선 수군의 전부였죠.

이후 배설은 일본군과 전투를 준비하는 이순신을 보면서 죽음의 공포를 느끼고 탈영해 버렸습니다.

 1597년 9월 2일. 맑음. 오늘 새벽에 경상우수사 배설이 도망갔다.

당시 조선 수군의 지휘관은 총 3명으로 삼도수군통제사 겸 전라좌수사 이순신, 전라우수사 김억추, 경상우수사 배설이었는데, 그중 1명이 탈영을 하는 어처구니없는 상황이 발생한 것입니다. 배설은 고향에 숨어 있다가 임진왜란이 끝난 1599년에 잡혀서 처형당했습니다.

한편, 김억추는 수군 전투 경험이 없는 사람이었습니다. 갑자기 수군 지휘관에 임명되어 사람들이 의아해했는데, 좌의정 김응남이 이순신을 견제하기 위해 임명했다는 소문이 돌았습니다. 이제 조선 수군의 실질적인 지휘관은 이순신 한 명밖에 없는 상황이 되었습니다.

칠천량해전 이전까지만 해도 일본군은 이순신이 이끄는 조선 수군을 두려워해 남해를 함부로 넘어오지 않았습니다. 그러나 칠천량해전 이후 조선 수군이 궤멸된 사실을 알고, 일본군은 마음대로 바다를 오가며 조선의 해안을 수시로 정탐하고 돌아다녔죠.

난중일기 속으로 1597년 9월 7일. 맑음. 탐망 군관 임준형이 와서 보고하기를, "적선 55척 가운데 13척이 이미 어란 앞바다에 도착했습니다. 그 목적이 우리 수군을 치려는 것 같습니다"라고 했다.

이순신은 최후의 결전을 예감하고 전투를 벌일 장소를 찾고 있었습니다. 그리고 마침내 울돌목을 찾아냈습니다. 울돌목은 '물이 우는 길목'이라는 뜻으로, 그 이름답게 국내에서 가장 조류가 센 곳입니다. 명량해협으로도 불리는 울돌목은 남해와 서해가 만나는 가장 짧고 좁은 수로입니다. 한번 들어가면 휘몰아치는 조류 때문에 빠져나올 수가 없죠.

이순신은 거센 물살이 용틀임 치면서 회오리 파도가 우는 울돌목을 조선 수군의 운명을 건 전장으로 선택했습니다. 이순신은 함대를 이끌고 울돌목 앞 진도 벽파진에 진을 쳤습니다. 적에 대한 정보가 쉴 새 없이 쏟아져 들어왔습니다.

난중일기 속으로 1597년 9월 14일. 맑았으나 북풍이 크게 불어옴. 임준영이 육지를 정탐한 내용을 보고하기를 "적선 200여 척 중에서 55척이 이미 어란 앞 바다에 들어왔습니다"라고 했다. 곧바로 우수영으로 배를 보내 피난민들이 알아듣도록 타일러 급히 육지로 올려보냈다.

이순신은 전투가 임박했음을 직감하고 백성들을 대피시킨 후에 모든 부하를 결연히 불러 모았습니다.

 1597년 9월 15일. 맑음. 밀물에 맞춰 여러 장수를 거느리고 우수영 앞바다로 진을 옮겼다. 벽파진 뒤에는 명량해협울돌목이 있는데, 병력이 적은 수군으로 명량을 등지고 진을 쳐서는 안 되기 때문이다. 여러 장수를 불러 모아놓고 엄정하게 말했다.

"죽고자 하면 살고, 살고자 하면 죽을 것이다必死則生 必生則死."

"한 명이 길목을 지키면, 천 명도 막아낼 수 있다."

다음 날 새벽, 이순신의 예감은 틀리지 않았습니다. 일본군 333여 척의 대함대가 울돌목을 향해 몰려오고 있었습니다. 이에 맞서는 조선 수군은 고작 13척.

임진왜란 7년 동안 이순신이 남긴 수많은 일기 가운데, 이날만큼 길고, 이날만큼 치열하게 일기를 쓴 날은 없습니다. 명량대첩! 조선군과 일본군이 목숨을 걸고 거센 울돌목에서 뒤엉킨 그 순간을, 이순신은 가슴 속 모든 것을 붓끝에 쏟아냈습니다. 두려움도, 분노도, 결연함도, 그 모든 감정이 그날의 일기에 스며 있습니다.

이 글을 읽는 여러분이 명량대첩의 그 날, 이순신의 판옥선에 오른 병사라 생각해 보십시오. 회오리치는 울돌목의 격류 속에서, 수만 명의 적군이 좀비처럼 밀려드는 그 아침. 이순신이 피로 쓴 전투 일지를, 지금 함께 읽어 보겠습니다.

 1597년 9월 16일. 맑음. 새벽에 정찰병이 긴급보고를 했다.

"셀 수 없을 만큼 많은 적선이 명량으로 들어와 진을 친 곳으로 다가오고 있습니다."

즉시 여러 군함에 명령을 내려 닻을 올리고 바다로 나갔더니 적선 133여 척이 우리의 배들을 포위했다. 내가 탄 대장선 홀로 적진으로 들어가 포탄과 화살을 퍼부었지만, 부하 장수들은 뒤에서 관망만 하고 진군하지 않아 나는 죽을 위기에 놓이고 말았다.

부하 장수들은 적은 군사로 수많은 적과 싸워야 하는 상황임을 알고 살기 위해 회피할 생각만 했다. 우수사 김억추가 탄 배는 이미 뒤로 물러나 아득히 먼 곳에 있었다. 나는 앞으로 돌진하면서 지자총통과 현자총통 등 각종 총통을 빗발치듯 쏘아댔다. 마치 바람이 불고 천둥이 치는 것 같기도 했다. 군관들이 군함 위에 빽빽이 서서 화살을 빗발치듯 쏘았다. 그러자 적의 무리는 감히 덤벼들지 못했다. 그러나 적에게 몇 겹으로 둘러싸여 일이 앞으로 어떻게 될지 예측할 수 없었다. 부하들은 겁에 질려 있었다. 나는 외쳤다.

"적선이 비록 1천 척이라도 우리 군함에는 감히 곧바로 덤벼들지 못할 것이다. 조금도 흔들리지 말고 마음과 힘을 다해 적을 쏘고 또 쏘아라.”

여전히 부하 장수들은 멀리 물러나 있었다. 나는 군함을 돌려 명령을 내리고 싶었지만, 그 틈을 노려 적선들이 덤벼들 수도 있기에 나아가지도, 물러나지도 못하는 절체절명의 위기에 처해 있었다. 그래서 호각을 불게 하고 초요기_{신호깃발}를 올려 다른 군함을 불렀다.

안위의 군함과 김응함의 군함이 먼저 왔다. 나는 배 위에 서서 안위를 불러 말했다.

“안위야! 군법에 죽고 싶은 것이냐? 도망가서 산다면 어디에서 살 수 있겠느냐!”

 안위는 몹시 당황해 적군 속으로 돌진해 들어갔다. 또 김응함을 불렀다.

“너는 중군장으로서 대장을 호위해야 하는데 멀리 피해 있었으니 그 죄를 어찌 면할 수 있겠느냐? 당장 처형하고 싶지만 상황이 급박하니 우선 공을 세우게 해주마.”

김응함 또한 적군 속으로 돌진했다. 그때 적장이 탄 배가 휘하의 군함 2척을 지휘해 한꺼번에 안위의 배에 달라붙어 서로 먼저 올라타려고 했다. 안위와 그 군함의 군사들은 죽을힘을 다해 몽둥이로 치기도 하고, 긴 창으로 찌르기도 하고, 돌을 던지기도 했다. 군함 위의 군사들은 기진맥진했고, 안위의 격군 7~8명이 물에 뛰어들어 헤엄을 치는데 구할 수가 없었다. 이때 나는 뱃머리를 돌려 적을 향해 빗발치듯 포격했다.

적선 3척이 뒤집힐 때 녹도 만호 송여종과 평산포 대장 정응두의 배가 줄지어 뒤쫓아 왔고, 힘을 합쳐 적을 쏘아 죽이니 살아 움직이는 적이 1명도 없었다.

내 군함에 타고 있던 준사는 안골포해전에서 항복한 자다. 그는 바다를 굽어보다가 펄쩍펄쩍 뛰면서 외쳤다.

"마다시입니다! 저기 그림이 그려진 붉은 비단 옷을 입은 자가 적장 마다시입니다!"

나는 김돌손을 시켜 갈고리로 시체를 낚아 뱃머리에 올려놓고, 목을 쳐서 적군이 보이도록 높이 걸었다. 마다시의 머리를 발견한 적은 순식간에 기세가 꺾여 버렸다. 우리 함대는 일제히 북을 울리고 함성을 지르며 나아갔다. 화포를 쏘고 또 화살을 빗발처럼 쏘니 그 소리가 바다를 뒤흔들었다.

우리를 포위한 적선 30척을 쳐부수자 적들은 달아나기 시작했고 다시는 우리에게 접근하지 못했다. 우리 수군은 그곳에 정박하려고 했는데, 물살이 아주 험했고 바람도 거꾸로 불었다. 우리 수군의 세력 또한 위태로워 건너편 포구로 새벽에 진을 옮겼다. 다시 당사도로 진을 옮겨 정박하고 밤을 지냈다. 이번 전투의 승리는 참으로 하늘이 도운 결과이다.

명량대첩

김억추는 끝내 뒤로 물러서서 전투에 참여하지 않았습니다. 이순신은 전투 초기 1시간 이상을 선봉장 구루시마 미치후사의 함대 133척에 맞서 홀로 싸웠고, 필사즉생의 정신으로 버텨냈습니다. 돛대에 목이 걸린 선봉장 구루시마 미치후사는 넷째 아들이었습니다. 일본에서는 넷째 아들을 마다시라는 별칭으로 부르죠. 예전 준사의 상관이었기 때문에 '마다시'라고 부르며 바로 알아본 것입니다.

한창 전투가 벌어지던 오후 1시경 조류의 흐름이 이순신 함대에 유리하게 바뀝니다. 이순신은 울돌목을 전장으로 선택할 때부터 조류가 바뀌는 시간을 작전 계획에 반영하고 있었습니다.

당시 와키자카 야스하루 함대와 도도 다카토라 함대는 200여 척의 함대를 가지고도 명량의 좁은 수로 때문에 울돌목에 진입하지 못하고 있었는데, 조류가 바뀌자 파괴된 적선들이 썰물에 밀려 들어와 부딪히면서 그야말로 아수라장이 되었습니다. 때마침 구루시마의 목이 돛대에 걸리자 일본군은 전투 의지를 상실하고 함대를 돌려 황급히 후퇴하고 말았습니다.

명량대첩에서 이순신은 적의 군함 31척을 침몰시켰고, 92척을 파괴했습니다.

명량대첩의 승리로 궤멸 되었던 조선 수군은 다시 살아났고, 남해의 해상권을 확보하여 서해를 통해 한양으로 진격하려던 일본군의 계획은 물거품이 되었습니다.

류성룡은 명량대첩 이후 이순신의 행적을 이렇게 기록하고 있습니다.

 이순신은 이미 군사를 8천여 명이나 모았다. 이순신은 그들을 이끌고 고금도로 나아가 주둔했다. 군량이 떨어질까 걱정하여 바다를 통행할 수 있는 증명서를 만들고 "경상도, 전라도, 충청도의 바다를 통행하는 배 중에서 통행첩이 없는 것은 모두 간첩선으로 인정하고 통행을 허락하지 않을 것이다"라고 명령을 내렸다.

이렇게 명령을 내리자 배를 타고 피난길에 오른 백성들이 모두 통행할 수 있는 증명서를 받아서 갔다. 이순신은 배의 크고 작은 차이에 따라 등급을 정하여 곡식을 바치게 했는데, 큰 배는 곡식이 3석, 중간 배는 2석, 작은 배는 1석으로 정했다. 피난하는 사람들은 모두 재물과 곡식을 싣고 바다로 들

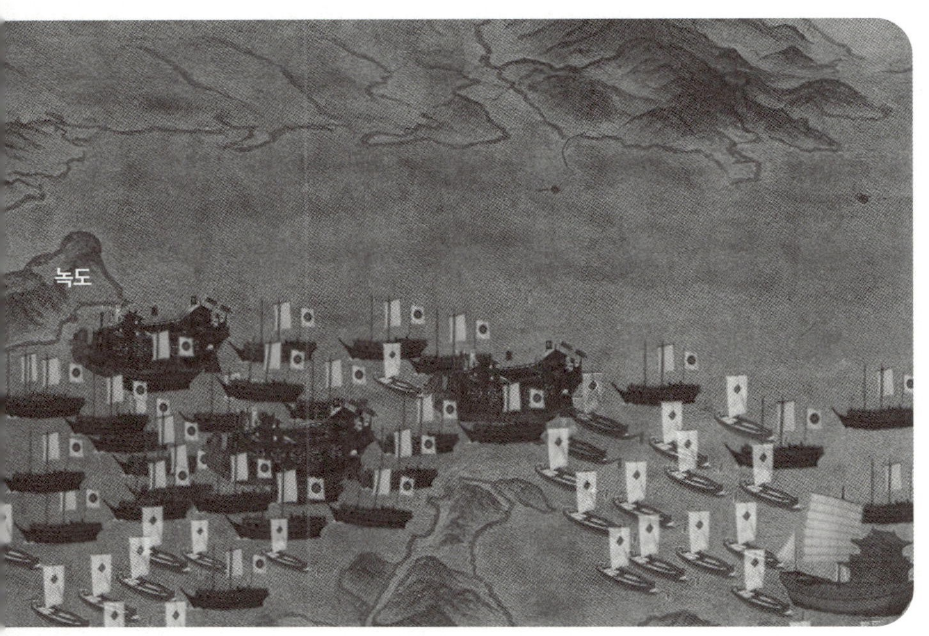

명량대첩

어왔기 때문에 그 정도의 곡식을 바치는 것은 어려운 일이 아니었다. 그들로서는 통행을 금지하지 않는 것을 오히려 기뻐했기 때문에 10일 동안에 군량 만석을 모았다. 이순신은 또 군인을 모집하고, 구리와 쇠를 구해 대포를 만들고, 나무를 베어 배를 제작해서 모든 일이 하나하나 잘 진척되었다.

그러자 여기저기 흩어져서 피난했던 백성들이 모두 이순신을 찾아와 의지하여 집을 짓고 또한 장사를 생계로 삼아 삶을 영위하니, 섬 안에 모두 수용할 수 없을 정도였다.

명량대첩 전투결과

구분	전투일	전투결과		
		항목	조선군	일본군
명량대첩	1597년 9월 16일	지휘관	이순신	구루시마 미치후사(사망) 도도 다카토라 와키자카 야스하루
		함대규모	판옥선 12척, 1척(도망)	333척(선봉대 133척)
		피해	11명 전사, 21명 부상	31척 침몰, 92척 반파, 3,000명 사망

비열한 일본군의 복수 : 이순신의 비극

전장에서는 도저히 이순신을 이길 수 없었던 일본군은, 이순신에게 비열한 복수를 계획합니다. 이순신의 단단한 마음을 한 번에 무너뜨릴 방법을 찾죠.

1597년 10월 1일, 일본군은 특공대를 편성해 이순신의 고향집을 급습했습니다. 이순신의 셋째 아들 면은 끝까지 맞서 싸우다가 적 3명을 죽이고 전사했습니다. 일본군은 이순신의 집을 모조리 불태워 버리죠. 이순신은 무너집니다.

난중일기 속으로 1597년 10월 14일. 맑음. 새벽 2시쯤에 꿈을 꾸었는데 내가 말을 타고 언덕 위를 가는데 말이 발을 헛디뎌 냇물 가운데로 떨어졌다. 그때 막 내아들 면이 나를 끌어안았다…

저녁에 어떤 사람이 천안에서 와서 집에서 온 편지를 전했다. 편지를 뜯기도 전에 뼈와 살이 먼저 떨리고 정신이 아찔하고 어지러웠다. 대충 걸봉을 뜯고 둘째 아들 열의 글씨를 보니 겉에 '통곡慟哭'이라는 두 글자가 있었다. 면이 전사한 것을 마음속으로 알고 간담이 떨려 목 놓아 통곡하고 또 통곡했다. 하늘이 어찌 이다지도 어질지 못하는가. 간담이 타고 찢어지는 것만 같았다. 내가 죽고 네가 사는 것이 올바른 이치인데, 네가 죽고 내가 살다니, 이것은 이치가 잘못된 것이다. 천지가 캄캄하고 저 태양이 빛을 잃는구나. 슬프다. 내 어린 아들아! 나를 버리고 어디로 갔느냐. 차라리 너를 따라 죽어 지하에서 함께 지내고 함께 울리라. 오직 울부짖을 뿐이다.

그때, 이면의 나이 스무살이었습니다. 이순신은 부하들 앞에서 우는 모습을 보일 수는 없어 부대 안의 조용한 집에 가서 홀로 한참을 통곡했습니다. 그리고 다시 마음을 다잡고 통제영 사령부로 돌아왔습니다.

별이 지다

진린의 등장, 위기를 기회로 만든 이순신과
그의 마지막 전장 '노량'

1598년 7월, 명나라 수군사령관 진린이 약 1만 3천 명의 병력을 이끌고 이순신이 있는 고금도에 합류를 했습니다. 류성룡은 잔인하고 포악한 진린의 성격 때문에 이순신이 무척 걱정되었습니다.

징비록 속으로　진린은 성품이 사나워서 다른 사람들과 대부분 뜻이 맞지 않았고, 사람들이 그를 두려워했다. 나는 진린의 군사가 군량을 마련하지 못한 수령을 거침없이 때리고 함부로 욕을 하며, 찰방 이상규의 목에 새끼줄을 매어 끌고 다녀서 얼굴이 피투성이가 된 것을 보고 통역관을 시켜 말렸으나, 진린은 결국 듣지 않았다. 나는 옆에 앉아 있던 신하들에게 말했다.

"안타깝게도 장차 이순신의 부대가 패전하겠구나! 진린과 같이 군중에 있으면 행동이 제지당하고, 의견이 서로 어긋나서 분명히 장수의 권한을 빼앗길 것이다. 군사들에게 함부로 횡포를 부릴 것인데, 이것을 제지하면 화를 더 낼 것이고 그대로 두면 한정이 없을 테니 이순신의 군사가 무슨 수로 승리하겠는가?”라고 말하니 여러 신하가 모두 “그렇겠습니다”라고 하면서 서로 탄식만 할 따름이었다.

류성룡은 이순신과 수시로 편지를 주고받았기 때문에, 이런 진린의 성향과 대처 방법을 적어서 빠르게 편지를 보냈을 것으로 추정됩니다. 이순신에게 진린은 매우 중요한 사람이었습니다. 지금까지는 삼도수군통제사로 자신이 수군의 작전권을 갖고 전투를 지휘했지만, 이제 작전권은 진린에게 넘어가 버렸습니다.

이순신은 전투를 준비하듯이 진린의 영접을 치밀하게 준비했습니다. 《징비록》을 볼까요?

징비록 속으로 이순신은 곧 진린이 온다는 소식을 듣고 군인들에게 대대적인 사냥을 시켜서 사슴, 멧돼지, 해산물 등을 많이 잡아다가 성대하게 술잔치를 준비하고 기다렸다. 진린의 배가 바다에서 들어오자 이순신은 군대의 의식을 갖추어 멀리까지 나가서 그를 영접했다. 군영에 일행이 도착하자 그의 군사들을 풍성하게 대접했다. 그리하여 장수들은 물론이고 사졸들까지 모두가 흠뻑 취하지 않은 이가 없었다. 사졸들이 서로에게 말하기를 “과연 훌륭한 장수다”라고 했고 진린도 마음이 흐뭇했다.

진린은 명나라에 있을 때부터 이순신의 활약과 전공을 자주 들어서 같은 수군 지휘관으로 흠모의 마음을 갖고 있었는데, 말단 병사들까지 성대한 환영을 해줘서 감동을 받았죠. 그리고 진린은 빨리 전공을 세워 황제에게 보고하고 싶었는데, 이순신이 그것을 눈치채고 절이도해전에서 얻은 적의 수급 40개를 진린에게 선물로 보냅니다.

징비록 속으로 적군의 배가 인근의 섬을 침범하자 이순신은 자신의 군대를 보내 적을 격파시키고, 적군의 머리 40개를 베어 모두 진린에게 주어 그의 공으로 하도록 했다. 진린은 기대보다 과분한 대우에 더욱 기뻐했다. 이때부터 진린은 모든 일을 이순신과 상의하고, 외출할 때는 이순신과 말을 나란히 해 감히 앞서 나가지 않았다.

이순신은 명나라 군사와 우리 군사들 사이에 아무런 차별도 두지 않겠다고 진린에게 약속받았다. 그리고 백성들에게 조그마한 물건을 하나라도 빼앗는 명군이 있으면 잡아서 곤장을 치기로 했다. 이렇게 되자 감히 군령을 어기는 명군이 없어져서 섬 안이 말끔해졌다.

진린은 이순신에게 진심으로 감복해 임금께 글을 올렸다.
"통제사 이순신은 천하를 다스릴 만한 재주가 있으며, 위험에 빠진 나라를 구한 큰 공로가 있습니다."

명나라 수군도독으로 임명된 이순신

현명한 이순신은 포악한 진린을 순한 양처럼 만들고, 방해자가 아닌 지원자로 변화시킵니다. 진린은 주둔지에서 이순신의 인품, 전투지휘, 리더십을 지켜보던서 한 사람의 군인으로 이순신을 진심으로 존경하게 됩니다. 그래서 진린은 자신보다 2살 어린 이순신에게 공경하는 마음을 담아서 '노야어르신'라고 부르죠. 그리고 진린은 명나라 황제에게 이런 장계를 올립니다.

황제 폐하! 이곳 조선에서 전란이 끝나면 조선의 왕에게 명령을 내리시어 조선국 통제사 이순신을 요동으로 오라 하게 하소서. 신臣이 본 이순신은 그 지략이 매우 뛰어날 뿐만 아니라, 그 성품 또한 장수로 지녀야 할 품성을 고르게 지닌바, 만일 조선수군통제사 이순신을 황제폐하께서 귀히 여기신다면 우리 명明국의 화근인 저 오랑캐훗날 청나라를 견제할 수 있을 뿐 아니라, 저 오랑캐의 땅 모두를 우리의 명국明國으로 귀속시킬 수 있을 것이옵니다.

혹여 황제 폐하께서 통제사 이순신의 장수됨을 걱정하신다면 신臣이 간청하옵건대, 통저사 이순신은 전란이 일어나고 수년간 수십 차례의 전투에서 단 한 번도 패하지 않았음에도 조선의 국왕은 통제사 이순신을 업신여기며, 조정대신들 또한 이순신의 공적에 질투하여 수없이 이간

질과 모함을 했으며, 급기야는 통제사의 충성을 의심하여 결국에는 그를 조선수군통제사 지위를 빼앗아 백의종군에 임하게 했나이다.

허나 통제사 이순신은 그러한 모함과 멸시에도 굴하지 않고 국왕에게 충성을 보였으니, 이 어찌 장수가 지녀야 할 가장 큰 덕목이라 하지 않을 수 있겠습니까? 조선 국왕은 원균에게 조선통제사의 지휘권을 주었으나, 그 원균이 자만심으로 인하여 수백 척에 달한 함대를 전멸케 했고, 단 10여 척만이 남았으니 당황한 조선 국왕은 이순신을 다시 불러 조선수군통제사에 봉했나이다.

이순신은 단 한 번의 불평도 없이 충의를 보여 10여 척의 함대로 수백 척의 왜선을 통쾌하게도 격파했나이다. 허나 조선의 국왕과 조정대신들은 아직도 잘못을 깨닫지 못하고 또다시 통제사 이순신을 업신여기고 있나이다.

만일 전란이 끝이 난다면 통제사 이순신의 그 목숨은 바로 풍전등화가 될 것이 뻔하며, 조정대신들과 국왕은 반드시 통제사 이순신을 해하려고 할 것입니다.

황제 폐하, 바라옵건대, 통제사 이순신의 목숨을 구명해 주소서. 통제사 이순신을 황제폐하의 신하로 두소서. 황제 폐하께서 통제사 이순신에게 덕을 베푸신다면 통제사 이순신은 분명히 목숨이 다하는 날까지 황제폐하께 충忠을 다할 것이옵니다.

부디 통제사 이순신을 거두시어 저 북쪽의 오랑캐훗날 청나라를 견제케

하소서.

진린의 장계는 일본 역사서에서 인용되었고, 여러 언론에서도 기사로 나왔지만, 현재 원문은 확인할 수가 없습니다. 그러나 당시 이순신이 처한 상황과 진린이 생각하는 이순신을 정확하게 파악할 수 있어서 책 속에 담았습니다.

시기는 분명하지 않지만, 명나라 황제만력제는 이순신을 신하가 올라갈 수 있는 최고위직인 정1품 '대명수군도독'에 임명하고, 도독인도장을 포함한 8종류의 선물팔사품을 주었습니다. 대명수군도독은 지금으로 말하면 '중국 해군참모총장'입니다. 명나라 황제가 선물한 팔사품은 현재 국가 보물로 지정되어서, 통영시의 충렬사에 전시되어 있습니다.

지금 일부 학자들은 명황제가 이순신을 '대명수군도독'으로 임명한 것은 거짓이라 여기기도 합니다. 벌써 400여 년이 흘러서 그 사실을 확인하기는 어렵지만, 현재로서는 〈정조실록〉이 가장 신뢰성이 있다고 생각됩니다.

정조는 이순신을 존경해서, 이순신에 대한 모든 기록물을 직접 읽고 《이충무공전서》를 펴냈던 임금이었습니다. 정조실록 1793년 7월 21일 기사에는 정조가 이순신을 영의정으로 증직죽은 뒤에 벼슬을 높여 주는 것하면서 64글자에 달하는 이순신의 긴 관직명을 직접 언급합니다. 그러면서 가

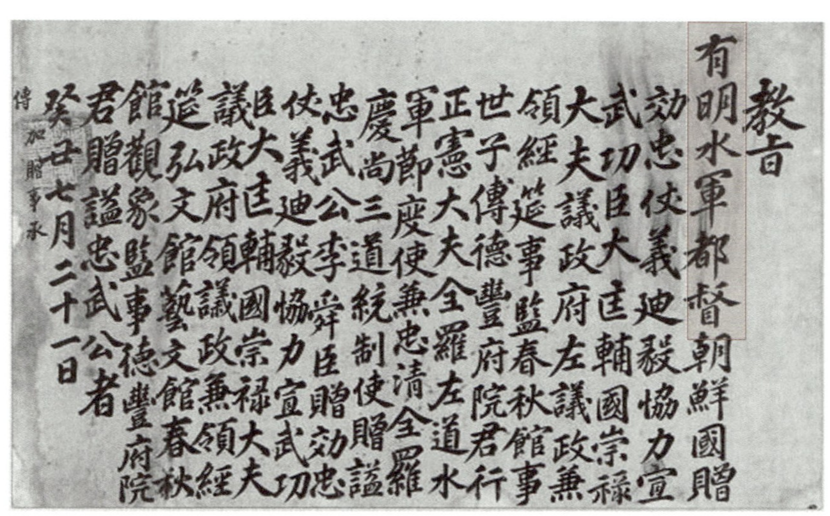

教旨
有明水軍都督朝鮮國贈
効忠仗義迪毅協力宣武功臣
大匡輔國崇祿大夫議政府
領議政兼領經筵弘文館
藝文館春秋館觀象監事
世子師德豐府院君贈謚忠武公
行正憲大夫
全羅左道水軍節度使
兼慶尚忠清全羅三道統制使
贈全羅左道水軍節度使
李舜臣者
癸丑七月二十一日
傅加贈事承

정조가 내린 〈이순신 영의정 증직교지〉 국가보물, 현충사 소장

장 먼저 '유명수군도독有明水軍都督'이라고 밝히고 있습니다. 정조가 자신이 직접 연구까지 했던 이순신을 영의정으로 증직하면서 확인되지도 않은 관직 이름을 붙였다는 것은 있을 수 없는 일이죠. 이후 정조는 이순신의 후손에게 〈영의정 증직교지〉를 내리는데, 이 교지도 마찬가지로 '유명수군도독有明水軍都督'으로 시작합니다.

이 교지는 현재 국가보물로 지정되었고, 현충사에 전시되어 있습니다. 따라서 정조실록, 영의정 증직교지, 팔사품 등을 통해 명나라 황제가 이순신을 '수군도독'으로 임명한 것은 진실로 보아야 할 것입니다. 참으로 아이러니한 일은, 조선을 위해 싸운 영웅 이순신이 조선에서는 정2품에 그쳤지만, 정작 명나라 황제는 이순신을 정1품에 임명해 최고의 예우를 했다는 사실입니다.

최후의 결전 : 노량해전

1598년 8월 18일, 도요토미 히데요시가 사망했습니다. 그리고 얼마 후에 '조선 파병군은 일본으로 복귀하라'는 명령이 떨어지죠. 이제 전쟁의 양상은 완전히 바뀌었습니다. 조선에 파병 나온 일본군들은 하루빨리 복귀하기를 원했습니다. 벌써 일본에서는 차기 권력을 쟁취하기 위한 치열한 싸움이 벌어지고 있었거든요.

일본은 당시 5살이었던 도요토미 히데요시의 아들 도요토미 히데요리 측과 도쿠가와 이에야스로 양분되어 혈전을 예고하고 있었습니다. 일본에 늦게 돌아가면 자칫 권력에서 소외된다는 생각에 고니시 등의 일본 지휘관들은 몸이 달았습니다.

그러나 이순신은 일본군을 순순히 돌려보낼 생각이 절대로 없었습니다. 특히 당시 일본군은 우리나라 사람들을 잡으면 빠짐없이 코를 베었기 때문에 이순신은 치를 떨었죠.

한편, 고니시는 순천왜성을 쌓고 주둔하고 있었는데, 이순신의 함대가 바다로 나가는 길목을 차단하여 일본으로 갈 수 없는 상태였습니다. 머리 회전이 빠른 고니시는 은밀하게 진린에게 접근하여 자신들이 획득한 수급과 진귀한 선물을 바치면서 도망갈 수 있게 퇴로를 열어 달라고 간청하죠. 진린은 일본군이 퇴각하면 자신의 함대도 온전하게 보존해 명나라로 복귀할 수 있으니 좋은 일이라고 생각하고, 뇌물을 받은 후에 고니시의 연락선이 드나들도록 길을 열어줍니다. 그날 이순신은 일기를 남깁니다.

 1598월 11월 14일. 왜선 2척이 강화할 목적으로 바다 가운데까지 나오자, 진린은 통역관을 시켜 조용히 왜선을 맞이했고 붉은 기와와 칼 등의 물건을 받았다. 오후 8시경에 왜장이 작은 배를 타고 와서 진린에게 돼지 2마리와 술통을 바치고 갔다.

다음 날 이순신은 진린에게 달려와 강력하게 항의하죠.

"한 번 죽는 것은 아깝지 않습니다. 나는 대장이 되어서 결코 우리 백성들을 죽인 적을 돌려보낼 수 없습니다."

진린은 황제가 하사한 칼까지 들이밀고 이순신을 압박하지만, 결국 이순신의 뜻에 따릅니다. 고니시는 어쩔 수 없이 도망을 포기하고, 사천에 주둔 중인 시마즈 요시히로, 고성의 다치바나 무네시게, 남해의 소 요시토시 등 조선에 남아 있는 모든 일본군에 구원을 요청합니다.

"그대들이 노량해협 앞에서 공격하고, 내가 뒤에서 협공하면 이순신의 함대를 앞뒤에서 포위해 충분히 승리를 거둘 수 있습니다."

1598년 11월 18일, 시마즈 등의 일본군은 수군 6만여 병과 500여 척의 군함을 이끌고 노량으로 진격했습니다. 고니시는 군함 300척에 1만 5천 명의 군사로 무장해 이순신 함대의 후방을 노렸죠. 이순신의 함대는 판옥선 83척에 병력 1만 명이었고, 진린의 함대는 61척에 병력 1만 명이 출정했습니다.

조명연합군 144척 vs 일본군 800척

세계 해전사에서 전무후무한 1천 여 척의 군함이 혈투를 벌이는 노량해전의 서막이 올랐습니다. 1598년 11월 19일 새벽 2시, 시마즈 등의 일본 군함 500척이 좁은 노량해협 앞에 도착했습니다. 이순신은 적군을 노량해협으로 완전히 끌어들이기 위해 몇 척의 군함을 보내 선제공격을 퍼붓습니다. 수적으로 우세한 일본 군함이 접근해서 달라붙으려 하자

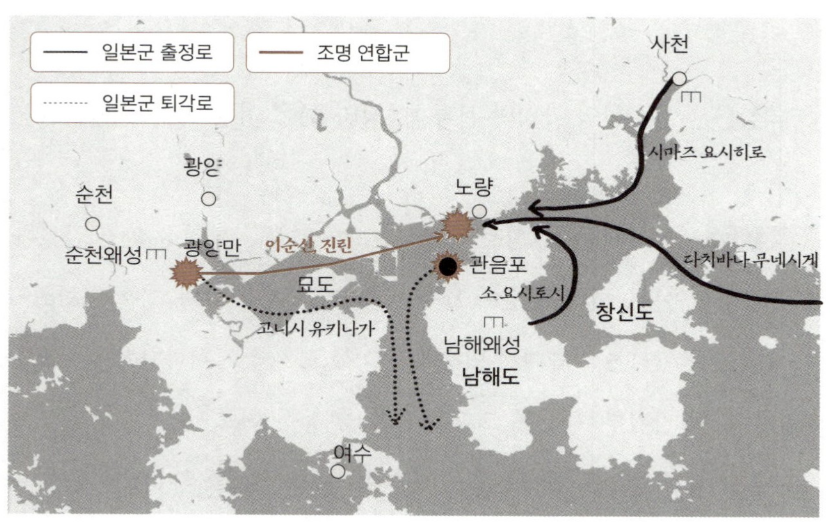

노량해전 이동경로

배를 돌려 빠르게 노량해협 안으로 도주하죠. 이때 일본 군함들이 우리 군함을 쫓으면서, 500척이 노량해협 안으로 쏟아져 들어왔습니다. 조명연합군은 이 상황을 노리고 매복해 있다가, 적이 출현하자 집중포격하며 총공세를 펼칩니다.

일본군은 속도가 빠른 세키부네를 판옥선 옆에 붙이고 맹렬하게 올라타는 '등선육박술'을 시도했습니다. 우리 군인들은 올라오는 일본군을 창으로 찍고, 칼로 내리치며 등선을 막았지만, 한 명이 올라오다 바다로 떨어지면 뒤에 군인이 또 올라오면서 마치 좀비처럼 계속 판옥선 위로 올라왔습니다. 드디어 일본군은 명나라의 백전노장이었던 등자룡의 군함에 올라타는 데 성공하고, 갑판에서 치열한 육박전을 전개했습니다. 등자룡은 사력을 다해 싸우다가 전사하고 말았습니다.

류성룡은 이순신의 마지막 전투를 《징비록》에 이렇게 기록했습니다.

징비록 속으로 죽이거나 사로잡은 적병의 수는 헤아릴 수 없을 만큼 많았다. 이순신은 달아나는 적을 뒤쫓아 넓은 남해바다까지 나갔다. 화살과 탄환이 비 오듯이 쏟아지는 가운데서 이순신은 직접 전투를 지휘하다가 날아오는 적의 탄환에 맞았다. 탄환은 그의 가슴을 뚫고 등 뒤로 나갔다. 곁에 있던 부하들이 장막 안으로 옮겼는데, 이순신이 마지막 말을 남기고 곧 숨을 거두었다.

이순신의 조카 이완은 본래 담력과 기량이 있는 인물이었다. 그는 숙부 이순신의 죽음을 숨긴 채 이순신의 명령을 따라서 전투를 더욱 독려했고, 군중에서는 이순신이 전사한 사실을 알지 못했다.

그때, 진린의 군함에 일본군이 뛰어들었고, 진린의 아들 진구경은 아버지를 보호하기 위해 사투를 벌이며 막아내고 있었습니다. 이순신의 조카 이완이 이를 발견하고 신속하게 진린의 군함에 옮겨타서 진린을 가까스로 구해냈습니다.

노량해전도 통영제승당 소장

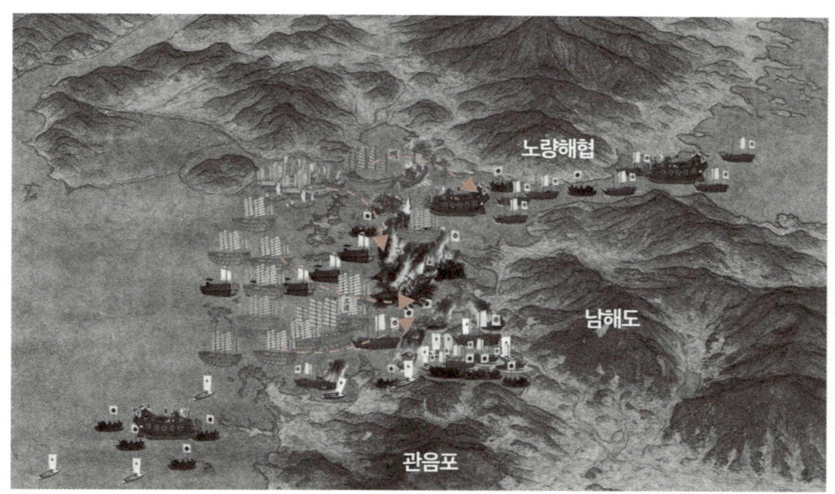

노량해전

이후 고니시는 우리 수군이 다른 부대의 적군을 추격한 틈을 타서 달아났습니다. 더 이상 싸울 이유가 없어진 다른 일본군들도 흩어져 일본으로 돌아갔습니다.

이순신이 전사한 날, 그렇게 7년의 전쟁은 끝났습니다.

류성룡은 평생의 친구이자 동지였던 이순신을 떠나보내며 마지막 행적을 기록했습니다.

징비록 속으로 진린은 자신을 구원해 준 것에 감사하기 위해 이순신에게 사람을 보냈다가, 그제야 이순신이 전사했다는 것을 알게 되었다. 진린은 그 소식을 듣고 땅바닥에 주저앉으며 울부짖었다.

<h2 align="center">노량해전 전투결과</h2>

구분	전투일	전투결과		
		항목	조선군	일본군
노량해전	1598년 11월 19일	지휘관	이순신, 진린	시마즈 요시히로 소 요시토시 다치바나 무네시게 고니시 유키나가
		함대규모	조선군 판옥선 83척, 병력1만 명 × 명나라 군함 61척, 병력1만 명	군함 800척 병력 7만 5천 명
		피해	판옥선 4척 침몰 명나라 군함 29척 침몰 조선 300여 명 전사 명나라 2,800여 명 전사	군함 200척 침몰 150여 척 반파 100척 나포 1만여 명 전사

"나는 노야께서 살아 있는 몸으로 오셔서 나를 구하신 줄 알았는데 어찌하여 돌아가셨습니까?

그 모습을 본 모든 군사가 통곡했고 울음소리가 바다를 진동시켰다. 이순신이 전사했다는 소식을 들은 우리 진영과 명나라 진영에는 통곡이 이어졌다. 백성들은 마치 자신의 부모를 여읜 듯 통곡했다. 이순신을 실은 관이 지나는 곳마다 사람들이 제사를 지냈고, 또 다른 사람들은 관을 실은 수레를 붙잡고 통곡하기도 했다. 그들은 하나 같이 말했다.

"공께서 진실로 우리를 살리셨는데, 공은 우리를 버리고 어디로 가십니까."

그렇게 몰려드는 군중으로 길이 막혀 상여가 나아갈 수 없을 정도였으며 길을 가는 사람들도 눈물을 흘리지 않는 이가 없었다.

선조는 1598년 11월 24일, 이순신의 전사 소식을 보고 받았습니다.

"방금 진린 도독의 차관이 말하기를 '왜적의 배 1백 척을 포획했고 2백 척을 불태웠으며, 5백 명을 참수했고 180여 명을 생포했습니다. 또 이순신은 죽은 것이 분명합니다'라고 해서 감히 아룁니다."[68]

이순신의 전사를 보고 받은 선조의 반응이 실록에 기록되어 있는데, 그 대답을 보면 선조가 어떤 사람인지 단번에 알 수 있습니다. 그는 이렇게 말했습니다.

"알았다."[68]

이후에도 선조는 이순신의 전사에 대해 아무런 말도 하지 않았습니다.

전쟁이 끝나고 역사 속으로 조용히 사라지다

시간을 잠시 되돌려 노량해전이 벌어지기 직전으로 가보겠습니다. 이순신이 노량에서 마지막 결전을 준비할 때, 류성룡은 조정에서 간신들과 사투를 벌이고 있었습니다.

그해 8월에 도요토미 히데요시가 죽고, 이제 전쟁이 끝났다는 판단을 한 북인의 우두머리 이산해는 류성룡을 제거하기 위해 북인들을 동원해 집요하게 공격을 퍼부었습니다. 선조는 차도살인남의 칼을 빌려 사람을 죽이는 것을 즐겼고, 모르는 척하면서 이산해의 손을 들어주었습니다. 당시의 상황은 류성룡 연보와 〈선조실록〉 등에 기록되어 있습니다.

> 이이첨, 유숙, 홍봉선, 최희남 등은 모두 이산해의 문객이었다. 이산해는 류성룡을 원수처럼 미워하여 반드시 모함에 빠뜨리려고, 그 아들 이경전과 함께 눈에 띄지 않는 복장으로 나귀를 타고 모의하는 장소에 새벽부터 밤까지 왕래하며, 류성룡을 짓밟을 수 있는 것은 무엇이든지 써먹었다.[69]

이산해는 사간원과 사헌부까지 뒤에서 움직여 탄핵 상소를 올렸는데 핵심적인 탄핵의 이유는 다음과 같습니다.

- 작미법 등을 주장해 폐단을 만들고, 그를 빙자하여 사익을 도모했다
- 세금을 무분별하게 징수하여 백성들을 도탄에 빠뜨렸다
- 공명첩으로 관직을 멋대로 남발하여 선심을 쓰고 심복들을 포진시켰다
- 서예첩의 자식과 노비의 미천한 자를 발탁할 때는 모두 자신에게 아첨하는 추한 무리들이었다
- 뇌물과 선물 꾸러미가 남모르게 오갔다

탄핵 상소의 내용을 보면, 대부분 류성룡이 전쟁 극복과 부국강병을 위해 추진했던 정책을 비판한 것이었습니다.

그러나 사실은 이랬습니다. 작미법은 백성들의 세금을 줄이고, 공평하게 양반의 세금을 늘리는 세금혁명이었죠. 공명첩은 백성들의 공훈을 기록해서 자발적으로 전쟁 극복에 나서도록 유도하는 데 큰 역할을 했습니다. 그리고 의병 봉기를 장려했고, 군인 모집과 인재 발탁을 위해 서얼의 족쇄를 풀어주었으며, 노비의 신분을 해방시켜 전쟁 극복의 동력이 되었습니다.

류성룡이 임진왜란 때 시행한 정책은 모두 기득권을 장악한 조정의 신하들과 양반들이 강력하게 반대했던 정책이었죠. 이제 전쟁이 끝났으니 모두 제자리로 돌려놓으려는 수작이었습니다.

이때 선조는 류성룡 탄핵에 소극적이었던 대사간 윤돈을 형조참의로 좌천시키고, 류성룡을 변호했던 홍문관 부제학 김늑, 부교리 홍경신, 수찬 심액을 파직시켰습니다. 류성룡은 선조에게 사직서를 계속 올리지만, 선조는 조금 미안했던지 계속 반려하며 파직 시기를 저울질하고 있었습니다.

1598년 11월 19일, 이순신이 전사한 날에 류성룡은 영의정에서 파직되었습니다. 전쟁이 끝나자 선조는 류성룡을 버렸습니다.

노비 출신 수문장 신충원은 류성룡이 파직당한 뒤, 끝내 양반들의 시기와 질투를 견뎌내지 못했습니다. 전쟁이 끝난 뒤, 피와 땀으로 쌓아 올린 조령 축성의 공로마저 아무도 인정하지 않았습니다.

그리고 1601년, 그는 억울하게도 부정 축재와 신분의 질서를 어지럽혔다는 누명을 뒤집어쓰고 의금부에 끌려가 백여 차례 형벌을 받은 후에 감옥에서 죽고 말았습니다. 세상은 진실을 외면했고, 그는 모진 고문 끝에 역사 속으로 사라졌습니다.

정탁은 류성룡이 파직되어 길을 떠나자 슬픔에 잠겨 시를 지어 보냈습니다.

큰 집이 기울어질 때

마음을 다해 한 나무로 지탱시켰지

홀로 수고하심은 모든 사람이 잘 알고

외로운 충정은 임금께서도 아신다네

오랜 우정 때문에 넋이 나가고

새로 이별하려니 눈물이 쏟아지네

어느 곳 눈서리 덮인 길을

끝없이 홀로 가고 있을까

한겨울에 류성룡은 가족들과 밤낮으로 걸어서 낙향의 길을 떠났습니다. 길은 멀고 험했으며, 식량조차 넉넉지 않아 양평에서 겨우 구할 수 있었습니다. 굶주림과 지친 몸을 이끌고 다시 길을 나섰고, 단양에 이르렀을 때 그는 시를 지어 서글픈 마음을 달래야 했습니다.

내가 지금 유랑하는 신세로 이곳을 지나가기에
가족들은 따라오며 허기와 추위에 직면했네
지친 소 야윈 말은 채찍질에도 꿈쩍 않는데
날 저물자 거센 눈바람 사납게 몰아치네
여우와 살쾡이 이따금 등 뒤에서 울어대고
맹수는 포효하며 내 앞을 막아서네
백 리를 다 가도 연기 나는 집이 안 보이네
평생 도를 학습해도 아직 효과가 없으니
예로부터 인간의 행로는 고난의 길이라네

1602년, 정치노선이 서인이었던 이항복은 영의정에 올라서 류성룡을 '청백리'로 선정하며 그 이유를 이렇게 밝혔습니다.

"류성룡의 인품과 공훈은 한마디로 다 말할 수 없을 정도로 훌륭하다. 지금이라도 그를 청백리로 기록하여 남기는 것은 부당하게 뒤집어쓴 탐관오리의 누명만큼은 반드시 바로잡아야 하기 때문이다."

1604년 6월 25일, 선조는 임진왜란 극복에 공을 세운 신하들을 선정해 반포했습니다. 호성공신 86명, 선무공신 18명, 청난공신 5명으로 총 109명이었죠. 그중에 가장 중요한 공은 호성공신입니다. 호성공신은 선조가 의주로 피난하던 길을 수행하고, 왕을 지켜준 신하들을 말합니다.

호성공신 86명 중 44명이 선조의 수발을 든 내시와 하인들이었습니다. 류성룡은 1등급도 아닌 2등급에 선정되었습니다. 그는 선조에게 편지를 보내서 '자신은 공이 없다'며 공훈대상에서 삭제해 달라고 요청했습니다.

이순신은 선무공신 1등급에 원균과 나란히 선정되었습니다. 많은 신하가 원균을 반대했으나, 선조가 고집을 부려 1등급이 되었습니다. 선무공신은 전투에 참여해 전공을 세운 장군들을 대상으로 선정했습니다.

임진왜란 7년 동안 수많은 장수와 병사 그리고 의병이 전사했지만, 선조의 피난길에 말고삐를 잡고 수발을 든 내시들보다 못한 취급을 받았습니다.

그해 류성룡은 《징비록》을 완성하고, 임진왜란의 실상을 알렸습니다.

이후 류성룡은 백성들의 건강을 지키기 위해 의학도서 《침구요결》을 출간했고, 단군부터 시작하는 자랑스러운 우리의 역사를 담은 《제왕기년록》 등의 책을 집필했습니다.

1607년 5월 6일, 류성룡은 66세로 파란만장한 삶을 마치고 세상을 떠났습니다.

그 이후의 일은 〈선조실록〉이 기록하고 있습니다.

3일 동안 조정업무를 중단했다.

한양 도성 각 상점의 백성이 빠짐없이 예전 류성룡이 살던 묵사동에 모여 조문을 했는데, 그 숫자가 1천여 명에 이르렀다. 백성들은 류성룡의 집안이 가난해 장례를 치르지 못할 것이라고 하여 부의금을 모아 보냈다. 류성룡은 조정에서 발자취가 끊어졌고, 장례가 천 리 밖에 있었는데도 한양에 살던 백성이 모두 모여서 묵사동 빈집에서 슬퍼하며 곡했다.[70]

한국 역사상 최고의 브로맨스

류성룡은 낙향하여 《징비록》을 쓰기 시작했습니다. 그는 임진왜란을 총지휘했던 사람으로서 후손들이 다시는 전쟁의 비극을 겪지 않도록 비밀리에 《징비록》 코드를 심었습니다. 그것은 위험한 일이었지요. 정적들은 혹시나 류성룡이 다시 복귀하지 않을까 싶어 두 눈을 부릅뜨고 감시하고 있었거든요.

그러나 류성룡은 담대하게 선조의 민낯을 까발리고, 조선이 천군하늘이 내려준 군대으로 떠받들던 명나라 군대의 횡포를 고발했습니다.

여기에 더하여, 류성룡은 《징비록》 안에 또 하나의 책을 은밀하게 담았죠. 바로 이순신 전기입니다. 류성룡은 이순신을 죽이려 했던 선조와 정적들이 이순신의 전공을 훼손할까 싶어 무척 걱정했고, 그것을 차단하는 방법은 이순신의 역사를 사실대로 기록해 후손들에게 전하는 것이라고 생각했습니다. 이 땅을 살아가는 후손들이 이순신을 영원히 기억하길 바라는 마음에서였죠. 그 간절한 류성룡의 마음이 430여 년이 지난 지금까지 이어져서 여러분이 이 책을 읽고 있는 것입니다.

이순신은 류성룡을 어떻게 생각했을까요?
그의 속마음이 담긴 비밀 일기장을 들춰 볼까요?

난중일기 속으로 1594년 6월 15일. 맑더니 오후에 비가 내림. 영의정 류성룡의 편지를 읽었다. 나라를 걱정함이 영의정보다 더한 이는 없을 것이다.

1594년 7월 12일. 맑음. 영의정 류성룡이 죽었다는 부고가 순변사가 있는 곳에 왔다고 한다. 이는 영의정을 미워하는 자들이 말을 만들어서 그를 헐뜯고 있는 것임이 틀림없다. 분함을 이길 수가 없다. 이날 저녁 무렵에 마음이 몹시도 어지러웠다. 걱정스러운 마음은 답답하기만 하고 밤이 깊어 가도 잠들지 못했다. 영의정이 만약에 잘못되었다면 나랏일을 어찌하랴. 어찌하랴.

1594년 7월 13일. 비가 내림. 영의정 류성룡의 점을 치니 바다에서 배를 얻은 것과 같다는 점괘가 나왔다. 다시 점을 치니 기쁨을 얻은 것과 같다는 점괘가 나왔다. 무척 기뻤다.

1595년 9월 17일. 맑음. 유자 30개를 영의정 류성룡에게 보냈다.

1596년 1월 12일. 맑았으나 서풍이 세게 붊. 추위가 매우 심하다. 새벽 2시쯤 꾸었던 꿈에 영의정 류성룡을 만나서 한 시간이 넘도록 이야기를 나누었다. 관복을 다 벗고 앉았다가 누웠다가 하면서 나라를 걱정하는 생각을 서로 털어놓다가 끝내는 가슴속에 맺힌 것까지 모두 쏟아 놓았다. 한참을 지나니 비바람이 억세게 퍼부었는데도 헤어지지 않았다. 조용히 이야기를 나누는 동안에 적이 갑자기 쳐들어오면, 임금께서 어디로 갈 것인가 하는 걱정만을 계속했다. 예전에 영의정이 천식으로 몸이 몹시 편찮다고 했는데 나았는지 모르겠다. 글자로 점을 쳐 보았더니, 바람이 물결을 일으키는 것과 같다고 했다. 이 점괘는 매우 좋다.

　제가 왜 류성룡과 이순신을 한국 역사상 최고의 브로맨스라고 했는지 이젠 이해가 되나요? 류성룡은 전시 수상으로 전쟁을 총지휘해 전란을 극복했고, 이순신은 삼도수군통제사로 전투를 총지휘해 전승의 신화를 썼습니다. 그들의 우정은 개인을 넘어 국가와 백성을 위한 우정으로 승화되었습니다.

《징비록》의 마지막 문장은 '이순신 전기'의 마지막 문장이기도 합니다. 류성룡은 징비록 코드의 열쇠를 마지막 문장에 숨겨 두었습니다.

"모든 장수는 이순신을 신으로 여겼다."

제장이위신
諸將以爲神

참고문헌

| 1부 | 불멸의 명장, 이순신은 누구인가?

1   이순신, 이분. **난중일기-이충무공행록**, 박종평 옮김(2018), 항아리
2   **선조실록**. 1596년 12월 5일
3   **선조실록**. 1597년 1월 23일
4   **선조실록**. 1597년 1월 27일
5   윤휴. **백호전서**, 제23권
6   **선조실록**. 1597년 1월 22일
7   **선조실록**. 1597년 1월 1일
8   **선조실록**. 1597년 1월 27일
9   **선조실록**. 1597년 2월 6일
10 **선조실록**. 1597년 3월 13일
11 **선조실록**. 1597년 1월 23일
12 **선조실록**. 1597년 1월 27일
13 **선조실록**. 1597년 1월 29일
14 류을하(2021). 임진왜란 기간 류성룡·이순신 관계와 정유년 위기의 극복, 제4권, 서애연구
15 이원익. **오리문집**, 부록 1권 연보
16 정탁. **이순신옥사의**李舜臣獄事議
17 방성석(2015). **이순신을 구원한 정탁의 신구차에 관한 연구 : 약포집을 중심으로**, 24. 이순신
    연구논총
18 **선조실록**. 1591년 2월 16일
19 **선조실록**. 1591년 2월 18일
20 이민웅(2012). **이순신 평전**, 책문

| 2부 | 세계기록유산, 난중일기는 어떤 책인가?

21 연합뉴스(2013.6.19). '난중일기"새마을운동기록물' 세계기록유산 등재
22 유네스코(2025). **https://heritage.unesco.or.kr/난중일기**

| 2부 | 잊혀진 영웅, 류성룡은 누구인가?

23 **선조실록**. 1592년 4월 30일
24 이덕일(2012). **난세의 혁신리더 유성룡**, 역사의아침

25   **선조수정실록**. 1592년 5월 1일

26   송복(2014). **류성룡, 나라를 다시 만들 때가 되었나이다**, 시루

27   디지털하회마을. https://hahoe.ugyo.net/index.do

28   김정진(2024). **10대를 위한 논어수업**, 넥스트씨

29   **선조실록**. 1597년 1월 27일

30   류진. **서애 류성룡 연보**, 류영하 편역(2023), 박영사

31   정약용. **여유당전서**

32   정약용. **여유당전서**

33   김언종(2023). **정약용의 류성룡 지향과 의의**, 제7권. 서애연구

34   권대봉(2021). **서애 류성룡 인생십계명**, 느티나무가 있는 풍경

35   김정진(2024). **10대를 위한 논어수업**, 넥스트씨

36   류진. **서애 류성룡 연보**, 류영하 편역(2023), 박영사

37   중앙일보(2020.11.12.). **[더오래]조선 중기 일본 간 퇴계학, 메이지 유신 원동력 됐다**

38   류진. **서애 류성룡 연보**, 류영하 편역(2023), 박영사

39   **선조수정실록**. 1607년 5월 3일

40   김장생. **율곡가장**

41   류을하(2020). **십만양병설의 실체**, 제2권, 서애연구

42   **선조수정실록**. 1582년 9월 1일

| 4부 | 국보, 징비록은 어떤 책인가?

43   국가유산청(2025). https://www.heritage.go.kr

44   김정진(2025). **10대를 위한 군주론 수업**, 넥스트씨

45   위키피디아(2025). 징비록

| 5부 | 징비록X난중일기 속으로

46   이순신(1592). **옥포파왜병장**

47   황현필(2021). **이순신의 바다**, 역사바로잡기연구소

48   강항. **간양록**

49   류진. **서애 류성룡 연보**, 류영하 편역(2023), 박영사

50   이순신(1592) **당포파왜병장**

51   이순신, 이분. **난중일기-이충무공행록**, 박종평 옮김(2018), 항아리

52   김정진(2024). **10대를 위한 1세대 창업가 수업**, 넥스트씨

53   이민웅(2012). **이순신 평전**, 책문

54   이순신, 이분. **난중일기-이충무공행록**, 박종평 옮김(2018), 항아리

55   **선조수정실록**. 1596년 8월 1일

56	류을하(2022). **임란 극복의 주역, 류성룡 축출과정과 그 배경: 재조산하에서 재조지은으로**, 제6권, 서애연구
57	류진. **서애 류성룡 연보**, 류영하 편역(2023), 박영사
58	류을하(2022). **임란 극복의 주역, 류성룡 축출과정과 그 배경: 재조산하에서 재조지은으로**, 제6권, 서애연구
59	류성룡. **잡저**
60	류성룡. **근폭집**
61	류진. **서애 류성룡 연보**, 류영하 편역(2023), 박영사
62	류성룡. **진사록**
63	**선조실록**. 1594년 5월 8일
64	류성룡. **진사록**
65	류성룡. **잡저**
66	류진. **근폭집**
67	류성룡. **잡저**
68	**선조실록**. 1598년 11월 24일
69	류진. **서애 류성룡 연보**, 류영하 편역(2023), 박영사
70	**선조실록**. 1607년 5월 13일

● **징비록 인용**

류성룡. **징비록**, 김문정 옮김(2017). ㈜미르북컴퍼니

– 번역자 김문정 선생님 허락하에 인용

● **난중일기 인용**

이순신. **난중일기**, 김문정 옮김(2022). 더클래식

– 번역자 김문정 선생님 허락하에 인용